김창수의 내츄럴 스키테크닉

김창수의 내츄럴 스키테크닉

초판 1쇄 인쇄   2014년 01월 10일
초판 1쇄 발행   2014년 01월 15일

지은이   김 창 수
펴낸이   손 형 국
펴낸곳   (주)북랩
출판등록   2004. 12. 1(제2012-000051호)
주소   서울시 금천구 가산디지털 1로 168, 우림라이온스밸리 B동 B113, 114호
홈페이지   www.book.co.kr
전화번호   (02)2026-5777
팩스   (02)2026-5747

ISBN 979-11-5585-065-7 13690

이 책의 판권은 지은이와 (주)북랩에 있습니다.
내용의 일부와 전부를 무단 전재하거나 복제를 금합니다.

김창수의 내츄럴 스키테크닉

김창수 지음

booklab

자연스러운 스키란 무엇인가?

1. 스키의 어려움

스키는 인류가 만들어낸 대중 스포츠중에서 가장 다이나믹한 스포츠라고 할 수 있다. 광활한 설산을 마음껏 활주하는 그 매력은 스키를 겨울스포츠의 대명사로 만들기에 충분하다. 하지만 그만큼 스키는 배우고 익히기에 난이도가 높은 스포츠라고 할 수 있다. 이러한 높은 난이도는 스키를 입문하는 사람들은 물론이고 이를 즐기는 매니아들에게도 높은 벽으로 느껴지는 것이 현실이다.

내츄럴 스키테크닉을 이해하기 위해서는 스키가 가진 태생적인 어려움을 먼저 알아보고, 새로운 장비의 등장에 힘입어 스키가 가진 어려움을 기술적으로 해결하기 위해서 만들어진 것이 내츄럴 스키테크닉이라는 것을 미리 숙지해야, 앞으로 나올 세부적인 기술요소들을 잘 받아들일 수 있다.

그렇다면 왜 스키는 어려운 것일까? 그 원인은 여러가지가 있겠지만 다음의 6가지로 나눠볼 수 있다. (1) 장비적인 문제 (2) 기술적인 문제 (3) 장소적인 문제 (4) 계절적인 문제 (5) 효율적인 문제 (6) 신체적인 문제가 그것이다. 우선 이것들을 자세하게 알아보도록 하자.

(1) 장비적인 문제

스키는 다른 스포츠에 비해서 많은 장비를 사용하는 스포츠이다. 스키, 바인딩, 부츠, 폴 등은 물론이고 고글, 헬멧, 장갑과 추위를 막아줄 수 있는 두툼한 스키복까지 착용해야 비로소 스키를 탈 준비를 마쳤다고 하겠다. 이렇게 장비가 많다 보니 이것들에 적응하는데 많은 시간과 노력이 필요하게 마련이며, 이러한 장비를 구입하는 비용과 노력도 자연스럽게 커지게 된다.

(2) 기술적인 문제

스키는 경사면을 미끄러지는 스포츠이기 때문에 평지에서 즐기는 스포츠에 비해서 기본적으로 난이도가 높게 마련이다. 특히 전통적인 스키기술은 일상생활에서 행하는 행동들에 비해서 반대되는 동작들을 많이 사용하기에 그 어려움은 더욱 커지게 된다. 또한 일상생활에서 쉽게 체험할 수 없는 동작들을 사용하는 생소함도 스키의 어려움을 배가시키는 원인이 된다.

(3) 장소적인 문제

스키는 설산이라는 광활한 대자연속에서 즐기는 스포츠이지만, 현실은 스키장이라는 한정적인 공간에서 즐기는 것이 대부분이라서 장소적인 제약을 많이 받게 된다. 이러한 장소의 제약은 스키를 배우고 즐길 수 있는 기회가 줄어들게 만들어, 스키의 벽을 높게 하는 큰 원인으로 작용한다.

(4) 계절적인 문제

스키는 사계절 중에서 주로 겨울에만 즐기는 스포츠이다. 그러므로 겨울이 없는 나라에서는 즐기기 불가능하고, 겨울이 있는 우리나라의 경우에도 3개월 정도의 짧은 기간에만 즐길 수 있는 스포츠이다. 이러한 계절의 한계성은 스키를 즐기는 것이 불연속적으로 되어 비시즌 동안 스키를 이탈한 사람들이 다시 복귀하지 않는 큰 원인이 될 수 있다.

(5) 효율적인 문제

스키는 상당히 비효율적인 스포츠이다. 즉 스키를 즐기기 위해서는 준비단계가 많이 필요하다. 우선 스키장까지 가야하고, 장비를 착용하고, 리프트를 타고 슬로프를 오른 다음 비로소 스키를 타게 된다. 또한 리프트를 타고 슬로프를 오르는데 걸리는 시간이 15분 이상이라면, 실제로 스키를 타고 슬로프를 미끄러지는 시간은 채 5분이 안될 정도로 효율성이 떨어지는 스포츠이다.

(6) 신체적인 문제

카빙스키가 등장하면서 스키어들의 활주속도는 비약적으로 빨라지기 시작하였다. 특히 국내와 같이 평탄하고 압설이 잘 된 천편일률적인 슬로프 환경에서는, 마치 활주속도가 자신의 실력을 증명하는듯 스키어들은 속도경쟁에 뛰어들기 시작하였다.

이러한 활주속도의 증가는 두가지 문제점을 유발하였는데, 첫번째로는 스키어가 전도나 충돌로 인해 발생하는 부상의 문제이고, 두번째는 활주속도에 증가에 따라 많은 근력이 필요한 체력적인 문제라고 할 수 있다.

이러한 6가지 문제들은 스키가 대표적인 겨울스포츠이지만 대표적인 대중스포츠가 되기에는 큰 벽으로 작용하기 마련이다. 특히 최근과 같이 글로벌 금융위기가 전세계를 휩쓸고 있는 어려운 시기에는 스키와 같이 어렵고 비싸고 비효율적인 스포츠는 자꾸만 사람들에게서 멀어질 수 밖에 없었다.

2. 카빙스키의 등장

1990년대말 등장한 카빙스키는 스키 제조기술의 혁명이라고 할 수 있을 정도로 큰 변화를 일으키는 촉매가 되었다. 카빙스키는 길이가 짧아서 다루기 편하고 혁신적인 사이드컷을 채용하여 높아진 회전성은 스키가 가진 기술적인 어려움을 해결할 열쇠를 주었지만, 동전의 양면처럼 풀어야 할 새로운 과제도 함께 주고 말았다.

즉 기존의 스키에서 가장 높은 벽이었던 기술적인 문제를 카빙스키가 가진 높은 회전성으로 해결하는 좋은 면이 있었지만, 반대로 기존의 스키기술로서 카빙스키를 탈 경우에 높은 회전성과 빠른 스피드로 인해서 스키를 다루기 어렵고, 신체의 가해지는 부담이 커지며 심지어 큰 부상을 당하는 경우도 생기게 되었다.

특히 1997년 월드컵에 처음으로 카빙스키가 등장하자 아무도 예상치 못한 문제가 발생하였는데, 바로 탑레이서들이 줄줄이 넘어지는 사태가 생겼고, 더욱이 넘어지지 않고도 무릎 인대가 끊어지는 큰 부상이 끊이지 않고 일어나게 되었다. 이것은 기존기술처럼 회전 후반부에 강한 엣징을 주었을 때 카빙스키가 지나치게 산으로 말려 올라가며 넘어지거나, 지나친 외향경 자세로 강한 엣징을 주기 때문에 무릎에 큰 부담이 가해졌기 때문이다.

이러한 문제는 월드컵 레이서들을 중심으로 새로운 스키기술에 대한 필요성을 느끼게 하였고, 골프에서 클럽이 진화하여 스윙이 바뀌고, 테니스 라켓의 헤드가 커지면서 랠리가 변하고, 인라인 휠이 커지면서 활주법이 달라지듯 스키기술에도 큰 변화가 생기는 모태가 되었다.

3. 사회환경의 변화

카빙스키의 등장과 더불어 세계에서 가장 큰 스키 시장중 하나였던 일본에는 버블경제의 붕괴와 함께 커다란 어려움이 닥치게 된다. 버블경제 시기에 엔고를 이용해서 크게 성장한 일본경제는 부동산 거품이 꺼지면서 "잃어버린 20년"이라는 말이 나올 정도의 긴 불황의 늪에 빠지게 된다.

 이러한 불황은 스키시장에도 큰 악영향을 끼치게 되는데, 매년 2~3벌의 스키복을 사고, 1~2대의 스키장비를 구입하던 소비자들이 허리띠를 졸라매게 되었고, 겨울이면 스키어들로 북적이던 스키장에는 사람들의 방문이 급격하게 줄어들면서, 경영난에 문을 닫는 스키장이 속출하고 판매부진에 공장을 폐쇄하는 스키제조사가 줄을 잇게 되었다.

 이러한 스키업계의 위기는 곧바로 난국을 타개하기 위한 다양한 노력으로 이어졌는데, 스키 제조사 쪽에서는 다양한 종류의 카빙스키를 개발하여 보다 쉽고 재미있는 스키를 발매하기 시작하였고, 스키협회 쪽에서는 월드컵 레이서들의 카빙기술을 연구하여 불필요한 부분을 과감하게 줄이고, 필요한 부분을 확실하게 부각시켜서, 보다 빠르고 쉽게 배울 수 있고 실버층도 무리없이 스키를 즐길 수 있는 신체에 무리가 적은 "자연스럽고 편안한 스키기술"을 만들기 시작하였다.

 이러한 제조사와 스키협회의 노력이 합쳐져서 10여 년만에 나온 결과물이 바로 자연스럽고 편안한 스키기술인 "하이브리드 스킹(Hybrid Skiing)" 이다. 지난 2011년 오스트리아 인터스키 대회에서 정식으로 발표된 하이브리드 스킹은 기존의 "바깥발 및 신체각 위주의 스키기술"에 역발상을 제공하며 각국의 스키지도자들에게 신선한 충격을 주기에 충분하였다.

 하지만 하이브리드 스킹은 지나치게 신체축과 외력만을 강조하고 과도하게 안쪽발에 의지하는 면이 있어서, 상대적으로 외력이 적은 저속상황이나 슬로프가 고르지 못한 상황에서는 그 효과가 크게 떨어지게 마련이다. 또한 상황에 맞지 않게 지나치게 신체축을 기울이거나 무게중심을 과도하게 이동시킬 경우에는 신체의 안정성이 크게 떨어지게 되는 한계가 있었다.

 이에 필자는 하이브리드 스킹에서 한발짝 나아가서 기본적으로는 신체축과 외력을 사용하지만 필요에 따라서 적절하게 신체의 각(앵귤레이션, Angulation)과 내력을 섞어서 사용하고, 바깥발의 중요성을 잊지 않아서 보다 효용성과 안정성이 높은 기술을 필요함을 느꼈는데, 이것을 자연스럽고 안정적인 스키기술이라 하여 내츄럴 스키테크닉이라 부르고 싶다.

 내츄럴한 스킹은 일상생활에서 사용하는 신체동작을 그대로 스키에 접목하여 보다 빠르고 쉽게 스키를 배우고, 척추동물로서 인간의 신체구조를 이용하여 스키를 타서 보다 단순하고 효율적이며, 자신의 근력보다는 낙하력과 스키의 회전력을 이용하여 보다 편하고 부담없이 스키를 즐길 수 있다.

4. 내츄럴 스키 테크닉의 특징

자연스럽고 편안한 스키를 추구하는 내츄럴 스키테크닉은 다음과 같은 특징을 가지고 있다.

(1) 자연스러운 신체동작에 의한 스킹

스키가 기술적으로 어려운 이유중 하나는 바로 일상생활과는 다른 동작을 해야 하거나, 일상생활에서 경험할 기회가 적은 행동을 해야 하는 이질감 때문이다. 특히 전통적인 스키에서 가장 중요한 기술중 하나인 외향경 자세의 경우는, 스키가 돌아가는 반대방향(바깥방향)으로 몸을 향하는 외향자세(外向姿勢, Counter Position)와 스키가 기울어지는 반대방향(바깥방향)으로 몸을 기울이는 외경자세(外傾姿勢, Angulation)가 합쳐진 것이다.

이러한 외향경 자세는 우리가 일상생활에서 회전하고 싶은 방향으로 몸을 돌리고, 회전하고 싶은 방향으로 몸을 기울이는 내향경자세와는 반대되는 개념이라 할 수 있다. 또한 일상생활에서는 가고 싶은 방향으로 체중을 실어주는데 비해서, 스키에서는 가고 싶은 반대발(바깥발)에 체중을 실어주어야 한다. 그러므로 스키기술의 동작은 우리가 행하는 일상생활의 자연스러운(Natural) 동작에 비해서 부자연스러운(Unnatural) 동작이라고도 말할 수 있다.

하지만 내츄럴 스키테크닉에서는 신체의 방향을 회전하고자 하는 방향으로 향하고(내향), 또한 회전하고자 하는 방향으로 기울이며(내경), 그리고 잠깐이나마 회전하고자 하는 방향에 하중을 실어주게 된다.

이러한 자연스러운 동작들은 일상생활에서 우리가 행하는 동작들과 유사성이 높아서, 스키기술을 보다 편하게 배울 수 있는 기회를 제공한다고 할 수 있고, 처음에서 언급한 스키의 여섯가지 문제중 하나인 기술적인 문제를 일부나마 해소할 수 있는 열쇠를 제공한다고 하겠다.

(2) 인간의 신체구조에 의한 스킹

인간은 태초에 수중의 단세포동물에서 시작하여 어류를 거쳐서 육상으로 올라와서 척추동물로 진화를 계속하여 왔다. 특히 척추동물의 진화과정에서는 네발로 땅 위를 기어다니던 단계를 지나 두발로 땅 위를 걷는 단계로 진화한 것은 가히 혁신적이라 할 수 있다.

이렇게 인류가 두발로 걷게 되면서, 네발로 걸을 때에 비해서 중심의 위치가 높아지고, 무게중심을 떠받치는 발이 네개에서 두개로 줄어들면서 신체적인 불안정성은 커지게 되었다. 이러한 이족보행에 의해, 인간은 조금만 몸통을 움직여서 무게중심을 이동하여도 큰 위치에너지가 생기게 되는데, 이러한 위치에너지를 잘 활용하면 스키의 운동에너지를 쉽게 이끌어 낼 수 있는데, 이것이 내츄럴한 스키의 기본원리이다.

또한 인간의 신체구조를 단순화하면 크게 대부분의 무게를 차지하는 몸통인 체간부와 이를 지지하고 있는 두다리인 말단부로 나누어볼 수 있다. 이때 두 다리를 지나는 가상의 연장선을 그어보면 발목, 무릎, 고관절, 어깨까지가 일직선상에 정렬되는 두개의 신체축이 만들어질 수 있다.

기존의 전통적인 스키기술은 신체의 말단부인 두 다리의 동작이 원인이 되어, 결과적으로 체간부의 움직임이 생기게 하는 말단주도(末端主導)형 기술이라고 할 수 있다. 즉 스키를 먼저 누르고 돌려서 스키가 회전하게 되면 상체가 뒤늦게 따라가며 움직임이 생기는 기술로 생각할 수 있고, 이를 위해서 필요한 자세가 바로 외향경 자세이다.

반대로 내츄럴한 스키기술은 체간부의 움직임이 원인이 되어 결과적으로 말단부의 움직임이 생기는 기술이라고 할 수 있다. 즉 신체축을 기울이고 무게중심을 이동시켜서 결과적으로 스키의 회전을 이끌어내는 기술로 생각할 수가 있고, 이를 위해서 필요한 자세가 바로 내향경 자세이다.

이렇게 체간부를 움직여서 스키의 회전을 이끌어 내는 것을 체간주도(體杆主導)라고 하며, 체간을 떠받치고 있는 두개의 다리가 서로 협력하면서도 각자 독립적으로 움직이는 것을 이축운동(二軸運動)이라 한다. 이러한 체간주도와 이축운동을 잘 활용하면 스키기술을 보다 단순화할 수 있고, 적은 힘으로 큰 외력에 버티며 보다 효율적인 스킹을 할 수 있다. 이는 스키의 가장 큰 어려움인 기술적인 문제를 덜 수 있으며, 카빙스키 이후에 부각되는 신체의 부상과 체력적인 문제들을 해결할 실마리를 제공한다.

(3) 자연과 인간과 장비가 조화를 이룬 스킹

전통적인 스킹은 인간이 스키라는 도구를 가지고 자연에 도전하는 이미지라고 할 수 있다. 즉 인간이 자신의 근력을 사용하여 스키를 회전시키며 자연에 도전하며 슬로프 위를 활주하는 기술이라고 하겠다. 반대로 내츄럴한 스킹은 자연과 인간과 장비가 서로 협력하는 이미지라고 할 수 있다. 즉 인간이 자연의 힘을 최대한 이용하고, 필요에 따라서 적절하게 근력을 활용하여, 인간과 자연이 스키를 이용하여 서로 교류하며 조화를 이루는 기술이라 하겠다.

이렇게 자연과 인간과 장비가 조화를 이루어서 스키잉을 하기 위해서는, 자연의 힘과 인간의 힘을 적절하게 활용하여 스키에 하중을 가해야 하고, 신체의 축과 무게중심을 움직여서 스키의 면을 잘 조절하여야 하는데, 이렇게 스키의 면을 움직이고 하중을 가하는 것을 페이스컨트롤(Face Control)이라 한다.

또한 기존처럼 스킹을 하면 주로 근육의 피로도가 높아지고, 정신적인 긴장감이 커지며 교감신경이 자극을 받아서, 스키를 마친 뒤에는 고조된 흥분이 가라앉는 카타르시스를 느끼게 된다. 반면에 내츄럴한 스킹에서는 기존에 비해서 근육의 피로도가 크지 않고, 정신적인 긴장감이 줄어들며 부교감신경이 자극을 받아서 스키를 마친 뒤에는 신체적으로 편안한 상태가 유지되는 힐링감을 느낄 수 있다.

이렇게 기존의 기술처럼 주로 인간근육의 힘을 주로 사용하여 신체의 말단이 주도하여 회전을 이끌어내는 기술은 근력계(筋力系) 기술이라고 할 수 있고, 반대로 내츄럴 스키테크닉처럼 자연과 인간의 힘을 고루 사용하고 신체의 체간이 주도하여 회전을 이끌어내는 기술은 힘을 뺀다는 뜻의 탈력계(脫力系) 기술이라고 할 수 있다.

이러한 탈력계 기술을 잘 활용하면 현대인의 만병의 근원인 스트레스를 줄일 수 있고, 적은 힘으로 큰 외력에 대응하며 부담없는 스킹을 즐길 수 있으며, 자연속에서 스킹을 하며 힐링이 될 수 있어서, 정신적으로나 육체적인 건강에도 큰 도움이 될 것이다.

5. 내츄럴 스키테크닉의 한계

세상 모든 일에는 빛과 그림자가 있듯이 내츄럴 스키테크닉에도 다음과 같은 단점이 있다.

(1) 안정성의 문제

내츄럴 스키테크닉은 스키어가 체간의 움직임을 가지고 스키의 회전을 이끌어내기 때문에, 신체중심의 이동이 기존기술에 비해서 커지게 마련이다. 이렇게 큰 중심이동은 당연히 안정성이 감소되는 단점이 생기게 되는데, 특히 슬로프의 경사가 급하거나 설면이 고르지 못한 상황에서는 자칫 밸런스를 잃거나 넘어지게 되는 결과가 생기기도 한다.

(2) 효용성의 문제

내츄럴 스키테크닉은 필요에 따라서 자신의 내력

도 사용하지만 주로 외력에 상당부분 의지하는 기술이다. 그러므로 이 기술이 효과를 발휘하기 위해서는 외력이 많이 발생하는 고속이나 중급사면에서의 스킹을 전제하여야 한다. 상대적으로 외력이 적게 발생하는 저속이나 완사면에서는 활용할 수 있는 외력이 작아져서 유명무실한 기술이 될 수도 있다.

(3) 전천후성의 문제

스키는 다양한 환경과 변화무쌍한 설질에서 스킹을 하는 스포츠답게 폭넓은 기술이 필요하게 된다. 그러므로 모든 스킹환경을 내츄럴한 스킹만으로 극복하기에는 큰 무리가 따른다. 특히 국내에도 많이 늘어나고 있는 모글슬로프나 눈 온 뒤에 생기는 악설상황이나, 외국을 나가면 흔히 만날 수 있는 오프피스테와 신설에서는 내츄럴 스키테크닉을 사용했을 때 얻는 것보다는 잃는 것이 많은 상황이 생길 수도 있다.

(4) 기초기술의 문제

내츄럴 스킹은 그 하나만으로 모든 상황에 대처하기에는 한계가 있는 기술이라고 할 수 있다. 그러므로 내츄럴한 스킹은 초보자가 배우기 보다는 중상급자가 자신의 기술 폭을 넓히는데 사용하는 것을 좋을 것이다. 특히 처음 스키에 입문하는 초보자의 경우에는 스키를 타기 위해 필수적인 하중이나 신체동작, 스키조작 등을 배워야 하는데, 내츄럴한 스킹만으로는 이러한 요소들을 충분히 익히기에는 한계가 있으므로, 스키에 처음 입문할 때는 기존기술을 먼저 익혀서 기초를 단단히 하고, 단계적으로 내츄럴한 스킹에 접근하는 것을 권하고 싶다.

이처럼 내츄럴 스키테크닉의 문제점을 알아 보았는데, 이것들을 해결하기 위해서는 내츄럴한 스킹만을 고집하기 보다는 필요에 따라서 기존기술을 사용하기도 하고, 또한 내츄럴 스키테크닉과 기존기술을 적절한 비율로 섞어 사용하는 것이 보다 안전하고 효과적인 스킹방법이 될 것이다.

6. 내츄럴 스키테크닉의 미래

카빙스키가 등장하면서 기존 스키기술에 변화를 주고, 스키기술의 어려움을 일부나마 줄여서 스키산업의 발전을 도모할 목적으로 연구되어진 내츄럴 스키테크닉은 스키기술의 최고봉인 월드컵 선수들의 스킹에서 힌트를 얻고, 그중에서 일반 스키어들에게 필요한 기술만을 추출하고 현실화하여 다운사이징(Downsizing)한 기술이라고 할 수 있다.

또한 2000년대 초반부터 시작하여 기술이 정립되어가는 10여년 동안 많은 시행착오가 있었던 것도 사실이다. 이러한 시행착오는 과학실험이 오류를 반복하여 하나의 이론으로 수렴하여 가듯 어쩌면 당연한 수순일 수도 있겠다. 하지만 나름대로 발전하여 가던 내츄럴한 기술은 최근 국제스키연맹(FIS)의 장비규정이 바뀌면서 새로운 도전에 맞닥뜨리게 된다.

즉 그동안 롤모델로 생각되어 왔던 월드컵 선수들의 활주법이 크게 달라지게 된 것이다. 기존의 카빙성 높은 월드컵 스키를 사용했을 때에 비교해, 새롭게 변화된 회전반경 35m 이상의 스키를 사용하게 되자, 회전 전반의 스키딩 요소가 많아지면서 활주라인은 물론이고 신체의 사용법 및 활주전략도 크게 변화하게 된다.

처음 카빙스키의 정의를 회전반경 30미터 이하의 스키라고 하였기에, 이러한 스키는 카빙스키보다는 오히려 노멀스키(Normal Ski)에 가깝다고 할 것이다. 일반 스키어들이 이러한 스키를 사용할 기회는 거의 없기에, 결과적으로 월드컵 스키기술과 일반 스키어들의 스키기술은 다시금 큰 격차가 벌어지게 되었다.

이에 따라 내츄럴한 스킹도 기로에 섰다고 할 수 있는데, 월드컵 스킹에 발맞춰서 다시 과거로 회귀할 것인지, 아니면 월드컵 스킹과는 별도로 독립적인 기술로서 자신만의 자리를 잡을 것인지는 흥미를 일으킬 만한 이슈이다.

필자의 개인적인 생각은 일반스키어들이 월드컵 스키어들과 같은 기술을 바로 사용하기에는, 다시 어려운 예전 스키기술로 되돌아가야 하는 부담은 물론이고 사용하는 장비마저 바꿔야 하는 거부감마저 크기에, 내츄럴 스킹을 바탕으로 기존기술의 바깥발 하중과 외향경자세를 적절하게 섞어서 효율성과 안정성을 함께 가진 스키기술로 발전해 나가지 않을까 예측해본다.

이제 내츄럴 스키테크닉이 만들어지게 된 스키기술의 어려움과 카빙스키의 등장 그리고 사회환경의 변화와 내츄럴한 스킹의 장단점을 알아보며 사전준비를 마쳤다. 이제는 본격적으로 내츄럴 스키테크닉에 대해서 알아보도록 하자.

NATURAL SKI TECHNIQUE

Lesson 01 내츄럴 기본자세 / 15
Natural Basic Position

Lesson 02 내츄럴 플루그 화렌 / 27
Natural Pflug Fahren

Lesson 03 내츄럴 플루그 슬라이딩 / 41
Natural Pflug Sliding

Lesson 04 내츄럴 플루그보겐 / 55
Natural Pflug Bogen

Lesson 05 내츄럴 플루그턴 / 69
Natural Pflug Turn

Lesson 06 내츄럴 패러렐턴 / 81
Natural Parallel Turn

Lesson 07 내츄럴 숏턴 / 95
Natural Shortturn

Lesson 08 내츄럴 카빙롱턴 / 111
Natural Carving Longturn

Lesson 09 내츄럴 카빙숏턴 / 129
Natural Carving Shortturn

Lesson 10 내츄럴 모글 뱅크턴 / 147
Natural Mogul Bankturn

스키장비스폰서

스키 : 오가사카

부츠 : 렉삼

웨어 : 골드윈

헬멧 : POC

고글 : POC

폴 : 엔핑

NATURAL SKI TECHNIQUE

Lesson 01

내츄럴 기본자세
Natural Basic Position

기존의 스키기술과 마찬가지로 내츄럴 스키테크닉을 완성하기 위한 첫걸음은 바로 기본자세를 정확하게 만드는 것이다. 내츄럴 스키테크닉의 핵심은 몸에 무리가 가지 않고, 스키의 성능을 효율적으로 활용하고, 낙하력을 최대한 이용할 수 있게 스키를 타는 것인데, 이를 위해서는 신체를 하나의 봉(棒, 몽둥이)처럼 길고 곧게 유지하는 것과 근육이 긴장하지 않는 릴렉스한 자세를 유지하는 것이 중요하다.

이러한 자세를 취함으로써 중저속에서는 보다 편안하게 활주할 수 있으며, 고속에서는 강한 외력에도 신체에 부담이 적은 자연스러운 자세로 스킹을 할 수 있다.

이를 위해서는 신체의 각 관절을 연결하는 가상의 축(軸, axis)을 의식하여 기본자세를 취했을 때, 스키어의 정면뿐만 아니라 측면에서 보았을 때도 신체가 가상의 신체축으로 연결되어 하나의 봉처럼 느껴져야 한다.

기본자세는 의외로 흐트러지기 쉽고, 매일매일의 슬로프 상태나 신체의 컨디션 등에 따라서 조금씩 달라지게 되므로, 매번 스키를 탈 때 우선적으로 기본자세를 확인하는 버릇을 가져야, 보다 정확하고 빠르고 쉽고 안전하게 기술습득과 향상이 가능하다.

방법

기본자세를 잡기 위하여 온몸에 힘을 뺀 편안한 자세를 취하고, 양발의 넓이를 골반넓이로 유지하고, 양팔을 넓혀서 스키위에 바르게 선다.

이때 발목, 무릎, 고관절을 가볍게 굽혀서 발바닥 전체에 하중이 들어가도록 유지하고, 양팔을 편안하게 넓혀서 삼각형을 유지하도록 한다.

기존기술의 기본자세와 비교했을 때 내츄럴 스키테크닉에서는 신체를 길고 곧게 유지하는 기본자세가 필요하므로, 신체의 각 관절은 최소한으로 굽혀서 몸 전체가 정면과 측면에서 보았을 때 하나의 봉처럼 일자를 유지하는 감각을 가진다.

내츄럴한 기본자세도 기존의 기본자세와 마찬가지로 옆에서 보았을 때, 머리에서 발끝까지의 연장선을 그어보면 슬로프 면과 수직하도록 유지해야 밸런스를 유지하기 쉽고, 최소한의 근력으로 최대한의 효과를 내며 효율적으로 스키를 컨트롤할 수 있다.

〈기본자세 앞모습 & 옆모습〉

**체크
포인트**

및 회전을 이끌어내는 것이므로, 어깨부터 발목까지 이어지는 두개의 축을 만드는 것은 내츄럴 스키테크닉의 기본중의 기본이라 할 수 있다.

1. 정면에서는 두 개의 축을 의식한다.

어깨, 고관절, 무릎, 발목을 통과하는 두 개의 축을 의식한다.

2. 측면에서는 한 개의 축을 의식한다.

머리에서 발끝까지 이어지는 한 개의 축을 의식한다.

내츄럴 스키테크닉에서 가장 중요한 것은 바로 신체의 축을 만드는 것이다. 특히 신체를 정면에서 보았을 때, 어깨뼈(견갑골)부터 고관절, 무릎, 발목으로 이어지는 몸 바깥쪽에 가상의 신체축을 만드는 것이 내츄럴 스키테크닉의 출발점이라고 할 수 있다.

이러한 신체 바깥쪽의 두개의 축은 스킹시에도 그 형태가 유지되며 기울어지는데, 이때 회전의 안쪽과 바깥쪽 축의 길이가 달라지면서 신체의 무게중심을 이동시켜서, 자연스럽고 효율적인 회전을 이끌어내는 역할을 한다.

내츄럴 스키테크닉의 핵심은 이러한 신체축을 유지하는 것과 신체축을 기울이면서 중심이동을 하여 스키의 낙하와 활주

내츄럴 스키테크닉에서는 정면뿐만 아니라, 측면에서 보았을 때도 신체의 축이 만들어져야 하는데, 머리부터 어깨, 고관절, 무릎, 발목으로 이어지는 한 개의 축을 의식하여 기본자세를 잡는다.

물론 옆에서 보았을 때의 신체축은 완벽한 일자축은 아니고, 스키부츠의 전경각에 의해서 양무릎이 신체축의 앞으로 튀어나오고 엉덩이는 신체축의 뒤로 벗어나게 되지만, 기존의 기본자세처럼 각 관절을 지나치게 구부려서 낮은 자세를 취하는 것이 아니라, 발목, 무릎, 고관절 등을 최소한으로 구부려서 신체가 곧게 펴져있는 상태에서 각 관절들을 최소한으로 굽혀지는데, 옆에서 봤을 때 하나의 축을 따라서 몸이 몽둥이처럼 펴

져 있다는 이미지를 가지는 것이 좋다.

　이렇게 하나의 축을 의식하여 곧게 펴진 기본자세를 취하면, 기본적으로 자세가 편안하고 스킹시에도 근력의 소모가 줄어들고, 강한 외력에 버티기 쉬워서 보다 효율적인 스킹이 가능하고, 회전시 신체의 축을 기울일 때도 낮은 자세보다 쉽고 편하게 내경자세를 취할 수 있게 된다.

　일반적인 스킹때와 마찬가지로 패러렐턴이나 숏턴 등에서는 내츄럴 스탠스를 유지하고, 카빙턴에서는 조금 스탠스를 넓게 확보하고, 모글에서는 조금 스탠스를 좁게 만들기도 하는 다양한 변화와 응용이 필요하다.

4. 양팔은 삼각형을 유지한다.

양팔은 삼각형을 유지하며 자연스럽게 넓힌다.

3. 내츄럴 스탠스를 취한다.

양발의 넓이가 허리 넓이인 내츄럴 스탠스를 유지한다.

　양발의 넓이는 기존의 기본자세와 마찬가지로 허리넓이를 유지하는 내츄럴 스탠스(Natural Stance)를 유지한다. 기본적으로 내츄럴 스탠스는 양발의 균형을 잡기 편하고, 중심이동을 하기에도 유리한 스탠스이다.

　또한 양발의 넓이를 허리넓이로 유지해야, 어깨부터 발목까지 가상의 선을 연결한 두개의 축이 기울어지거나 비뚤어지지 않고, 직선으로 곧게 만들어진다.

　양팔의 모양은 기존의 기본자세와 마찬가지로 삼각형으로 유지한다. 스킹시 양팔의 모양과 위치는 기술에 많은 영향을 미치게 되므로, 각각의 회전에 따라서 스탠스를 변화시키는 것과 마찬가지로 양팔의 위치도 변화시키는 것이 보다 폭넓은 기술을 구사하는데 도움이 된다.

　즉, 양팔을 높고 넓게 유지하면 신체의 중심이동을 크게 하는데 도움이 되므로 주로 카빙턴 계열에서는 양팔의 위치를 조금 높고 넓게 유지하고, 패러렐턴이나 숏턴 등과 같이 외력이 작고 중심이동과 축의 기울임이 작을 경우에는 양팔을 낮고 좁게 유지하는 것이 회전의 안정감을 높일 수 있다.

5. 양팔꿈치는 가슴옆에 위치한다.

양팔꿈치를 가슴옆에 위치시킨다.

기존의 자세에서는 상체의 전경각을 깊게 유지하고, 전후밸런스가 후경이 되는 것을 방지하기 위하여 양팔꿈치의 위치를 가슴앞에 위치하고, 양주먹의 위치는 무릎보다 앞으로 많이 내민 자세를 취했다.

하지만 내츄럴 스키테크닉에서는 신체를 하나의 봉처럼 유지하고, 어깨쪽의 근육을 릴렉스하게 유지하기 위해서 양팔꿈치의 위치를 가슴옆에 두도록 하고, 양주먹은 무릎근처에 위치하게 한다.

이렇게 하면 양팔은 마치 비행기처럼 옆으로 뻗은 자세에서 양팔꿈치를 가볍게 앞으로 굽힌 자세가 만들어져서, 측면에서 보았을 때 어깨부터 팔꿈치까지는 신체의 축위에 위치하게 되고, 팔꿈치부터 주먹까지도 신체의 축에서 크게 벗어나지 않게 된다.

결과적으로 기존의 기술처럼 양팔이 몸통(체간,Body Core)과는 별도로 움직이는 것이 아니라, 몸통의 일부로서 양팔도 함께 움직여서 보다 일체감이 높아지고, 회전시에도 몸통만을 움직이는 간단한 동작으로 몸통과 팔이 함께 움직이게 되어 보다 심플한 신체동작이 가능해진다.

6. 엄지손가락은 폴그립 머리위에 놓는다.

엄지손가락은 폴그립 위에 놓는다.

양손에 폴을 잡을 때는 엄지손가락의 위치를 기존처럼 폴그립 옆에 놓는 것이 아니라, 폴그립의 머리 위에 놓게 되는데, 그립머리 위에 엄지손가락을 놓게 되면, 그립 옆에 놓을 때보다 어깨쪽 근육의 긴장감을 줄일 수 있고, 폴의 기울기를 보다 수직에 가깝게 유지할 수 있어서 폴을 신체축에 가까운 모양과 각도를 유지할 수 있고, 폴체킹을 하며 설면에 터치했을 때 보다 미묘한 설면의 감각이 전달되게 된다.

내츄럴 스키테크닉의 핵심은 보다 신체를 편안한 상태를 유지하고 스킹을 하는 것이므로, 어깨쪽의 긴장감을 완화시켜야 몸통을 릴렉스하게 유지할 수 있어서 이 그립모양은 특히 중요하다.

또한 기존기술은 팔을 움직여 폴을 찍어서 턴의 계기를 이끌어내고 리듬을 만들어내는 신체의 말단(末端, Body Terminal)이 주도하여 체간의 움직임을 이끄는 말단주도형 기술이었면, 내츄럴 스키테크닉에서는 몸통이 먼저 움직이며 회전을 만들어 내는 체간주도형 기술로서, 폴체킹을 할 때 폴이 설면에 터치되어 설면의 상태와 신체의 기울임과 회전의 정도를 느끼는 센서(Sensor)의 역할도 추가 되었는데, 이때 양손 엄지손가락을 폴그립 머리 위에 얹어서 보다 섬세한 폴체킹의 느낌과 설면의 감각을 얻을 수 있다.

빼고 긴장감을 줄여서 보다 편안하고 안정된 자세를 만드는 것이 필요하다.

이를 위해서는 척추뼈를 곧고 편안하게 유지하며, 가슴을 편 상태에서 턱을 들고 당겨주어 목과 몸통이 일자로 펴진 자세를 만들어야 하고, 골반은 앞으로 집어넣어 눕히는 것이 아니라 뒤로 살짝 빼는 이미지로 세워서, 척추뼈와 골반뼈가 일직선상에 위치하도록 자세를 만들어준다.

7. 상체를 곧고 편안하게 유지한다.

상체를 곧고 편안하게 유지한다.

내츄럴 스키테크닉의 목적중 하나는 신체를 최대한 편안한 상태로 유지하고, 보다 적은 힘을 소모하며 효율적으로 활주하여 결과적으로 건강에 도움이 되는 스킹을 하는 것인데, 이를 위해서는 신체를 릴렉스하게 유지하는 것이 특히 중요하다.

특히 어깨뼈를 시작으로 갈비뼈와 척추뼈를 중심으로 허벅지뼈의 일부까지 이어지는 신체의 몸통인 체간(體幹)부의 힘을

8. 정강이각과 상체각은 평행을 유지한다.

정강이각과 상체각은 평행을 유지한다.

기존의 스키기술과 마찬가지로 정강이 각도와 상체 각도는 서로 평행을 유지하여야 하는데, 이렇게 하면 결과적으로 머리 끝부터 발끝까지 연장선을 연결했을 때, 슬로프면과 신체의 연장선(신체 측면축)이 서로 수직하게 되어 최적의 전후밸런스를 만들게 된다.

최근의 스키부츠는 과거에 비해서 어퍼셀의 전경각도가 서

있는 경우가 많은데, 이는 신체의 축을 중시한 최근의 스키기술과도 연관이 깊다고 할 수 있다. 부츠의 전경각도가 서 있는 만큼 정강이의 전경각도 서게 되고, 여기에 평행한 상체각도 일어나게 되어서, 결과적으로 길고 곧은 수직에 가까운 신체축이 만들어지게 된다.

이렇게 정강이 각도와 상체각을 평행하게 만들면, 전후밸런스를 유지하기 쉬운 것은 물론이고, 회전시 필요에 따라서 상하체의 밸런스를 전후로 이동하기 수월해지므로, 기본자세의 핵심이라 할 수 있다.

9. 발바닥 바깥쪽에 중심을 유지한다.

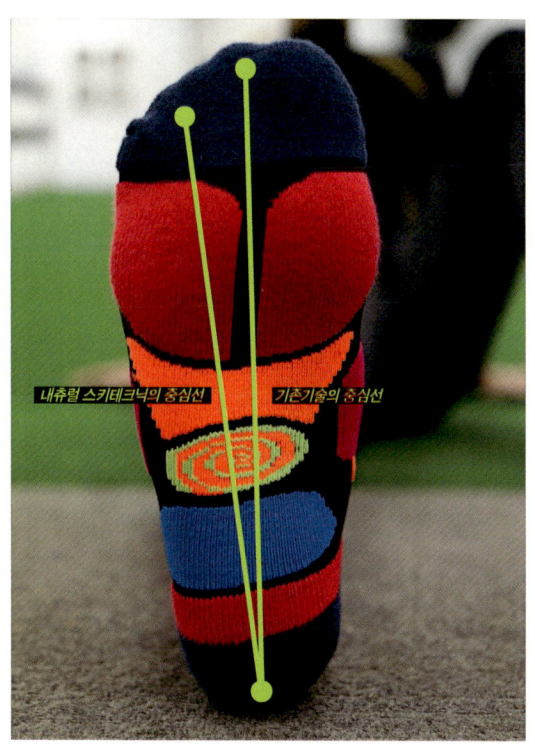

내츄럴 스키테크닉에서는 신체의 무게중심인 몸통(체간)을 양다리로 버티는 이미지로 기본자세를 만들고, 양다리를 굽히거나 펴면서 몸통의 축을 기울이거나 중심이동을 이용하여 회전을 이끌어내는 것이 중요한 원리인데, 이때 양발의 발바닥 안에서의 감각이 특히 중요하다.

발바닥의 감각은 기존의 기술과 유사하여(프로페셔널 스키테크닉 67p 참조) 모지구와 소지구 및 뒤꿈치로 하중을 버티게 되지만, 발바닥을 정면에서 보았을 때 하중의 중심은 조금 달라지게 된다.

즉, 기존의 기술에서는 발바닥의 중심선을 중지발가락이나 검지발가락 쪽에 두어서, 스키어가 가하는 하중이나 컨트롤이 주로 스키의 인엣지로 전달되게 조작하였지만, 내츄럴 스키테크닉에서는 보다 적은 힘으로 강한 압력에 버티기 위해서 발바닥의 중심선을 약지발가락 쪽에 두는 것이 좋다.

이렇게 약지발가락과 뒤꿈치를 통과하는 중심선을 설정하게 되면, 회전이 가하는 압력이 발바닥 전체에 고르게 전달되어 스키의 휘어짐(리버스 캠버)이 쉽게 일어나며, 고관절과 무릎과 발목이 일직선상에 바르게 정렬되어 어깨까지 이어지는 신체축이 곧게 유지되므로, 보다 신체에 무리가 덜 가고 적은 힘으로도 큰 외력에 버틸 수 있는 효율적인 자세가 만들어지게 된다.

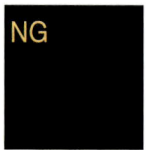

1. 시선이 지나치게 낮은 경우

기존의 기본자세와 마찬가지로 내츄럴한 기본자세에서도 시선처리는 매우 중요하다. 특히 스키는 경사면을 고속으로 활주하는 스포츠이며, 시선처리는 머리의 위치에 영향을 미치고 머리의 위치는 기본자세에 연쇄적으로 영향을 끼치기 때문에 기본자세에서 시선의 높이를 잘 셋팅하여 활주 중에도 시선각도를 잘 유지하는 것은 중요하기 마련이다.

그러나 많은 스키어들이 기본자세는 물론이고 활주 중에도 시선처리가 미숙한 것이 현실이다. 특히 초보스키어나 여성스키어 중에는 지나치게 발 아래만을 보면서 아슬아슬하게 활주하는 경우가 많은데, 이 경우 전방의 시야확보가 부족하게 되어 충돌의 위험성이 있는 것은 물론이고 내츄럴한 기본자세에서 가장 중요한 신체의 측면축을 무너뜨리는 결과가 생기기도 하므로 주의가 필요하다.

즉, 시선이 낮아지면 머리도 함께 숙여지면서 이를 지지하고 있는 경추(목뼈)가 앞으로 구부러지게 된다. 이렇게 경추가 구부러지면 견갑골(어깨뼈)도 앞으로 휘어지게 되며, 척추를 구성하고 있는 흉추와 요추도 함께 구부러지는 연쇄작용이 일어나기 쉽다. 이러한 연쇄작용은 결국 척추뼈 전체가 둥글게 말리는 원인이 되어, 신체의 측면축이 무너지는 결과가 생길 수 있다.

그러므로 정지중의 기본자세는 물론이고 활주 중에도 시선을 높고 멀리 유지하여 머리가 숙여지지 않도록 턱을 들어주는 것이 정확한 신체축과 기본자세를 유지하며 내츄럴한 스킹을 하는 첫걸음이라 할 수 있다.

2. 양팔이 지나치게 앞으로 나온 경우

기존의 기본자세는 전경을 유지하기 위해서 양팔을 앞으로 많이 내미는 것을 중시하였다. 특히 양팔꿈치가 가슴 앞에 위치하고, 양주먹은 무릎 앞에 놓아서 신체의 전경자세를 유지하는데 도움이 되도록 했다.

내츄럴한 기본자세에서도 양손의 위치가 중요하긴 하지만, 지나치게 양손을 앞으로 내미는 것은 자칫 신체의 측면축을 무너지게 할 수 있으므로 주의해야 한다. 즉 양손을 과도하게 앞으로 내밀게 되면 쇄골과 견갑골(어깨뼈)이 둥글게 말리면서 척추의 흉추(등뼈)가 구부러지는 원인이 될 수 있다.

내력으로 큰 외력에 버틸 수 있는 효율성이 확보될 수 있다.

3. 골반이 앞으로 들어간 경우

양손을 지나치게 내밀어서 척추가 구부러진 경우

골반을 앞으로 들어가면 신체축이 무너지게 된다.

이렇게 흉추가 말리게 되면 등근육의 긴장감도 함께 높아지게 되고, 결국 신체의 측면축이 무너지기 쉬워지고 릴렉스한 기본자세를 유지하는데도 어려움이 커지게 된다. 또한 이렇게 몸통(체간)이 구부러지며 긴장감이 커지게 되면, 신체축과 무게중심의 원활한 이동이 어려워져서 결국 내츄럴 스키테크닉의 기본원칙인 효율적이고 경제적인 스킹이 불가능하게 된다.

그러므로 내츄럴한 기본자세에서는 지나치게 양손을 앞으로 내밀기보다는, 양팔을 옆으로 넓힌 상태에서 가볍게 팔꿈치를 구부려서 양팔꿈치가 가슴옆에 위치하고 양손은 무릎근처에 위치하도록 해야 한다. 이런 자세에서는 견갑골과 쇄골 및 가슴뼈도 편안하게 펴져서 경추부터 흉추를 포함하는 척추전체가 곧게 펴지게 되므로, 몸통전체의 긴장감이 줄어들어서 보다 릴렉스한 자세가 만들어지고, 신체축이 일자로 펴져서 보다 작은

신체구조상 몸통은 체간이라고 하여 몸의 줄기라고 할 수 있으며, 그 몸통에서도 골반은 상체와 하체를 연결하는 중심부에 위치하고, 대퇴근과 복근 및 배근이 바로 인접한 가장 중요한 신체부위중 하나이다.

카빙스키가 나오기 전이나 카빙스키가 도입된 초창기에는 골반을 앞으로 넣고 척추를 앞으로 둥글게 말아주는 클래식한 자세를 취하는 시절이 있었다. 이러한 기본자세는 골반을 옆으로 꺾는 것이 쉬워서 신체의 외경자세를 편하게 만들 수 있었고, 발바닥의 뒤꿈치 쪽에 하중을 가하는 것이 원활하여 회전

마지막에 골반을 앞으로 넣어주며 뒤꿈치에 하중을 가해서, 스키를 쉽게 가속시킬 수 있는 장점이 있었다.

하지만 이렇게 골반이 앞으로 들어간 클래식한 기본자세는 신체를 떠받치는 줄기라고 할 수 있는 척추가 둥글게 휘어지게 되므로, 카빙스키를 이용한 롱턴에서 전해지는 강한 원심력에 버티기가 어렵고, 골반이 앞으로 들어가며 등근육의 긴장감이 커져서 업다운 등을 할 때 신체의 저항이 높아져서 근육의 피로도 상대적으로 커지게 마련이다.

그러므로 신체가 편안한 상태에서 스킹을 하여 신체건강을 향상시키고, 또한 적은 힘으로 큰 외력에 버티며 스킹을 하는 내츄럴 스키테크닉을 위해서는 골반을 앞으로 넣는 것이 아니라 뒤로 빼서 척추 전체가 곧게 펴지도록 릴렉스한 기본자세를 만들어야 한다. 이렇게 골반을 뒤로 빼서 세우고 머리각도를 높게 유지하고 양팔을 펴주면, 머리의 뒤통수부터 목뼈를 지나 등뼈와 꼬리뼈까지의 몸통을 지지하는 골격 전체가 곧게 펴지는 것을 느낄 수 있다.

이러한 자세가 만들어지게 되면 신체를 옆에서 보았을 때 몸통뿐만 아니라 머리와 다리까지 포함한 몸 전체가 하나의 봉처럼 느껴지며 일체감이 높아져서 편안하게 기본자세를 유지할 수 있는 것은 물론이고, 몸 전체를 하나의 신체축으로 단순화할 수 있어서 보다 심플하게 스키를 컨트롤하는 내츄럴 스키테크닉의 기본이론을 완성하는 토대가 될 수 있다.

플러스 알파

1. 거북목 증후군과 내츄럴 기본자세

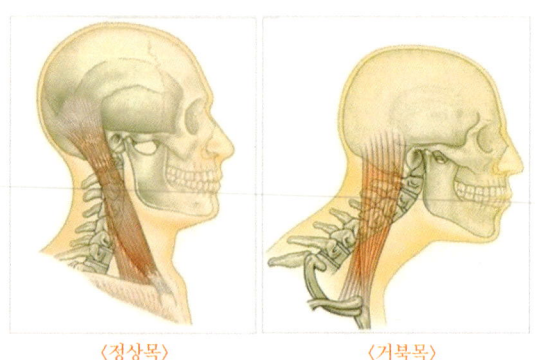

〈정상목〉   〈거북목〉

스마트폰과 태블릿PC가 등장한 이래 현대인의 생활자세는 큰 변화가 생겼고, 이러한 변화로 인해 새로운 신체질환이 문제가 되기 시작하였다. 즉 신체를 구부정하게 구부린 상태에서 스마트폰이나 태블릿 PC를 오랜시간 보는 사람들이 늘어났고, 특히 크기가 작고 손에 들고 사용하는 스마트기기들의 특성상, 목을 앞으로 빼서 아래로 구부린 채 화면을 내려다보며 조작하는 사람들이 기아급수적으로 늘어나게 되었다.

이러한 자세를 오랜시간 지속하다 보면, 목에 있는 경추가 C자형의 올바른 자세를 유지하고 못하고, 일자로 펴지며 앞으로 숙여지는 거북목 증후군(일자목 증후군, Forward Head Posture)이 올 수 있다. 원래 거북목 증후군은 근육이 약한 노인층에서 흔하게 발생하는 증상이었는데, 컴퓨터를 오래 사용하고 스마트 기기를 손에서 떼지 못하는 최근에 와서는 나이여부에 상관 없이 많이 발생하고 있다.

거북목 증후군이 발생하면 경추에 걸리는 하중이 급격하게 커지게 되는데, 목이 앞으로 1cm 빠질때마다 2~3kg의 하중이 더 걸려서, 결국 성인기준 4~5kg인 머리의 무게가 거북목 증후군이 심할 때는 최대 15kg까지 하중이 걸리게 된다.

이렇게 거북목 증후군이 발생하면 목을 통과하는 신경이 눌리면서 두통에 시달리게 되며, 일상생활은 물론이고 숙면을 방해하여 만성적인 피로감을 느끼게 된다. 또한 척추뼈에 영향을 미쳐서 척추질환을 일으키며, 가슴이 눌리며 호흡량이 줄어들어 최대 30% 까지 호흡능력이 감소하게 된다. 또한 등근육의 통증은 물론이고 손이 저리는 현상도 올 수 있고, 거북목을 가진 사람들은 정상인보다 골절가능성이 1.7배 높다고 한다.

이렇게 현대인의 새로운 질환이라고 할 수 있는 거복목을 예방하기 위해서는 평상시에 바른 자세를 유지하고, 목 스트레칭을 자주 하며 목근육을 강화하는 것이 필요하다. 특히 내츄럴한 기본자세는 머리의 뒤통수부터 목을 거쳐 척추가 곧게 펴지는 자세로 스킹을 하므로 거복목을 예방하는 효과가 있다고 할 수 있다.

또한 평상시에 컴퓨터 키보드를 많이 사용하면서 양팔을 앞으로 내밀며 등이 함께 굽는 경우도 많은데, 내츄럴한 기본자세에서는 가슴을 활짝 펴고 양팔꿈치를 가슴옆에 위치시키기 때문에 현대인에게 필요한 바른자세를 만드는 효과도 있다. 그러므로 내츄럴한 스킹을 오래하면 신체건강에 도움을 주기 때문에 건강한 스키기술이라고 할 수 있다.

2. 신체의 정렬과 기본자세

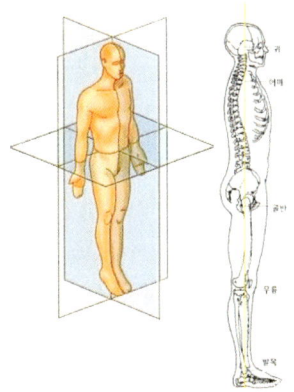

〈신체의 바른 정렬〉

모든 종류의 스포츠를 깊은 수준으로 즐기다 보면, 모든 기술의 출발점은 기본자세이고 이것이 나쁘면 결국 좋은 기술을 습득하는데 한계가 발생하고, 근본적인 오류수정을 위해서는 기본자세를 바꾸는 것이 필요하다고 깨닫게 된다.

하지만 스키장에서 스키를 즐기는 스키어들을 관찰하다 보면, 상급기술을 구사하는 스키어들 중에서도 기본자세가 잘못된 경우가 의외로 많은 것이 현실이다. 이러한 잘못된 기본자세는 여러가지 기술적인 오류의 원인이 되며, 기술발전을 저해하는 큰 원인이 된다.

예를 들어 척추가 곧게 펴지지 못하고 등이 말린 기본자세를 가진 스키어의 경우는, 등근육이 지나치게 긴장하여 고관절의 움직임이 원활하지 않기 때문에, 업다운을 할 때 무릎만 크게 움직이며 후경자세가 나오기 쉽게 된다. 반대로 헬스를 많이 하는 스키어나 여성스키어 중에는 지나치게 가슴을 앞으로 내밀며 척추를 곧게 펴는 의식이 과도한 경우도 있는데, 이때는 업다운이 고관절 위주로 되면서 상체만이 인사하듯 숙여져서 전경자세가 지나치거나 전후밸런스가 무너지는 스킹을 하는 경우가 많다.

또한 후경자세가 나오게 되면 테일의 움직임이 원활하지 못해서 회전 시작이 어렵게 되어 몸턴을 이용해서 억지로 스키를 돌리는 경우가 반복된다. 반대로 전경이 지나치면 테일쪽이 과도하게 움직여서 회전 후반부에 원활한 마무리가 어렵게 되어 다음턴에 진입하는 것이 힘들고, 업다운을 크게 사용하여 무리하게 스키를 돌려야 하기에 비효율적인 스킹이 악순환하게 된다.

또한 기본자세에서 좌우 밸런스가 맞지 않는 경우를 생각해보면 한쪽 엣징은 약하고 다른 한쪽은 엣징이 강한 경우인데, 특히 리듬이 짧은 숏턴에서 큰 문제가 발생하게 된다. 즉 강한 쪽의 엣징이 지나치게 세지므로 불필요한 감속요소가 커지며 스키가 튀기 쉽고, 약한 쪽의 엣징은 너무 약하여 회전을 시작하는 것이 지연되고 회전의 안정감 또한 나빠지며 스키가 밀리기 쉽다.

그리고 신체의 골반이 한쪽으로 비뚤어져서 회전밸런스가 나쁜 경우를 생각하면, 골반이 돌아간 쪽은 테일이 지나치게 밀리면서 회전 후반부에 턴을 마무리하기가 힘들고, 반대쪽은 하체의 움직임에 제한을 받기 때문에 회전을 시작하기가 어려워지게 된다. 특히 최근에는 대부분의 운전자들이 오토차량을 이용하는데, 이 경우 오른발만으로 악셀과 브레이크를 밟기 때문에 골반이 왼쪽으로 틀어진 경우가 많다. 이러한 자세에서 숏턴을 하게 되면 오른발에 하중을 가하는 왼쪽 턴의 마무리에서 지나치게 테일이 밀리게 되고, 오른쪽 턴의 시작에서 테일의 움직임이 어려워서 업이 지나치게 커지며 몸턴이 나올 가능성이 높아진다.

또한 양발의 위치가 서로 맞지 않고 앞뒤로 엇갈린 경우가 많은데, 이것은 위에서 언급한 것과 같이 오토기어 운전이 익숙한 현대의 운전습관에서 크게 영향을 받았다고 할 수 있다. 즉 오른발의 발끝(발앞꿈치)쪽으로 악셀과 브레이크를 밟으며 운전습관을 오래하다 보면 오른발의 밸런스가 나빠지게 된다. 구체적으로는 오른 발바닥의 하중배분이 발바닥 전체에 고루 분포하지 않고, 마치 까치발을 만들 듯 발앞꿈치에 하중이 많이 분포하게 된다. 그러므로 하중을 가할 때 자기도 모르게 까치빌을 하듯 발목을 펴서 앞꿈치에 하중을 가하기 때문에, 결과적으로 후경자세가 나오면서 엣지를 능숙하게 사용하기 힘들어진다.

물론 회전 전반부에 업을 하며 발중(언웨이팅, Unweighting)을 할 때는 발목을 가볍게 펴면서 발앞꿈치에 하중을 가하지만, 중후반부에 들어가면서 발목을 위로 젖히며 발바닥 중앙을 거쳐서 뒤꿈치쪽으로 하중이 옮겨가야 한다. 그러나 이때도 발목이 자기도 모르게 펴지면서 발앞꿈치에 하중이 많이 남아있는 경우에는, 신체구조적으로 하중을 확실하게 가하거나 외력에 버티기가 어렵게 되고, 회전 전반부에 스키가 지나치게 앞으로 내밀어지며 테일이 걸려서 회전시작이 힘들어 질 수 있다.

이렇게 단편적인 예를 들어봐도 알 수 있듯이 정확한 기본자세는 스키기술 전반에 큰 영향을 미치는 중요하고 근본적인 기술요소이다. 그러므로 스키를 탈 때마다 기본자세가 정확하게 맞는지 확인하는 것은 물론이고, 이러한 기본자세에 영향을 미치는 일상생활에서의 신체정렬도 자주 확인하고 고치는 습관을 가져야, 스키뿐만 아니라 건강한 일상생활도 좋은 영향을 준다고 하겠다.

NATURAL SKI TECHNIQUE

Lesson 02

내츄럴 플루그 화렌
Natural Pflug Fahren

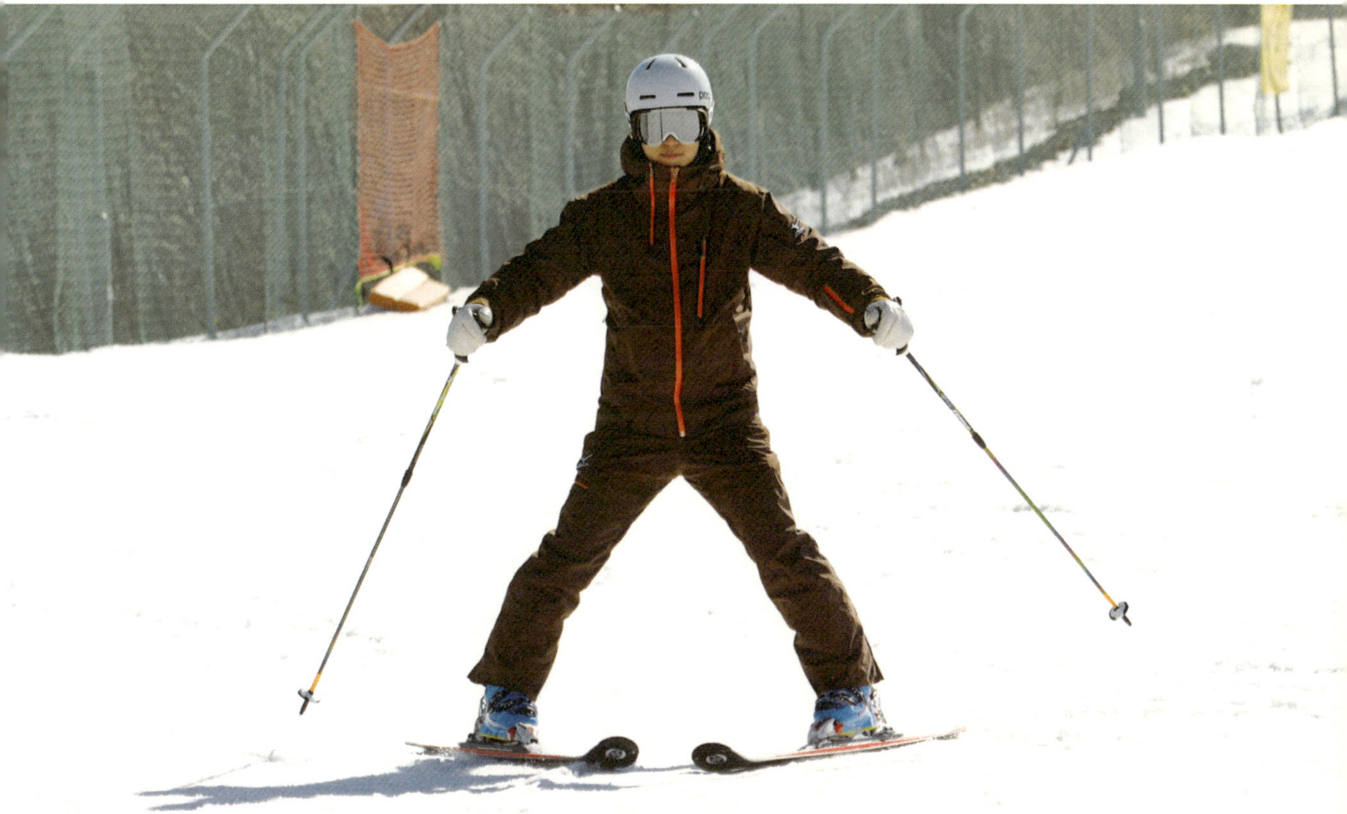

기존의 스키기술과 마찬가지로 설면 위를 활주하면서 엣징(Edging)의 기본감각을 익히는 첫단계가 바로 플루그 화렌이다. 플루그 화렌에서는 양스키를 A자 모양으로 넓힌 플루그 스탠스로 만들어서 활주하는데, 이때 양스키가 몸 바깥쪽에 위치한 회전자세인 턴포지션(Turn Position)을 만드는 감각도 함께 길러진다.

내츄럴 스키테크닉에서는 자신이 근력을 지나치게 사용하여 무리하게 스키에 압력을 가하는 것이 아니고, 스키어의 무게와 지구의 중력을 이용하여 자연스럽게 스키에 압력이 전달되는 것이 중요하고 스키어의 내력은 필요에 따라서 최소한의 양만 사용하는 것이 기본이므로, 신체를 릴렉스하게 유지한 상태로 스키어의 무게가 중력에 의해서 스키 전체에 고르게 분포되도록 자세를 유지한다.

이때 지나치게 엣지를 세워서 스키에 제동이 걸리는 것이 아니라, 스키를 컨트롤할 수 있는 최소의 엣지를 세워서 스키의 활주력과 스키어의 낙하력을 극대화하는 것이 중요하다.

이를 위해서는 기존의 엣징감각처럼 고관절과 무릎, 발목을 안쪽으로 꺾어서 하체를 긴장시켜 발바닥 안쪽에 엣징을 집중시키는 것이 아니라, 하체전체가 자연스럽고 곧게 펴져서 축을 만들어 발바닥 전체에 하중이 고르게 분포되어야 한다.

내츄럴한 플루그 화렌이 어느 정도 익숙해지면, 패러렐 스탠스에서 출발하여 양스키의 테일을 넓혀주는 테일 슬라이드 플루그 화렌과 와이드한 패러렐 스탠스에서 출발하여 양스키의 탑과 테일을 동시에 돌려주는 탑테일 슬라이드 플루그 화렌도 함께 실시하여 다양한 엣징감각을 익힌다.

경사가 완만한 곳을 선택하여 스키를 플루그 스탠스로 만들어서 서서히 미끄러진다. 옆에서 봤을때 기본자세에서 만들어진 신체의 측면축이 설면과 수직을 이루도록 상체를 곧게 펴야 하고, 발바닥 전체에 하중이 고르게 전달되도록 고관절, 무릎, 발목을 회전 안쪽으로 꺾지 않고 릴렉스하고 곧게 유지한다.

스키가 활주하기 시작하면 엣지가 설면을 파고들면서 설면에서의 저항이 느껴지는 엣징감각이 전달되는데, 스키의 활주력이 최대화되고 스키어의 낙하력이 극대화되도록 엣지각도를 조절해서 스키가 자연스럽게 미끄러지게 한다.

이때 활주력과 낙하력만을 의식해서 지나치게 엣지각도를 풀어버리면 스키의 컨트롤(제어력)이 나빠지게 되고 반대로 과도하게 엣지각도를 세워버리면 스키의 활주력이 손실되게 되므로, 다양한 크기의 플루그 스탠스에서 여러가지 엣지각도로 활주하며, 스키의 활주력과 스키어의 낙하력과 회전의 제어력 사이의 상관관계를 미리 익혀두어야 한다.

체크 포인트

1. 신체 바깥쪽의 두개의 축을 의식한다.

신체 바깥쪽의 두 개의 축을 의식한다.

내츄럴 스키테크닉에서 가장 중요한 것은 바로 신체의 축을 만들고, 이 신체축의 기울임과 무게중심의 이동을 이용하여 스키의 회전을 이끌어내는 것이다.

그러므로 정지중의 기본자세와 마찬가지로 활주중의 플루그 자세에서도 어깨뼈부터, 고관절, 무릎, 발목으로 이어지는 가상의 두 신체축을 의식하는 것이 중요하다.

물론, 플루그 자세의 특성상 스키가 A자 형태를 만들어야 해서, 결과적으로 양발이 몸 밖으로 벗어나게 되어 어깨부터 발목까지의 연장선이 일직선상에 정렬되지는 않지만, 활주시 어깨부터 발목까지가 하나의 봉(棒)처럼 일체감 있게 움직이는 이미지를 가져야 한다.

이처럼, 봉처럼 일체화된 두개의 신체축은 목적에 따라서, 그 크기가 작아지거나 커지고, 혹은 기울거나 회전하면서 다양한 회전을 이끌어내게 된다. 그리고 회전을 할 때 두개의 축이 무너지지 않고 회전을 할 수 있어야 신체에 부담이 적고 외력을 효율적으로 활용하는 효율적이고 효과적인 스킹을 할 수 있다.

2. 신체 안쪽의 두개의 크로스축을 의식한다.

신체 안쪽의 두 개의 크로스축을 의식한다.

정지중의 기본자세와는 다르게 활주중에는 회전의 원심력이나 스키의 반발력(리바운드) 그리고 설면의 저항 등의 다양한 외력이 발생하게 되므로, 두개의 신체축과는 별도로 어깨부터 몸의 중심을 통과하여 반대쪽 고관절과 무릎, 발목으로 이어지는 크로스축(cross axis)를 의식해야 한다.

활주중이나 회전중에는 스키어의 신체에 다양한 외력이 작용하게 되는데, 이러한 외력에 버티고 회전에 필요한 밸런스를 유지하기 위해서는, 기본적인 신체축뿐만 아니라 크로스축의 이미지가 있어야 보다 효율적이고 편안한 스킹이 가능하다.

특히, 내츄럴 스키테크닉에서는 힘을 적게 들이고 상대적으로 큰 효과를 내는 효율성을 중시하는데, 이를 위해서는 스킹시 발생하는 외력에 맞도록 최소한의 내력을 사용하는 등척성(等尺性, Isometric)의 원리가 필요하다.

즉, 회전시 발생하는 외력이 100이라면, 같은 크기의 100의 내력을 사용해야 하는데, 이를 위해서는 회전시 안쪽어깨부터 바깥발의 발목까지 이어진 바깥쪽 크로스축에 100이라는 힘이 실리는 이미지를 가져야 한다. 만약, 100보다 적은 힘이 바깥발에 실린다면 몸이 회전의 안쪽으로 지나치게 기울어지는 내도자세가 만들어져서 중심을 잃기 쉬워지고, 반대로 100보다 큰 힘이 바깥발에 실린다면 몸이 회전의 바깥쪽으로 지나치게 꺾이는 과도한 외경자세가 나와서, 효율성이 떨어지고 신체에 무리가 가게 된다.

또한 회전이 원만하게 진행되기 위해서는 회전에서 발생하는 외력에 잘 대응할 수 있는 밸런스를 유지하는 것이 중요한데, 시시각각 변하는 외력에 대해서 가장 적은 에너지를 소비하며 가장 효과적으로 대응하도록 신체의 기울기와 꺾임을 만드는 것도 안쪽 크로스축의 역할이라 할 수 있다.

3. 신체의 무게를 하체로 지탱하는 이미지를 가진다.

신체의 구성비율을 보면 가장 중요한 요소중의 하나가 바로 물이고, 이 물의 대부분은 신체의 중심부라 할 수 있는 몸통(체간)에 분포하고 있다. 또한 신체중에서 상대적으로 가장 많은 무게를 차지하고 있는 것은 바로 몸통이라고 할 수 있다.

신체의 무게를 하체로 지탱하는 이미지를 가진다.

이렇게 많은 무게를 차지하고 있는 몸통의 무게를 자동차의 엔진처럼 이용하여 낙하력을 발생시키고, 몸통을 지지하고 있는 양다리를 자동차의 바퀴처럼 이용하여 회전력을 만들어내는 것이 바로 내츄럴 스키테크닉의 기본원리이다.

이를 위해서는 신체의 몸통을 마치 물이 담겨있는 양동이처럼 가정하고, 양다리를 물양동이를 지지하고 있는 두개의 다리로 상상하는 것이 필요하다.

즉, 회전을 할 때 양동이의 두다리의 길이를 적절하게 조절하여 양동이의 물이 쏟아지지 않게 해야 하는데, 외력에 비해 너무 안쪽다리가 짧고 바깥다리가 길어서 지나치게 안쪽으로 기울이면 물양동이가 넘어지게 되고, 반대로 너무 안쪽다리가 길고 바깥다리가 짧아서 지나치게 바깥쪽으로 기울이면 물이 양동이 밖으로 넘쳐 흐르게 된다. 그러므로 회전시 양다리를 길이와 기울기를 잘 조절하여 양동이를 적절하게 기울여서, 양동기가 넘어지거나 물이 쏟아지지 않도록 원심력에 잘 적응하며 회전하는 것이 내츄럴 스키테크닉의 기본원리이다.

4. 신체와 슬로프는 수직을 유지한다.

신체와 슬로프는 수직을 유지한다.

그러므로 내츄럴한 스킹뿐만 아니라 일반적인 스킹에서도 신체와 슬로프면을 수직으로 유지하는 것은 기본중의 기본이라고 할 수 있다.

5. 스키면과의 수직하중을 의식한다.

스키면과의 수직하중을 의식한다.

기존의 스키기술과 마찬가지로 머리부터 발끝까지 가상의 선을 연결하였을 때, 이 선이 슬로프와 수직을 이루어야 보다 효율적인 스킹이 가능하다.

특히, 신체에 무리가 가지 않고 큰 힘에 버티기 위해서는, 머리의 후두부(뒤통수)부터 척추를 거쳐서 골반뼈까지 이어지는 몸통(체간)이 앞쪽으로 둥글게 말리지 않고 곧게 펴지는 것이 중요한데, 이를 위해서는 양팔을 지나치게 앞으로 내밀어서 어깨가 앞으로 굽지 않도록 주의해야 하며, 시선이 너무 낮은 곳을 보면 머리가 밑으로 쳐져서 경추가 휘게 되므로 신경써야 하고, 골반뼈가 안쪽으로 말려 들어가지 않도록 유의해야 한다.

또한 경사가 급해지거나 활주스피드가 빠를수록 신체의 중심이 뒤로 빠지면서 후경이 나오기 쉬운데, 이럴 경우 큰 외력에 버티기가 어려워져서 힘이 많이 들고 효율성이 나빠져서 부자연스러운 스키테크닉이 될 가능성이 높다.

기존의 스키기술에서는 스키의 회전력과 그립력을 중시하여, 회전시 스키의 안쪽엣지에 하중을 가하는 비율이 컸고, 이를 위해서 스키에 하중을 가할 때 무릎과 발목을 안쪽으로 꺾으며 스키면의 안쪽방향으로 비스듬한 하중을 가하는 것이 기본이었다. 하지만 이렇게 발목과 무릎을 꺾으면 큰 외력에 버티기 어렵고, 지나치게 저항이 커져서 스키의 활주력이 손실될 수 있고, 고속이나 급사면 혹은 깊은 회전에서는 신체에 무리가 많이 가게 된다.

내츄럴 스키테크닉에서는 안쪽엣지에 비스듬하게 하중을 가하는 것이 아니라, 스키전체에 수직방향의 하중을 가하는 수직하중을 유지하는 것이 기본이다. 이를 위해서는 발목과 무릎과 고관절을 일직선으로 유지하고, 오히려 발바닥의 바깥쪽에 하중의 중심을 만드는 이미지가 필요하다.

즉, 발가락의 약지부터 뒤꿈치까지 이어지는 하중라인을 만드는 이미지가 필요하고, 이렇게 만들어진 하중라인을 따라서 하중을 가하며, 양다리의 길이를 변화시켜서 신체의 축과 중심을 이동시키며 외력에 버티는 자연스러운 수직하중을 만드는 것이 좋다. 이렇게 수직하중을 사용하면 신체에 가해지는 부담을 하체뿐만 아니라 신체전체로 분산시킬 수 가 있기 때문에, 비교적 적은 내력을 사용해도 큰 외력에 효율적으로 대응할 수 있게 된다.

저항이 커져서 스키의 활주력이 감소되는 경향이 있다. 또한 이 상태로 기술이 발전한다면 외경자세가 지나치게 커져서 고속의 카빙롱턴과 같이 외력이 큰 상황에서 원심력에 버티기 어려워지게 된다.

하체를 지나치게 꺾으면 긴장감이 커지고 큰 외력에 버티기 어렵다.

NG

1. 하체를 지나치게 안쪽으로 꺾은 경우

기존의 스키기술에서는 스키의 회전력과 그립력을 중시하였기 때문에, 플루그 자세를 취할 때 발목, 무릎, 고관절을 안쪽으로 꺾어주면서 양스키의 안쪽엣지에 하중이 잘 전달되도록 의식하는 것이 중요한 포인트였다.

이렇게 하체를 회전의 안쪽으로 꺾은 플루그 스탠스를 만들면, 기본적으로 하체의 긴강감이 커지기 때문에 릴렉스한 기본자세를 취하기 어려워지고, 엣지가 과도하게 세워져서 설면의

기본적으로 스키의 활주력과 그립력은 반비례하므로, 회전의 기본자세라고 할 수 있는 플루그 스탠드에서 지나치게 하체를 꺾어서 스키의 엣지를 세우기 보다는, 고관절부터 무릎을 거쳐서 발목까지가 일직선상에 정렬되고 발바닥 전체에 하중이 실리도록 하체를 일자로 유지하는 의식을 가져야 한다. 이러한 자세로 플루그화렌을 해보면 양스키가 매끄럽게 미끄러지며 활주력이 높아지고, 엣지각도가 과도하지 않아서 엣지를 조금만

풀어줘도 낙하방향을 쉽게 바꾸는 것이 가능하다. 또한 몸 전체가 편안하고 릴렉스하게 느껴져서 긴장감이 적은 편안한 스킹을 할 수 있다.

2. 플루그 스탠스가 지나치게 큰 경우

플루그스탠스가 지나치게 크면 낙하력을 얻기가 어렵게 된다.

플루그화렌은 회전의 전단계로서 스키어가 어떤 회전을 만들어낼지를 미리 확인해보는 의미가 크다. 즉 플루그화렌에서 한쪽 스키를 모아주면 곧바로 회전자세가 만들어지게 되고, 플루그화렌에서 사용한 기본엣징은 앞으로의 회전에서 사용될 엣징의 기초가 되므로, 플루그화렌을 해보면 앞으로 어떤 회전을 만들지가 미리 그려지게 된다.

이때 양스키의 플루그 스탠스 크기는 플루그 화렌은 물론이고 향후 회전의 성격을 결정하는데 중요한 요인이 되는데, 지나치게 스탠스를 넓게 만들어서 스키가 옆으로 많이 돌아가면, 설면에서 받는 저항이 커져서 제동성 활주가 되어버리며 스키의 낙하력과 활주력이 크게 손실된다. 또한 이러한 스탠스에서는 엣지를 많이 풀어야만 활주가 가능하므로 스키의 그립력과 회전력이 크게 저하되어 스키의 컨트롤도 나빠지게 마련이다. 반대로 너무 스탠스가 작은 플루그화렌에서는 낙하력과 활주력은 좋지만 회전력과 그립력이 지나치게 작아져서 스키의 컨트롤이 어려우므로 주의한다.

그러므로 플루그화렌에서는 다양한 스탠스와 엣지각도로 활주하면서 최적의 낙하력과 활주력 그리고 그립력과 회전력의 균형을 맞추는 것이 필요하다. 이러한 최적의 스탠스에서 느낀 활주감각을 가지고 회전을 만들어보면, 가장 자연스럽고 효율적인 활주에 크게 한발 다가가는 것이 가능하다.

3. 스키를 누르려는 의식이 지나친 경우

기존의 스키기술은 스키어의 내력을 주로 활용하여 회전을 이끌어냈으므로, 플루그화렌에서도 비교적 자세를 낮게 취하며 스키를 눌러서 안정시키려고 하였다. 이렇게 자세가 낮아지고 누른다는 의식이 강하면 하체가 회전 안쪽으로 꺾이고 근육의 긴장감이 늘어나서 신체의 부담이 증가하게 된다. 또한 낮은 자세에서는 상하체가 꺾인 외경자세의 커져서 신체의 축보다는 신체의 각에 의존하는 기술로 발전하기 마련이다.

내츄럴 스키테크닉은 스키어의 근력을 사용한 내력보다는 자연에서 얻어지는 힘인 외력을 이용하여 자연스럽게 활주하는 것이 중요하므로, 플루그 자세를 만드는 단계부터 지나치게 스키를 누르는 것이 아니라, 스키 위에 자연스럽고 편안하게 서 있다는 기분으로 최대한 에너지소모가 적은 경제적인 자세를 만들어야 한다. 또한 하체가 회전의 안쪽으로 꺾이게 되면 필연적으로 불필요한 근육에너지가 소모되므로, 몸 전체를 하나의 봉처럼 일자로 유지하며 스키 위에 올라탄 상태에서, 최소한의 근력으로 최대한의 외력에 대응하는 회전을 연속하는 것이 필요하다.

스키를 지나치게 누르려고 하면 신체축이 만들어지기 어렵다.

또한 이렇게 신체를 꺾지 않고 자연스럽게 펴주게 되면, 스키의 엣지가 불필요하게 많이 세워져서 발생하는 활주력의 손실이 줄어들어 보다 경제적인 활주가 가능하다.

플러스 알파

1. 낙하와 낙차

내츄럴 스키테크닉을 배우고 익히다 보면 가장 많이 등장하는 단어가 바로 낙하(落下)라는 말이고, 낙하하는 정도를 나타내는 말이 바로 낙차(落差)라고 할 수 있다. 그렇다면 스키에서 말하는 낙하와 낙차는 무엇일까? 그리고 낙하하는 힘인 낙하력(落下力)을 최대한 이끌어내기 위해서는 어떻게 해야 할까?

스키는 눈이 쌓인 슬로프를 미끄러져 내려가는 스포츠이기 때문에 필연적으로 낙하가 동반되기 마련이다. 이러한 낙하의 원동력은 바로 지구중심 방향으로 작용하는 중력(重力)이라고 할 수 있다. 이렇게 중력을 이용하여 높은 곳에서 낮은 곳으로 떨어져 내리는 것을 사전적인 의미에서의 낙하라고 할 수 있고, 원래의 위치와 낙하하여 떨어진 위치변화를 낙차라고 말할 수 있다.

그렇다면 스키에서의 낙하와 낙차란 무엇일까? 스키에서는 낙하와 낙차를 신체와 회전이라는 두가지 측면에서 생각해 볼 수 있다. 신체적인 낙하와 낙차는 회전을 일으키는 원인으로 볼 수 있고, 회전에서의 낙하와 낙차는 신체 움직임의 결과로서 나타나게 된다.

중력과 항력방향이 일치하는 안정된 상태

이때 신체의 무게중심과 중력방향과 항력의 방향이 일치하면 "안정(Stable)"한 상태이고, 신체의 중심이 이동하여 서로 어긋나게 되면 "불안정(Unstable)"한 상태라 할 수 있다.

스키를 타면서 활주나 회전을 만들어내기 위해서는 스키어가 의도적으로 불안정한 상태를 만들어야 하는데, 이렇게 의도적인 불안정한 상태를 만들기 위해서 신체의 무게중심을 움직이는 것을 신체의 낙하라고 할 수 있고, 이 결과로서 만들어진 신체의 위치변화를 신체의 낙차라고 할 수 있다. 또한 이렇게 신체적인 낙하와 낙차가 발생하면 스키는 활주를 하면서 위치변화가 일어나게 되는데, 이때 회전내에서 스키가 아래로 떨어지는 것을 회전의 낙하라고 하고, 낙하하여 떨어진 위치변화를 회전의 낙차라고 할 수 있다.

중력과 항력방향이 어긋나는 불안정된 상태

〈안정과 불안정한 상태〉

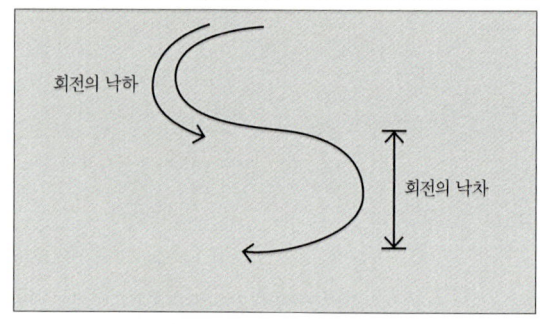

〈신체와 회전의 낙하와 낙차〉

일단 신체적인 측면에서 낙하와 낙차를 먼저 생각해보자. 회전에서 낙하와 낙차를 생각하려면 먼저 회전의 주체인 스키어의 신체중심과 중력과의 상관관계를 알아보아야 한다. 인간은 일상생활에서 의식하지 못하지만 항상 중력의 지배를 받고 있다. 즉 지구중심 방향으로 당겨지는 중력안에서 생활하고 있고, 이에 버티기 위해서 근력을 사용하여 항력을 만들며 생활하게 된다.

즉 스키어가 슬로프에서 회전을 위해 신체의 무게중심을 회전 안쪽으로 움직이면, 중력방향과 신체의 항력방향이 서로 엇갈리면서 불안정한 상태가 만들어지며 위치에너지가 발생하게 되고, 이러한 불안정한 상태를 해소하여 다시 안정된 상태로 되돌아가고자 스키의 운동에너지가 발생하며 활주 및 회전을 시작하게 된다. 이렇게 지구의 중력과 신체의 항력을 이용하여 의도적으로 불안정한 상태를 만드는 것이 바로 신체의 낙하 및 낙차라고 할 수 있고, 이러한 신체의 낙하와 낙차에 의해서 발생하는 스키의 활주와 회전의 결과물이 바로 회전의 낙하와 낙차라고 할 수 있다.

이러한 낙하와 낙차를 크게 만들어서 낙하력을 최대한 이끌어내는 것이 바로 내츄럴 스키테크닉의 핵심이라고 할 수 있는데, 이를 위해서는 지속적이고 반복적으로 신체의 불안정한 상태를 최대로 만들어내야 한다. 즉 신체의 무게중심을 많이 이동하여 의도적으로 불안정한 상태를 크게 만들어서 신체의 위치에너지를 극대화해야 하는데, 이때 스키의 운동에너지를 고려하지 않은 과도한 불안정한 상태는 스키어의 밸런스를 잃게 하거나 넘어지게 되는 결과를 발생시키므로 항상 신체의 위치에너지와 스키의 운동에너지의 균형을 생각하며 낙하력을 이끌어내야 한다.

2. 절대적인 수평면과 상대적인 수평면

내츄럴 스키테크닉을 배우기 위해서 또 하나 필요한 개념이 바로 스키의 면(面, Face)와 슬로프에서의 수평면의 상관관계이다. 인간이 살아가는 지구의 반지름은 약 6,400킬로미터 이고, 표면둘레는 약 40,000킬로 정도의 거대한 크기이기 때문에, 이러한 지구에서 스키를 타는 스키어에게는 둥근 지구와 상관 없이 항상 수직하게 중력이 작용한다고 가정할 수 있다.

또한 스키어가 스키를 타는 슬로프에는 그 경사에 상관없이 중력에 수직한 가상의 수평면을 상상할 수 있다. 이것은 슬로프의 경사와 상관없이 절대적으로 수평한 가상의 면이기 때문에 "절대적인 수평면" 이라 할 수 있다.

이와는 반대로 스키어가 회전을 할 때는 원심력에 의해서 회전의 안쪽으로 기울어지며, 원심력과 균형을 맞추며 움직이는 수평면도 상상할 수 가 있다. 이것은 회전에서 외력에 의해 항상 변하는 수평면이기 때문에 "상대적인 수평면" 이라 할 수 있다.

이러한 상대적인 수평면은 양동이에 들어있는 물을 생각하면 쉽게 생각할 수 있다. 즉 물양동이를 바닥에 내려놓고 움직이지 않으면, 물의 표면이 중력방향과 수직하게 유지되며 절대적인 수평면과 상대적인 수평면이 서로 일치하게 된다. 만약 양동이를 들고 원을 그리며 돌리게 되면, 서서히 원심력이 작용하며 양동이에 들어있는 물의 표면이 기울어지며 절대적인 수평면과 상대적인 수평면의 차이가 커지게 된다.

내츄럴 스키테크닉에서 위의 수평면을 가정하는 이유는 정지중에는 절대적인 수평면을 의식하고, 회전중에는 상대적인 수평면을 인식해야 하기 때문이다. 즉 이러한 수평면에 스키의 면(面, Face)의 각도를 맞춰주고 여기에 적절한 양의 수직하중을 가해주는 것이 필요한데, 이것을 페이스컨트롤(Face Control)이라 한다. 내츄럴한 스킹에서는 페이스컨트롤에 따라서 스키가 정지해있거나, 미끄러지거나 혹은 회전하기 때문에 먼저 이해할 필요가 있다.

일단 정지중에는 절대적인 수평면과 상대적인 수평면이 일치하기 때문에, 스키면을 수평으로 만들면 스키는 안정되게 정지상태를 유지한다. 만약 경사에서 이들 수평면보다 스키면의 각도를 줄이게 되면 스키는 설면위를 미끄러지게 되고, 스키면의 각도를 늘리게 되면 미끄러지던 스키가 멈추게 된다.

회전중에는 회전의 전반부와 후반부의 두가지 국면으로 나누어서 수평면과 페이스컨트롤을 생각할 수 있다. 우선 회전의 전반부는 중립자세를 지나서 새로운 회전에 들어가는 국면으로 아직 원심력이 크게 발생하지 않게 되는데, 이때는 다음 회전방향으로 진입하기 위해서 스키의 면을 회전의 안쪽(계곡쪽)으로 컨트롤하며 회전을 이끌어내야 한다.

즉 중립자세에서는 원심력과 구심력이 서로 제로(0)가 되는 구간으로서 일시적으로 상대적인 수평면과 슬로프면이 일치하게 된다. 이후 회전에 들어가면서 원심력이 발생하게 되면 상대적인 수평면이 회전안쪽으로 기울어지기 시작하는데, 스키의 회전을 만들어내기 위해서는 상대적인 수평면보다 스키면을 더욱 기울이는 페이스컨트롤을 하여야 한다. 이러한 상대적인 수평면은 이론상 폴라인을 향했을 때 가장 커지게 되고, 이에 따라 스키의 면도 상대적 수평면에 일치하며 가장 큰 엣지각을 만들어야 되지만, 실제의 스킹에서는 회전호에 따라서 엣지각도가 최대가 되는 구간은 다양하게 변하게 된다.

〈회전 후반에서의 페이스컨트롤〉

〈회전 전반에서의 페이스컨트롤〉

반대로 회전을 마무리할 때는 원심력이 줄어들면서 상대적인 수평면의 각도도 회전 바깥쪽으로 줄어들게 되는데, 스키의 회전을 마치고 중립자세로 되돌아가기 위해서는 상대적인 수평면보다 스키면의 각도를 줄여주는 페이스컨트롤을 행하게 된다.

또한 페이스컨트롤과 수평면의 개념에는 내측이 먼저 움직이며 회전을 시작하고, 외측이 따라 움직이며 회전을 마무리하는 내츄럴 스키테크닉의 특성이 적용되어야 한다. 즉 회전의 전반부에는 주로 안쪽스키의 아웃엣지에 의한 페이스컨트롤을 의식해야 하는 반면에, 회전의 후반부에는 특히 바깥스키의 인엣지에 의한 페이스컨트롤을 고려해야 한다.

이렇게 페이스컨트롤과 상대적인 수평면의 개념을 사용하면 기본기술에서 복잡하게 행하여졌던 스키조작을 심플하게 단순화시킬 수 있고, 이것이 신체축과 체간주도의 개념과 합쳐지면 더욱 심플하고 효율적인 기술체계로 발전할 수 있다.

NATURAL SKI TECHNIQUE

Lesson 03

내츄럴 플루그 슬라이딩
Natural Pflug Sliding

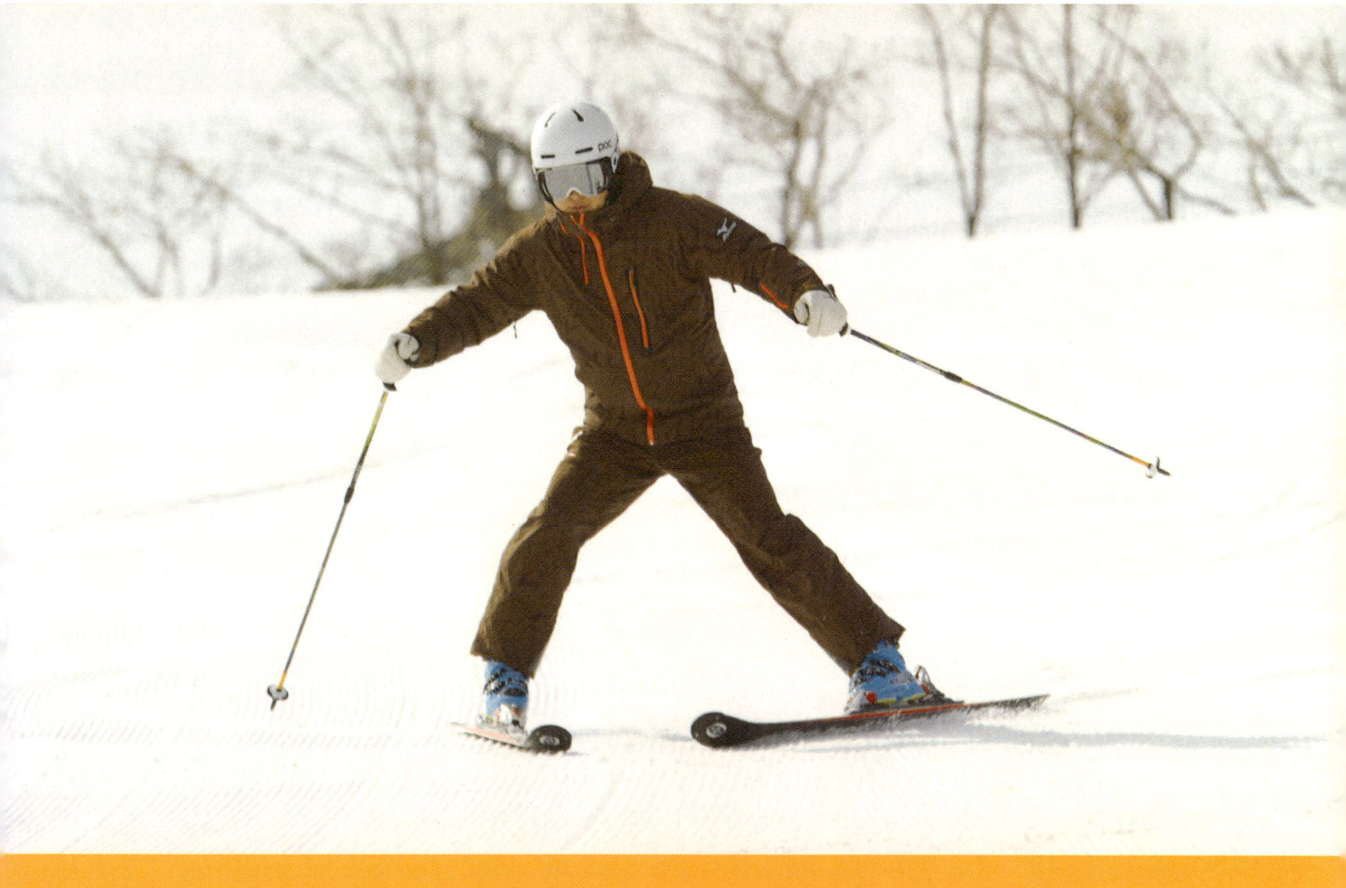

front

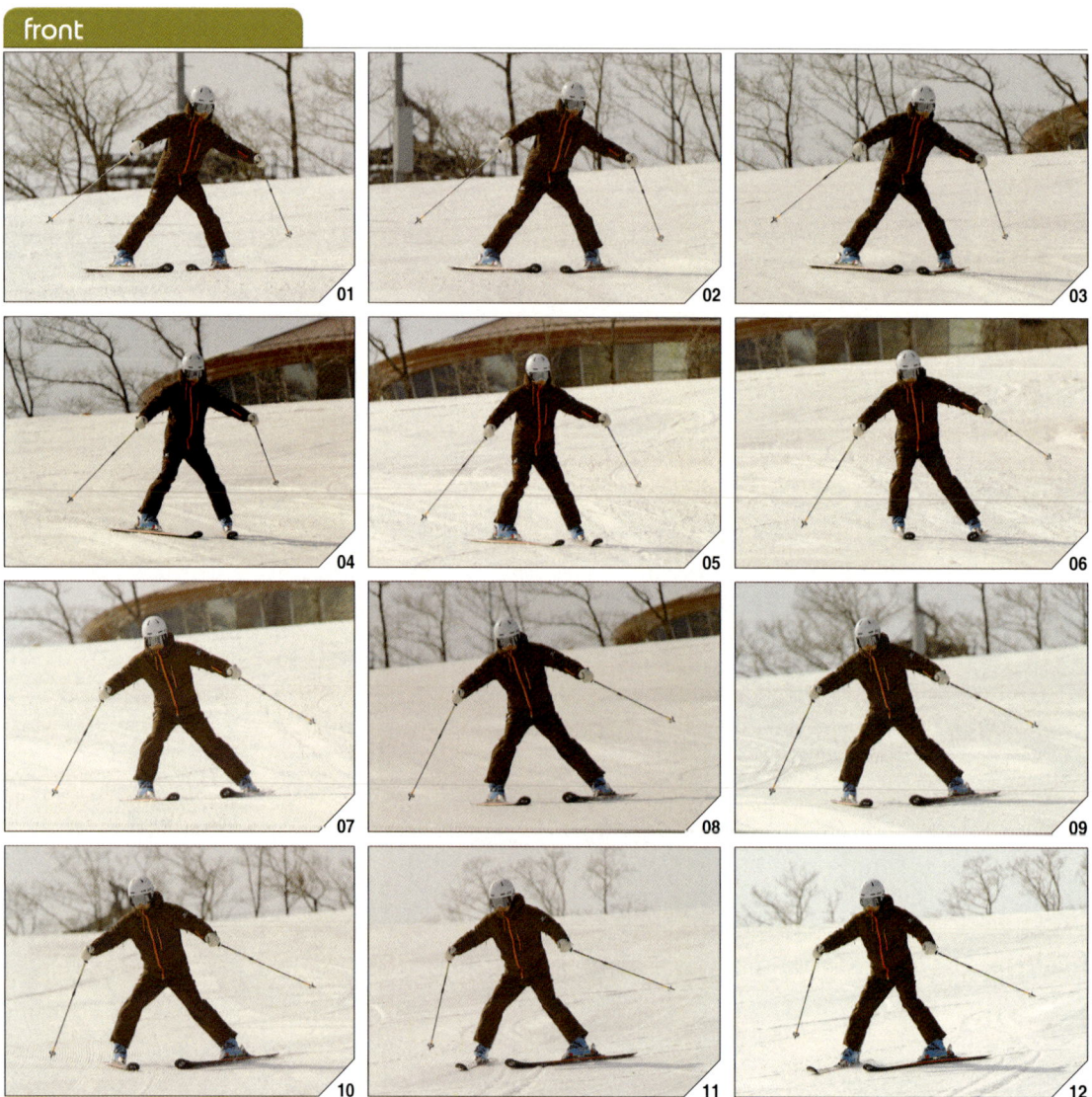

플루그 슬라이딩이란 스키가 회전하지 않고 중심이동과 엣지조작만을 이용하여 지그재그로 비스듬하게 활주하는 기술로서, 그 쉬프르가 번개처럼 꺾인다 하여 일명 번개턴이라고도 불린다.

기존기술의 플루그 슬라이딩에서는 중심을 양스키의 가운데 고정시키고, 발목을 중심으로 하체의 빠른 엣지조작을 이용하여 지그재그로 활주하였다. 하지만 내츄럴 스키테크닉의 플루그 슬라이딩은 신체축의 길이와 기울기를 조절하여 적극적으로 중심이동을 만들고, 이로 인한 엣지각도의 변화에 의해서 스키가 지그재그로 낙하하며 자연스럽게 활주하게 된다.

특히, 플루그 슬라이딩부터는 좌우로 스키가 미끄러지게 되는데, 이를 만들기 위해 중심이동을 의식하는 것이 당연하지만, 대부분의 스키어들이 신체축에 대한 중요성을 잊어버린 상태로 중심이동만을 의식하는 경우가 많아서, 몸이 지나치게 회전 안쪽으로 기울어져서 신체축이 무너지며 균형을 잃거나, 반대로 지나치게 바깥쪽으로 꺾인 외경이 과다한 자세로 비효율적인 스킹을 하는 경우가 많다.

그러므로 신체축과 중심이동의 관계는 서로 뗄 수 없이 긴밀한 것이고, 신체축의 변화가 생겨서 결과적으로 중심이동이 발생한다는 원칙을 기본으로 연습한 다음, 익숙해지면 중심이동을 하여 적극적으로 신체축의 변화를 이끌어내는 기술로 응용하는 것이 권하고 싶다.

활주시 신체축의 변화와 중심이동이 발생하면, 스키어의 몸통을 지탱하고 있던 양다리의 기울기가 변화하고, 이것으로 양스키의 하중과 엣지 그리고 그립력이 변화하게 되고, 이는 곧 활주력의 변화와 활주방향의 변화로 연쇄작용을 일으키게 된다.

즉, 정지시에는 양스키의 그립력이 균등하고 또한 스키어의 무게를 버틸 정도로 그 힘이 충분하지만, 진행하고자 하는 쪽의 다리를 굽혀서 하나의 축이 짧아지고(단축, 短軸), 다른쪽의 다리는 결과적으로 길어져서(장축, 長軸) 무게중심의 이동이 발생하고, 무게를 버티던 스키의 한쪽엣지가 풀리면서 스키어의 무게와 중력에 의한 자연스러운 낙하와 활주가 발생하게 된다.

반대방향으로 활주할 때는 일단 두개의 축의 길이와 기울기를 같게 만들어서 중립자세로 되돌아갔다가, 다시 가고자 하는 방향의 다리를 굽혀서 신체축의 변화를 이끌어내고, 이에 따른 무게중심의 이동과 스키면의 조절(페이스컨트롤, Face Control)을 하면서 활주방향의 변화를 이끌어내게 된다.

처음에는 한쪽방향으로 활주를 하다가 다시 중립자세로 정확하게 되돌아갔다가 다시 다음 활주방향으로 천천히 진입하지만, 익숙해지면 중립자세를 과감하게 줄여서 한쪽 방향의 활주에서 바로 반대 방향으로 활수를 하게 되는데, 이때도 짧게나미 중립자세를 확실하게 의식하고 다음 활주에 들어가는 것이 중요하다.

방법

경사가 완만한 곳을 선택하여 기본자세를 유지하고, 양스키를 플루그 모양으로 만든 상태에서 스키가 미끄러지지 않도록 스탠스의 크기를 조절하여 제자리에 머물러 있는다.

활주를 시작하기 위하여 가고자 하는 방향의 발목, 무릎, 고관절을 구부리며 신체의 축을 짧게 만들면, 자연스럽게 몸통의 위치가 활주방향으로 이동하며 중심이동이 발생한다.

중심이동이 발생함에 따라서 활주방향쪽 스키의 면은 엣지각도가 줄어들게 되고, 반대쪽 엣지의 면은 엣지각도가 커지게 되며, 신체의 축도 반대쪽에 비해서 길게 늘어나게 된다.

이로써 스키의 낙하를 버티고 있던 한쪽 엣지가 해방되고, 스키는 중심이 이동한 방향으로 낙하와 활주를 시작하게 된다.

반대쪽으로 활주방향을 바꿀 때는 일단 중심과 신체축을 가운데로 되돌렸다가, 다시 반대쪽 다리를 구부려서 신체축을 기울이며 중심이동을 하고, 스키의 면과 수직하중의 각도를 조절하여 낙하력의 방향을 바꾸고 스키를 반대쪽으로 미끄러지게 한다.

체크 포인트

1. **안쪽다리를 구부리며 단축을 만든다.**

안쪽 다리를 구부리며 단축을 만든다.

내츄럴 스키테크닉은 낙하력이 스키의 활주를 만들어내는 원동력이고, 낙하력을 이끌어내기 위한 첫단계는 바로 낙하하고 싶은 방향의 다리를 구부리며 신체축을 기울이는 것이다. 이로써 낙하를 방해하고 있던 스키의 엣지가 해방되며, 중심은 자연스럽게 활주방향으로 이동되고 스키가 설면을 미끄러지기 시작한다.

즉, 기존의 스키기술이 회전을 만들어내기 위해서 주로 자신의 내력을 이용하여 바깥발을 누르며 스키를 인위적으로 활주시키는 것이 메인이었다면, 내츄럴 스키테크닉에서는 자연의 중력을 이용하여 안쪽발을 구부리며 스키의 활주를 자연스럽게 이끌어내는 것이 포인트이다.

이를 위해서는 안쪽발의 발목과 무릎 그리고 고관절을 구부리며 신체의 안쪽축을 짧게 만들어주고, 신체중심을 활주방향으로 이동시키며 설면에 보다 가깝게 붙여주는 이미지가 필요하다.

결과적으로 정지시에 길이가 같았던 신체의 두축은 한쪽이 짧아진 단축과 한쪽이 길어진 장축이 되고, 양축의 기울기도 달라지게 된다. 또한 양스키의 면에 수직하게 작용하던 수직하중의 각도도 달라지게 되며, 그 크기도 달라지게 되어 수직하중의 각도와 크기가 작은쪽으로 스키는 자연스럽게 활주를 시작하게 된다.

2. 바깥다리를 펴면서 장축을 만든다.

바깥 다리를 펴면서 장축을 만든다.

활주방향의 안쪽다리가 구부려지면서 중심이동과 함께 활주가 시작되면, 바깥쪽다리는 그 길이에 있어서는 정지시와 큰 차이는 없지만, 안쪽이 짧아짐으로서 결과적으로 길이가 긴 장축이 된다.

또한 안쪽축이 짧아짐으로서 신체중심이 활주방향으로 이동하게 되고, 중심위치의 변화에 따라 스키의 면도 함께 기울어져서 안쪽스키의 면은 엣지각이 감소하고, 바깥스키의 면은 엣지각이 증가하게 된다. 이로써 안쪽스키는 그립력이 줄어들고 바깥스키는 그립력이 늘어나게 되어, 신체는 그립력이 감소한 쪽으로 낙하와 활주를 하게 된다.

이때 대부분의 스키어들은 단순하게 안쪽축을 짧게 만들며 중심이동만을 의식하기 쉬운데, 바깥쪽축을 길고 곧게 유지하며 외력에 버틸 수 있는 긴장감을 유지하는 것이 더욱 중요하다. 이를 위해서는 단순하게 바깥쪽 다리를 정지시와 같은 길이로 유지한다는 느낌보다는, 중심이 이동되면서 바깥쪽 다리를 조금 펴주면서 최소한의 하중을 걸어주며 외력에 버틸 수 있어야, 앞으로 겪게 될 큰 회전의 원심력이나 설면의 저항력, 스키의 반발력 등에 효율적으로 견딜 수 있는 좋은 자세가 만들어지게 된다.

3. 몸통을 움직여서 중심이동을 만든다.

몸통을 움직여서 중심이동을 만든다.

신체의 중심이동은 내츄럴 스키테크닉에서 가장 핵심을 차지하는 요소중 하나이다.

실제로 내츄럴 스키테크닉에서 스키회전의 원동력은 중심이동에 의해서 발생된 낙하력이라 할 수 있다.

하지만, 중심이동은 어디까지나 활주조건과 목적 기술수준에 따라서 적절하게 사용되어야 하는데, 처음 내츄럴 스키테크닉을 구사하는 스키어들은 지나치게 중심이동만을 집착하여 활주중 균형을 잃는 경우가 많고, 과도하게 안쪽발에 하중이 실리는 비효율적인 스킹을 하는 경우도 많다.

내츄럴 스키테크닉이 어느 정도 익숙해지면, 회전시 중심이동을 주로 의식하여 보다 과감하고 공격적인 스킹을 할 수도 있겠지만, 처음부터 신체축을 무시한 중심이동만을 고집한다면 내츄럴 스킹의 첫단추는 이미 잘못 끼워져 있다고 할 수 있다.

즉, 처음 내츄럴 스키테크닉을 익히는 단계라면 어디까지나 중심이동은 신체축의 기울어짐에 의한 결과물이라는 수동적인 의식을 가지고, 보다 안정된 밸런스에서 보다 자연스러운 스킹을 만들어야 한다.

이후 내츄럴 스킹이 어느 정도 안정화 된다면 반대로 적극적인 중심이동에 의한 과감한 신체축의 기울어짐을 익히는 것도 자신의 레벨을 높이는데 도움이 된다.

4. 수직하중에 의해 양스키의 면을 컨트롤한다.

기존의 스키기술과 마찬가지로 내츄럴 스키테크닉에서도 활주나 회전을 하기 위해서는 스키의 면을 조절하여 엣지각도를 컨트롤해야 한다.

수직하중을 이용해 양스키의 면을 컨트롤한다.

다만, 기존기술에서는 신체의 발목이나 무릎 등의 신체의 말단부를 움직여서 직접적으로 스키를 컨트롤 한 것에 비해서, 내츄럴 스키테크닉에서는 신체의 축과 무게중심을 이동시켜 이를 지지하고 있는 양다리가 움직이고, 결과적으로 스키에 작용하는 수직하중에 변화를 줘서 간접적으로 스키를 컨트롤하는 것이다.

이렇게 수직하중의 크기와 방향의 변화에 의해서 스키의 면을 컨트롤하게 되면, 기존의 말단부를 움직여서 스키를 컨트롤했을 때에 비해서 보다 간단하고 쉬운 카빙스키에 걸맞는 심플한 스키조작의 이미지를 만들 수 있다.

또한 스키에 수직하게 하중이 전달되면 힘의 손실이 최소화되어, 기존의 기술처럼 안쪽엣지 쪽에 힘을 전달할 때보다 훨씬 경제적인 스킹이 가능하다. 그리고 수직하중이 연장선은 곧 신체축과 일치하게 되므로 신체축을 컨트롤하는 것은 곧 수직하중을 조절하는 것과 같아지게 되어, 기존기술에 비해서 스키조작을 단순화 시킬 수 있게 된다.

이러한 수직하중은 신체축의 변화에 맞춰서 그 각도뿐만 아니라 크기도 달라지게 되는데, 기존의 하중감각은 스키어에 필요에 따라서 하중의 각도와 크기를 다양하게 조절하는 다소 복잡한 컨트롤감각이 필요했다면, 내츄럴한 스킹에서는 신체축과 외력의 변화에 따라서 수직하중의 각도와 크기가 자동으로 변화하게 되므로 보다 심플한 스키컨트롤이 가능하다.

5. 어깨부터 반대쪽 발목까지의 크로스축을 의식한다.

어깨부터 반대쪽 발목까지의 크로스축을 의식한다.

스키가 멈춰있을 때와 비교해서 스키가 활주를 시작하면 외력이 작용하기 시작하고, 스키어는 이 외력에 버틸 수 있는 자세를 만들어야 안정된 활주를 지속할 수 있는데, 불필요한 에너지의 낭비를 줄이고 최소한의 내력으로 최대한의 외력에 버티는 것이 바로 효율성을 중시하는 내츄럴 스키테크닉의 핵심이다.

정지중의 기본자세를 잡았을 때는 양스키에 작용하는 수직하중이 양어깨부터 양발목까지 바로 전달되어 신체축만을 의식하면 된다. 하지만 활주중에는 설면위를 미끄러지면서 스키딩이 생

기기 때문에 내경자세만으로는 현실적으로 회전하기 어렵고, 안정된 밸런스를 유지하기 위해 몸이 바깥쪽으로 꺾이는 약간의 외경자세가 필요하게 된다.

특히, 스키의 회전호가 짧아지는 숏턴에서는 외경이 비율이 조금 더 많아지게 되는데, 결국 활주중이나 회전중에는 외경자세의 개입으로 인하여 두개의 체축이 곧게 유지되지 않고 회전의 바깥쪽으로 약간 휘어지게 된다.

그러므로 활주중에는 신체축뿐만 아니라, 양어깨에서 반대쪽 양발목으로 이어지는 크로스축도 의식해야 좋은 밸런스에서 외력에 효과적으로 버티며 경제적인 활주를 할 수 있다. 이때 두개의 축중에서 안쪽 발목부터 바깥쪽 어깨까지의 짧은 크로스축은 주로 신체의 균형을 유지하는데 필요한 밸런스라인(Balance Line)이고, 반대로 바깥쪽 발목부터 안쪽 어깨까지의 긴 크로스축은 신체의 내력을 전달하는데 필요한 파워라인(Power Line)이라고 할 수 있다.

6. 머리각도는 슬로프와 수직을 유지한다.

머리각도는 슬로프와 수직을 유지한다.

스키가 한쪽방향으로 활주를 시작하면 설면에서 오는 외력은 주로 바깥발에 작용하기 마련이고 안쪽발은 주로 균형을 유지하는 역할을 한다. 특히 활주스피드가 빠른 고속롱턴을 하거나 짧은 회전호의 카빙숏턴을 할 때는 일상생활에서 경험할 수 없는 엄청난 외력이 바깥발에 작용하기도 한다.

이러한 큰 외력에 버티기 위해서는 바깥쪽 신체축과 크로스축을 잘 만드는 것이 관건인데, 이때 중요한 것들 중 하나가 바로 머리의 각도를 잘 유지하는 것이다. 즉, 활주중 스키어의 몸이 회전의 안쪽으로 기울더라도 스키어의 머리는 슬로프와 수직으로 유지해야 한다.

만약, 스키어의 신체가 회전의 안쪽으로 기울어질 때 머리가 같이 안쪽으로 같이 기울어지면 활주나 회전중에 중요한 체축이나 크로스축이 무너지면서 몸이 안쪽으로 과도하게 기울어지는 내도자세가 만들어지게 된다. 반대로 지나치게 바깥쪽으로 머리를 기울이면 머리의 무게가 신체축에 영향을 끼쳐서 신체축이 바깥쪽으로 과도하게 꺾이는 원인이 될 수 있다.

인간의 신체는 좌우대칭이 아니고, 특히 일상생활에서 다리를 꼬거나, 가방을 한쪽에 메거나, 짝다리를 짚는 등의 버릇으로 인해서 필연적으로 척추와 골반이 한쪽으로 비뚤어지기 마련인데, 이것은 스킹시 한쪽턴을 나쁘게 만드는 큰 원인이 된다.

만약 척추가 오른쪽으로 휜 스키어의 경우는, 특히 왼발에 하중이 가해져서 오른쪽으로 회전하는 오른쪽턴에서 신체축이 무너지는 경우가 많은데, 신체축을 오른쪽으로 기울일 때 머리를 왼쪽으로 살짝 기울이며 설면과 수직하게 유지하는 것을 의식해야, 체축과 크로스축이 잘 유지되고 좌우회전이 잘 비슷한 조화로운 스킹을 할 수 있다.

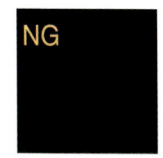

1. 신체축이 무너지는 경우

무게중심을 과도하게 옮기면 신체축이 무너질 수 있다.

플루그 슬라이딩부터는 신체축을 기울이고 무게중심도 이동하기 시작하는데, 특히 주의해야 할 것은 바로 신체축이 곧게 유지되지 못하고 무너지는 경우이다.

이는 신체축에 대한 의식이 부족한 상태에서 무게중심만을 과도하게 옮기려는 의도 때문에 쉽게 발생하게 된다. 또한 스키의 기본인 바깥발 하중에 대한 중요성을 잊어버리고 안쪽발만 지나치게 의식해도 생기기 쉬운 문제인데, 스키의 기본은 바깥발로 시작하여 바깥발로 끝난다는 것을 항상 기억해야 한다.

즉, 회전할 때는 물론이고 플루그 슬라이딩과 같이 기본적인 활주만 할 때도 신체축이나 무게중심을 바꿀 때는 항상 외력과의 균형을 생각하여야 한다. 물론 경우에 따라서는 외력보다 과도하게 깊은 신체축의 기울임이나 큰 무게중심의 옮기는 연출을 할 수도 있지만, 이 또한 원심력이나 스키의 그립력을 고려하여 오차범위 안에서 수행하는 것이 좋다.

하지만 많은 스키어들이 무게중심만을 너무 안쪽으로 옮겨서 안쪽발에 과하게 하중이 실려버리거나, 혹은 신체축을 불필요하게 기울여서 바깥스키가 그립을 잃고 균형이 무너지는 경우를 쉽게 볼 수 있다. 이 현상은 특히 스키어의 나쁜 턴에서 많이 발생하는 것을 볼 수 있다. 예를 들어 자신의 왼쪽턴이 좋은 턴이라면 상대적으로 나쁜 턴인 오른쪽턴에서 이 현상이 많이 발생한다.

이것은 기술적으로 미숙하여 아직 신체축이나 무게중심에 대한 연습이 부족한 원인도 있지만, 신체의 정렬이 나쁜 경우에도 특히 많이 생길 수 있다. 즉 척추나 골반이 한쪽으로 비뚤어져서 좌우턴의 밸런스가 맞지 않는 경우에 많이 발생하게 된다. 이것은 한쪽방향으로 회전연습을 많이 하는 기를란데와 같은 연습법으로 기술적인 수정이 가능하지만, 부츠의 깔창 등을 튜닝하여 장비적으로 수정하는 방법을 사용하면 비교적 간편하게 큰 효과를 볼 수 있다.

그러므로 활주나 회전시에 신체축을 기울이거나 무게중심을 이동시킬 때는, 우선 자신이 그릴 회전호를 상상하여 머리부터 스키까지가 하나의 일자축이 유지되며 기울어지고, 무게중심 또한 증가하는 외력에 맞도록 적절하게 옮겨야, 외력과 내력이 균형을 맞춘 좋은 회전이 가능하다.

2. 하체만이 과도하게 움직이는 경우

하체만이 과도하게 움직이면 상하체가 꺾여 버리게 된다.

앞의 경우와는 반대로 상체의 움직임이 적은 상태에서 하체만이 과도하게 기울어져, 결과적으로 외경자세가 커져서 신체축이 꺾이고 무게중심의 이동이 부족한 경우가 생길 수 있다. 이것은 기존의 스키기술에서 흔히 볼 수 있는 현상인데, 신체축이 일자로 유지되지 않고 상하체가 크게 꺾이게 되어 신체의 골격과 근육에 부담이 많이 가게 되고, 낙하력이 충분히 발생되지 않아서 스키어의 근력을 많이 소모하는 비경제적인 활주가 될 수 있다.

이 또한 기술적인 연습부족은 물론이고 신체적인 좌우비대칭에서 그 원인을 찾을 수 있다. 즉 위와는 반대로 자신이 잘 하는 턴에서 이러한 현상이 발생하기 쉬운데, 척추와 골반이 한쪽으로 비뚤어져 있으므로 신체축을 사용하여 몸을 기울여도 상하체가 곧게 펴지지 않아서 발생하는 경우가 많다.

이 경우도 부츠튜닝을 통해서 어느 정도 수정이 가능하지만 근본적으로는 실생활에서 신체의 정렬에 영향을 미치는 나쁜 버릇들을 고치는 것이 가장 좋은 방법이다. 즉 한쪽어깨에만 가방을 메거나, 한쪽다리만 포개며 앉거나, 한쪽으로만 짝다리를 짚거나, 지갑을 한쪽 뒷주머니에만 넣거나, 운전을 한손으로만 하는 것은 자신의 신체정렬에 악영향을 끼쳐서 스키기술은 물론이고 건강에도 좋지 않으므로, 평생건강을 위해서도 수정하는 것이 좋다.

이렇게 신체축과 무게중심을 이동할 때는 상하체의 움직임을 일치시키는 것이 필요한데, 특히 골반의 좌우각도가 중요하게 된다. 즉 기존의 스키기술에서는 주로 회전의 안쪽 골반을 들어주고 바깥쪽 골반을 내려주어 신체가 자연스럽게 꺾여서 외경자세가 나오기 쉽게 했다면, 내츄럴한 스킹에서는 반대로 안쪽 골반을 내려주고 바깥쪽 골반을 들어주어 상하체가 자연스럽게 일직선상에 정렬하도록 만들어야 한다.

3. 머리가 넘어가는 경우

머리가 넘어가면 신체축도 무너지고 밸런스도 흐트러진다.

내츄럴한 스킹을 할 때 가장 흔하게 생기는 나쁜 버릇중에 하나가 바로 머리가 한쪽방향으로 넘어가는 것이다. 이는 내츄럴한 스킹뿐만 아니라 기존의 스킹에서도 회전의 좌우대칭성을 나쁘게 하는 중요한 원인이다. 내츄럴한 스킹에서 신체축을 기울일 때, 양팔과 신체축은 십자가 모양을 만들며 회전의 안쪽으로 넘어가게 되는데, 이때 머리의 각도는 슬로프와 수직하게 유지하는 의식이 필요하게 된다.

왜냐하면 머리는 신체의 장기 중에서도 꽤 무거운 편으로 성인기준 대략 4~5kg 정도가 된다고 하는데, 이는 가벼운 볼링공과 비슷한 무게로서 이것을 7개의 경추(목뼈)가 지탱하고 있다. 이렇게 무거운 머리가 몸통의 가장 위쪽에 위치하고 있으므로, 조금만 각도가 비뚤어져도 경추가 크게 휘어지며 척추 또한 연쇄적으로 구부러져서, 결과적으로 신체의 밸런스 유지에 큰 영향을 미치게 된다.

즉 신체축이 기울어지며 무게중심이 회전의 안쪽으로 이동될 때 머리의 각도가 수직을 잘 유지해야, 카빙롱턴과 같이 신체축을 깊게 기울일 때는 물론이고 숏턴과 같이 재빠른 리듬으로 회전을 할 때도, 신체의 밸런스가 흐트러지지 않고 안정된 활주를 할 수 있다.

그러나 안타깝게도 머리의 각도를 수직으로 유지하기 것은 장비교환이나 튜닝으로 보정하기가 불가능하고 평상시에 꾸준하게 연습하는 것 밖에 없다. 즉 안좋은 쪽의 회전을 할 때 의식적으로 머리를 바깥쪽으로 조금 기울여주며 슬로프와 머리 각도를 수직으로 셋팅하는 연습을 하다 보면, 어느새 신체축도 일자로 정렬되며 좌우턴이 비슷한 이상적인 스킹에 가까워지게 된다.

플러스 알파

1. 엣지각도와 회전력, 그립력, 활주력의 상관관계

〈 플루그 슬라이딩에서의 엣지각도 〉

스키를 타면서 고려해 볼 각도로는 스키회전의 기본요소중 하나인 엣지각도를 생각할 수 있는데, 그로 인해서 만들어지는 회전력과 그립력과 활주력과의 상관관계도 미리 알아두는 것이 좋다.

일단 엣지각도와 회전력과의 상관관계를 알아보면 기본적으로는 엣지각도가 커지면 회전력이 증가하게 되지만, 엣지각도가 어느 한도이상 커지면 스키의 움직임이 스키딩에서 카빙으로 넘어가게 되므로 충분한 회전력을 만들어내기 위해서는 스키를 휘게 하는 하중이 필요하게 된다. 반대로 충분한 하중없이 엣지각도 만을 크게 세우게 되면 스키가 휘지 않아서 오히려 카빙도 어렵게 되며, 설면저항이 커져서 스키딩도 힘들게 되어서 스키의 회전력이 감소할 수 있다. 그러므로 회전의 성격에 맞는 적당한 엣지각도와 거기에 맞는 적절한 하중이 필요하게 된다.

두번째로 엣지각도와 그립력이 상관관계를 생각해보면, 기본적으로 엣지가 세워져 있지 않으면 그립력을 없다고 할 수 있고, 엣지가 세워짐에 따라서 서서히 그립력이 증가하게 된다. 하지만 어느 한계이상 엣지가 세워지게 되면 오히려 엣지의 그립력이 약해지는 경향이 있는데, 이는 하중의 방향이 설면과 거의 수평을 이루기 때문에 엣지를 설면에 박히게 하는 힘이 약해지기 때문이다. 이렇게 큰 엣지각도로 유지하며 원하는대로 그립력을 높이기 위해서는 아주 강한 하중이 필요한 것은 물론이고, 이러한 하중과 엣지를 버틸 수 있는 얼음처럼 단단한 설질이 필요하게 된다.

그러므로 월드컵 레이싱과 같은 대회에서 설질을 최대한 단단하게 유지하는 것이고, 이렇게 단단한 설질을 유지해야 시드랭커는 물론이고 하위랭커까지 설질이 고르게 유지될 수 있고 스키의 활주력 또한 높아지게 된다.

하지만 일반스키어들이 스킹을 하는 일반슬로프의 경우는 설질이 아주 단단하지는 않고, 특히 심야스키를 운영하는 서울 근교 스키장의 경우에는 눈이 굳을 시간적인 여유조차 없으므로, 지나치게 엣지를 강하게 세우게 되면 눈이 버티지 못하고 터지면서 엣지 그립력이 상실되므로 주의가 필요하다. 특히 회전 후반부에 신체축이 무너지며 과도한 외경자세가 나오게 되면, 설면이 큰 중력과 원심력에 버티지 못하고 엣지가 터지면서 넘어질 수 있으므로 조심해야 한다.

마지막으로 엣지각도와 활주력과의 관계를 알아보면, 스키는 엣지가 서있지 않은 상태가 가장 활주력이 좋다가 서서히 엣지가 세워지면 스키가 회전을 하면서 활주력은 감소하게 된다. 하지만 회전시 엣지각도가 작은 경우는 주로 스키딩을 하므로 활주력이 떨어지고, 반대로 엣지각도가 큰 경우는 카빙이 되면서 활주력이 높아지는 것도 고려해야 한다.

내츄럴한 스킹에서 엣지각도와 회전력, 그립력, 활주력을 생각하면 엣지각도가 증가하면 어느 한도까지 회전력과 그립력이 함께 증가하지만, 그만큼 설면저항이 커지므로 스키의 활주력은 감소한다고 할 수 있다. 그러므로 지나치게 엣지를 많이 세우지 말고 필요한 만큼 엣지각도를 적절하게 조절하여 회전력과 그립력, 활주력이 잘 조화되도록 조절하는 것이 필요하다.

반대로 신체축이 무너지면서 몸만 안쪽으로 꺾인 내도자세에서는 엣지가 별로 서지 않아서 활주력은 좋을지 모르지만, 바깥발에 하중이 부족하기 때문에 회전력과 그립력이 부족하게 된다. 그러므로 회전시작에 어려움이 커지고 그립력이 부족하여 안정감이 떨어질 수 있으므로 주의해야 한다.

2. 페이스컨트롤이란

내츄럴 스키테크닉은 신체의 양쪽을 통과하는 두개의 축을 생각하여, 이 축의 기울임과 길이를 조절하여 신체의 변화를 이끌어내고, 이러한 신체의 변화를 통하여 스키의 회전을 이끌어내는 기술이라고 할 수 있다.

스키기술에서 회전의 3요소라 하면 엣지각도(Angle)와 하중(Weight)과 선회조작(Pivoting)을 들 수 있다. 내츄럴한 스킹에서는 위의 엣지각도와 하중이 신체축의 기울기와 이를 통해 스키에 전달되는 외력에 의해서 동시에 조절되는데, 이를 스키의 면(面)을 조절한다고 해서 페이스컨트롤(Face Control)이라고 한다.

〈플루그 슬라이딩에서의 페이스컨트롤〉

〈안쪽스키와 바깥쪽 스키의 페이스컨트롤〉

이때 스키에 가해지는 하중은 신체축을 따라서 스키면에 수직으로 가해지는 수직하중(Vertical Weight)이 되고, 스키어가 가하는 내력보다는 원심력에 의해서 가해지는 외력의 사용비율이 높기 때문에, 페이스 컨트롤은 하중의 양(量)보다는 스키의 면(面)을 조절하는 것에 주로 초점을 맞추게 된다.

이렇게 스키의 면을 조절하는 것은 크게 두가지로 나눠서 생각할 수 있는데, 안쪽스키의 페이스컨트롤과 바깥스키의 페이스컨트롤이 그것이다. 우선 안쪽스키의 페이스컨트롤은 중립자세를 지나서 스키가 회전에 진입할 때 필요한 것으로, 안쪽다리를 구부리며 엣지를 바꾸어 회전에 필요한 무게중심의 이동과 신체축의 기울임을 만들어내게 된다.

이때 엣지가 바뀌는 시간이 길어지면 스키가 받는 저항이 커지고 피봇팅을 할 시간적인 여유가 많아서, 주로 패러렐턴이나 숏턴과 같이 제동요소가 큰 회전을 하는데 유리하다. 반대로 엣지가 바뀌는 시간이 짧아지면 스키가 받는 저항이 작아지고 스키가 보다 직선적으로 진행하기 때문에, 주로 카빙롱턴이나 카빙숏턴과 같이 추진요소가 큰 회전을 하는데 유리하다.

두번째로 바깥스키의 페이스컨트롤은 안쪽스키가 주도하여 회전을 만든 이후에 행하여지는데, 바깥다리를 펴주면서 어느 정도의 하중을 실을 것이며 얼마만큼 엣지를 세울 것인가가 중요하게 된다. 바깥스키의 페이스컨트롤은 주로 회전의 안정성을 만들어주고 외력에 잘 버티며 회전을 완성하는 것이 그 역할이다.

바깥스키 페이스컨트롤의 주된 목적은 패러렐턴이나 숏턴과 같이 제동요소가 큰 회전에서는 자신의 내력을 주로 사용하여 하중을 실어주고, 스키의 면을 조금만 기울여서 주로 회전의 안정성을 높이는 것이다. 또한 카빙롱턴이나 카빙숏턴과 같이 추진요소가 큰 회전에서는 자신의 내력은 조금 사용하고, 스키의 면을 충분히 기울여서 주로 외력에 효율적으로 버티는 것이 중요하다 할 수 있다.

결과적으로 신체축의 변화에 의해서 엣지각도가 조절되며, 신체축을 통해 전달되는 수직하중이 외력이 의하여 주로 변화하고, 선회조작은 신체축의 회전에 의해서 행하여지기 때문에, 내츄럴 스키테크닉은 기존기술에 비해서 보다 심플한 기술적 접근이 가능한 것이다.

NATURAL SKI TECHNIQUE

Lesson 04

내츄럴 플루그보겐

Natural Pflug Bogen

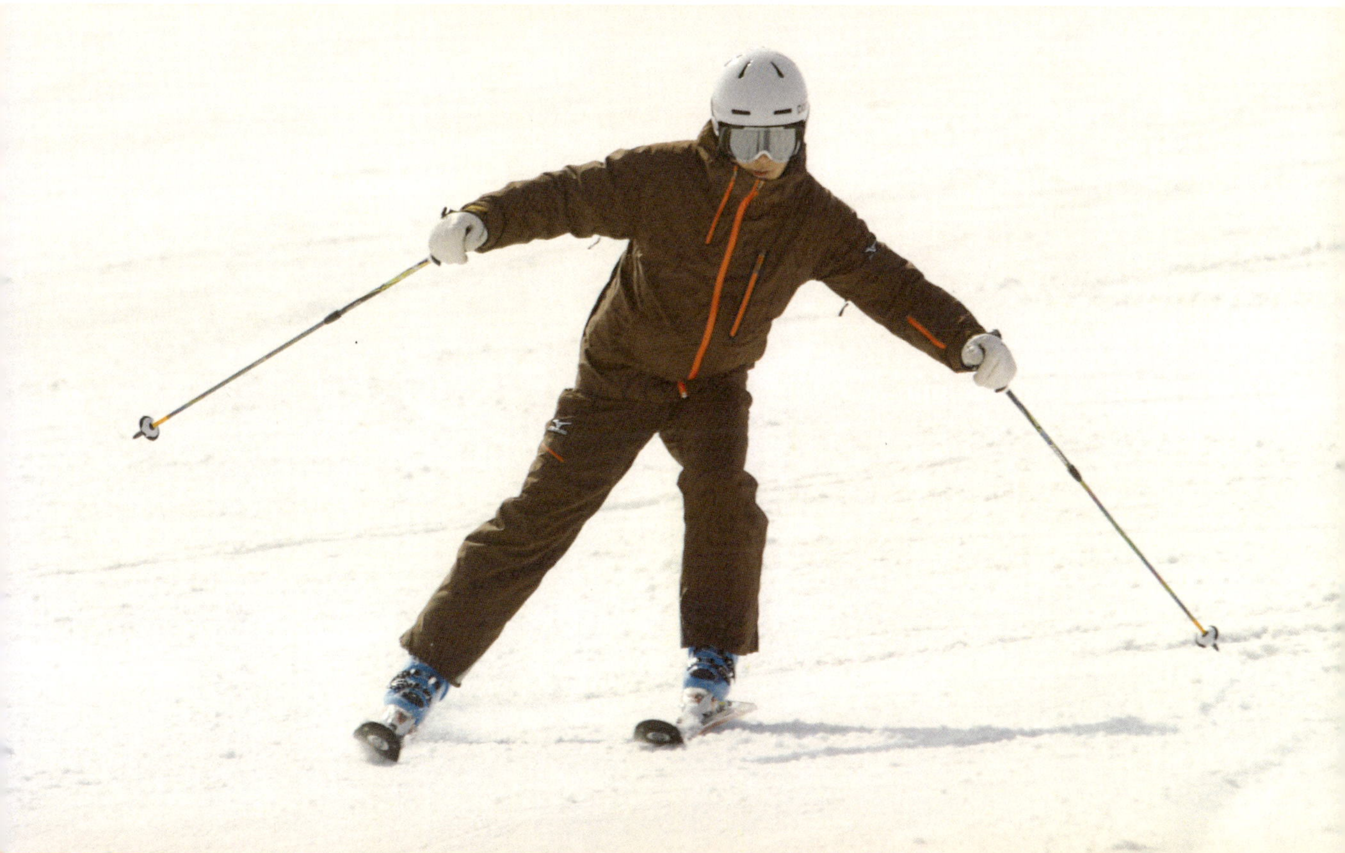

front

플루그 슬라이딩에서 신체의 축을 변화시켜 중심이동을 하면서 낙하력을 이끌어내고, 스키의 면을 컨트롤하면서 활주력을 만들어내는 감각이 길러졌다면, 이제는 활주하며 스키의 방향을 바꾸는 본격적인 회전을 시작해본다.

기존의 탑테일 슬라이드 플루그보겐은 업다운을 활용하여 하중의 변화를 주며, 바깥발이 먼저 움직이며 회전을 시작하고 안쪽발이 여기에 동조하여 수동적으로 움직인 것에 비해서, 내츄럴 스키테크닉의 플루그보겐에서는 안쪽발을 능동적으로 움직이며 중심이동과 함께 엣지를 풀어서 낙하력을 발생시키고, 바깥발을 펴주며 엣지를 세워서 외력에 버티는 자세를 만들며, 회전방향으로 골반을 돌리면서 회전력을 만드는 것이 필요하다.

즉, 기존의 플루그보겐은 바깥발이 회전을 이끌어내는 외측주도(外側主導)의 회전이었다면, 내츄럴한 플루그보겐은 안쪽발이 움직이며 회전을 만들어내는 내측주도(內側主導)의 회전이라고 할 수 있다. 또한 기존의 플루그보겐이 스키어의 근육을 긴장시켜서 내력을 만들어 회전을 이끌어내는 스트레스한 회전이라면, 내츄럴한 플루그보겐은 스키어의 근육의 긴장을 해방시켜 중력을 이용하여 회전을 만들어내는 릴렉스한 회전이라고 할 수 있다.

스키가 움직이는 형태는 기존의 플루그보겐과 마찬가지로 탑테일 슬라이드로 회전하게 되지만, 기존 플루그보겐이 중심축 운동을 하여 양스키가 같은 비율의 탑테일 슬라이드로 회전하는 것에 비해서, 내츄럴한 플루그보겐은 마치 컴파스가 돌아가듯 이축운동을 하기 때문에, 안쪽스키는 탑의 움직임이 많고 바깥쪽스키는 테일의 움직임이 많은, 서로 다른 비율의 독립적인 탑테일 슬라이드로 회전하게 된다.

플루그보겐부터는 스키의 회전이 도입되기 때문에 활주하면서 스키의 방향을 바꿔주는 것이 중요한데, 안쪽 신체축을 중심으로 몸 전체를 크게 회전시킬 때 바깥 신체축이 함께 돌아가며 스키가 마치 컴파스처럼 회전하는 것이 기본원리이다. 이때 골반을 회전방향으로 돌려주는 것이 필요한데, 단순히 골반만을 돌리는 것이 아니라 골반을 주축으로 몸통과 다리가 함께 움직이며 몸 전체가 회전하여야 한다.

회전을 할 때는 지나치게 스키를 눌러서 하중을 과도하게 주거나, 혹은 과도하게 전후운동을 사용하여 스키의 활주력을 억지로 이끌어내거나 혹은 신체를 과도하게 돌려서 급하게 회전을 하는 것이 아니라, 스키가 중력의 영향을 받아서 자연스럽게 낙하하면서 회전하도록 느긋하게 기다리는 여유로움이 필요하다.

플루그보겐부터는 스키의 회전이 도입되므로, 회전을 이끌어내는 안쪽스키의 역할도 중요하지만 회전을 직접 만들어내는 바깥발의 역할도 중요해진다. 대부분의 스키어들이 신체축과 낙하력을 이용해서 스키를 탄다고 하면, 몸만 회전의 안쪽으로 기울여서 회전을 시삭하는 것으로 생각하는 경우가 많다. 하지만 외력에 사용에 못지 않게 바깥발에 적당한 내력을 사용해야 실제로 외력에 버티는 바깥쪽 스키의 회전 시작이 지연되지 않고, 또한 바깥쪽 스키의 그립력이 확보되어 다양한 설질이나 환경에서도 안정감이 높은 자연스러운 회전을 할 수 있다.

내츄럴한 플루그보겐은 기존의 플루그보겐보다 양스키의 스탠스가 넓어지게 되는데, 이는 안쪽스키로부터 바깥쪽스키가 멀어질 수 밖에 없기 때문이다. 즉, 안쪽스키는 신체의 중심을 떠 받치며 밸런스를 유지하는 역할을 하게 되고 바깥쪽 스키는 외력을 버티며 실제로 회전을 하는 역할을 하게 되는데, 신체축의 기울어짐에 의해서 바깥쪽스키의 위치가 중심에서 멀리 벗어나므로 양 스키의 탑과 탑의 간격이 벌어지게 된다. 이처럼 신체축을 많이 기울이고 무게중심을 크게 이동시키며 플루그보겐을 하다 보면 스탠스가 플루그라기 보다는 패러렐에서 스키탑을 살짝 모은 형태에 가까워지기도 한다.

후반부까지 길게 유지하여, 하나의 회전을 전반부터 후반까지 나누는 "C 자형"의 회전 이미지가 필요하다. 반대로 회전을 얕게 마무리하며 적극적으로 다음 회전을 이어갈 때는 회전의 중반부터 다시 신체의 기울임을 되돌려서, 하나의 회전을 회전중반부터 다음 회전의 중반까지 나누는 "S 자형"의 회전 이미지를 가지며 신체를 일찍부터 다음 회전방향으로 낙하시키는 것이 중요하다.

방법

비교적 경사가 완만한 완중사면을 찾아서 플루그 스탠스를 유지하며 출발한다. 중립자세에서 출발하여 안쪽다리를 구부리면서 신체축을 안쪽으로 기울이며 회전을 시작한다. 동시에 바깥다리를 펴면서 적절한 하중을 걸어주며 외력에 버틸 수 있는 자세를 만든다.

회전자세가 만들어지면 골반을 서서히 안쪽으로 회전시키며 스키를 돌려주기 시작하고, 외력에 맞도록 바깥스키에 하중을 걸어주며 회전을 계속한다. 회전시에는 안쪽발은 뒤꿈치쪽에 하중을 걸어주고, 바깥발은 앞꿈치쪽에 하중을 실어야 양스키가 컴파스처럼 원활하게 회전할 수 있다.

회전을 마무리하기 위해서 회전의 중반부가 넘어가면 안쪽다리를 서서히 펴면서, 기울어졌던 신체축을 일으키면서 다시 중립자세로 되돌아온다. 이때 바깥발의 하중도 발바닥의 앞꿈치에서 뒤꿈치로 이동하며 부드럽게 회전을 마무리한다.

만약 회전을 깊게 마무리하고 싶다면 신체의 기울임을 회전의

체크 포인트

1. 신체축의 변화를 이용하여 중심을 이동시킨다.

체축의 변화를 이용하여 중심을 이동시킨다.

내츄럴 스키테크닉에서 회전력의 근원은 중심의 이동에 의해서 발생하는 낙하력이라고 할 수 있다. 그러므로 회전을 시작하기 위해서 가장 먼저 해야 하는 것은 바로 다음 회전의 방향으로 신체의 무게중심을 이동하는 것이다.

이를 위해서는 신체축의 변화를 주어야 하는데, 먼저 다음 회전의 안쪽다리를 구부리며 안쪽축을 짧게 줄여서 단축(短軸)을 만들어준다. 이로써 정중앙에 있던 신체중심이 계곡방향인 다음 회전 방향으로 이동하기 시작하며 스키를 활주시키는 낙하력이 발생하게 된다.

이렇게 신체중심이 이동하기 시작하면 자연스럽게 반대쪽에 있는 바깥축은 길게 늘어나면서 장축(長軸)이 만들어지는데, 단순히 안쪽축이 짧아지고 중심이 이동되어 수동적으로 바깥축이 늘어나는 것이 아니라, 회전에서 발생하는 원심력과 마찰력 등의 외력에 버티고 회전의 안정성을 유지를 위한 바깥발 하중을 실어주기 위해 능동적으로 다리를 펴주는 이미지로 장축을 만들어야 한다.

위의 동작을 순서대로 한다면 1. 안쪽축을 짧게 만들고 나서, 2. 중심을 이동하고, 3. 바깥축을 길게 만드는 순서대로 동작을 행하지만 익숙해지면 위의 일련의 동작들을 거의 동시에 실시할 수 있어야, 동작의 흐름이 끊기지 않고 낙하력을 최대한 이끌어내는 효율적인 회전을 할 수 있다.

2. 골반을 돌려서 스키의 회전을 이끌어낸다.

골반을 돌려서 스키의 회전을 이끌어낸다.

내츄럴한 플루그보겐에서 신체축의 변화와 중심의 이동으로 만들어진 낙하력을 스키가 돌아가는 회전력으로 바꾸기 위해서는 신체의 회전이 필요하게 된다.

이를 위해서는 회전자세가 만들어진 상태에서 신체의 골반을 회전방향으로 돌리며 스키의 회전을 이끌어내야 하는데, 단순히 골반만 회전하는 것이 아니라 짧은 안쪽 신체축을 중심으로 몸전체가 돌아가며 긴 바깥쪽 신체축이 원을 그리며 회전하게 된다.

다만 골반은 몸통(체간)의 중심이기도 하고 머리끝부터 발끝까지의 가운데에 위치하고 있으므로, 골반을 돌려주게 되면 몸 전체가 쉽게 회전하기 때문에 골반의 회선이 몸 전체의 회전을 쉽게 이끌어낼 수 있다.

이렇게 자연스러운 골반의 움직임을 만들어내기 위해서는 회전에서의 시선처리도 중요한데, 회전이 시작될 때 다음 회전방향으로 시선과 머리를 돌려주며 신체가 원활하게 돌아갈 수 있도록 준비하고, 회전이 마무리될 때 미리 다음 회전방향으로 시선을 움직여서 신체가 자연스럽게 다음 회전방향으로 움직일 수 있도록 유도해야 한다.

3. 안쪽축을 중심으로 바깥축을 컴파스처럼 돌려준다.

내츄럴 스키테크닉에서는 골반의 회전이 스키의 회전을 이끌어내는데, 이때는 안쪽축을 중심으로 바깥쪽축이 넓게 회전하는 컴파스(Compass)의 이미지가 필요하게 된다.

즉, 안쪽발의 뒤꿈치부터 어깨까지 이어지는 안쪽 신체축을 중심으로 하여 몸전체가 크게 회전하며 결과적으로 바깥쪽 신체축이 큰 원을 그리며 컴파스처럼 회전하는데, 컴파스의 경우는 안쪽축이 한자리에 고정된 상태에서 바깥축만이 회전하며 원을 그리게 되지만, 내츄럴한 플루그보겐에서는 양스키가 활주하면서 동시에 회전하기 때문에 실제로는 컴파스보다는 오히려 기차레일과 같은 모양으로 회전하게 된다.

안쪽축을 중심으로 바깥축을 컴파스처럼 돌려준다.

이처럼 두개의 축을 이용하여 컴파스처럼 안정되게 회전하기 위해서는, 안쪽축을 짧게 하여 신체중심을 회전의 안쪽으로 이동하는 것도 중요하지만, 회전에서 발생하는 외력에 대응하기 위해 바깥발에 적절한 하중을 가해야만, 중심을 잃지 않고 양스키가 원활하게 움직이는 효율적인 회전을 할 수 있다.

또한 비교적 작은 원을 그리며 움직이는 안쪽축에 비해서 바깥쪽축은 큰 원을 그리며 회전하게 되므로, 바깥쪽축이 원활하게 회전하기 위해서는 바깥스키의 전후운동이 필요하게 되고, 더욱이 깊은 회전을 할 때는 이러한 전후운동을 확실하게 이용해야 한다. 이를 위해서는 발목을 아래로 폈다가 위로 당겨주는 발목조작은 물론이고 바깥쪽 신체축 자체가 조금 전후로 움직이는 적극적인 신체축의 전후운동이 필요하다.

4. 안쪽스키의 탑을 회전안쪽으로 돌려준다.

안쪽스키의 탑을 회전안쪽으로 돌려준다.

기존기술에서는 스키가 회전할 때 스키어의 한가운데를 통과하는 중심축을 기준으로 양스키가 같은 형태로 회전하였지만, 내츄럴 스키테크닉에서는 기본적으로 안쪽스키와 바깥쪽 스키의 회전형태가 조금 달라지게 된다.

즉, 안쪽스키는 스키의 테일을 중심으로 스키의 탑이 많이 움직이는 탑슬라이드(Top Slide) 성향을 많아지고, 바깥스키는 스키의 탑을 중심으로 스키의 테일이 많이 움직이는 테일슬라이드(Tail Slide) 의 비율이 커지게 되는데, 이것은 우리가 많이 사용하는 킥턴(Kick Turn)과 같은 원리라고 할 수 있다.

특히 내츄럴한 플루그보겐에서 회전을 원활하게 시작하기 위해서는 안쪽다리와 안쪽스키의 움직임이 중요한데, 안쪽다리를 굽히며 짧은축을 만들 때 안쪽스키의 엣지를 풀어주면서 뒤꿈치쪽을 축으로 하여 스키의 탑을 돌려주며 회전을 시작한다.

여기서 뒤꿈치쪽을 축으로 하여 스키가 탑슬라이드의 형태로 회전이 될 때는 스키의 뒷바인딩 근처를 중심으로 스키가 회전하게 되고, 회전에 따라서 중심이 되는 위치는 조금씩 변화하게 되는데, 결과적으로 안쪽스키는 뒤꿈치쪽에 체중이 실리는 후경의 비율이 커지게 된다.

또한 안쪽발은 몸 중심을 기준으로 하여 다리전체가 몸의 바깥쪽으로 돌아가는 이미지가 필요하게 되는데, 이를 바깥쪽으로 돌려준다 하여 외선(外旋)조작이라고 한다.

즉, 안쪽다리 및 스키에 의해서 시작된 회전은 바깥쪽 스키가 원활하게 따라가면서 본격적으로 행하여지는데, 바깥쪽스키의 테일을 회전의 바깥쪽으로 부드럽게 미끄러뜨리며 회전을 컨트롤하게 된다. 여기서 바깥스키의 탑쪽에 적절한 하중이 실려야 스키가 부드럽고 안정되게 회전할 수 있으며, 회전의 마무리에는 뒤꿈치 쪽으로 하중이 이동되어야 원활하게 회전을 마칠 수 있다.

이때 안쪽스키와는 대조적으로 바깥쪽스키는 탑쪽에 하중이 실리는 비율이 커지므로 전경을 길게 유지하며 회전해야 하고, 바깥발은 몸 중심을 기준으로 다리전체가 몸의 안쪽으로 돌아가는 조작이 필요하게 되는데, 이를 안쪽으로 돌려준다 하여 내선(內旋)조작이라고 한다.

5. 바깥스키의 테일을 회전바깥쪽으로 돌려준다.

바깥스키의 테일을 회전 바깥쪽으로 돌려준다.

내츄럴 스키테크닉의 회전에서는 안쪽발이 움직임에 따라서 약간의 시간차(타임랙, Time Lag)를 두고 바깥발이 순차적으로 움직이게 되는데, 안쪽스키가 테일보다 탑이 많이 움직이는 것에 비해서, 바깥쪽스키는 탑보다 테일이 크게 움직이는 테일슬라이드(Tail slide)의 성향이 커지게 된다.

6. 크로스축의 적절한 하중배분을 의식한다.

크로스축의 적절한 하중배분을 의식한다.

기존의 스키기술과 마찬가지로 내츄럴 스키테크닉에서도 바깥발 하중은 가장 중요한 요소중 하나이다. 그러나 상황에 맞지 않는 지나친 바깥발 하중은 신체축을 무너뜨려서 몸에 무리가 가거나, 불필요한 체력소모를 크게 해서 스킹의 효율성을 저하시키거나, 과도한 엣징을 유발하여 활주력을 손실시키는 원인이 되므로, 신체축도 유지하고 활주성도 극대화할 수 있는 적절한 하중배분이 가장 중요하다.

내츄럴한 플루그보겐에서도 바깥발에 하중이 가해지는 것은 중요한데, 플루그보겐 자체가 저속에서 이루어지는 기술이므로 안쪽발보다 하중이 약간 큰 정도로 바깥발에 하중이 가해지며 회전하게 된다. 다만 처음 회전에 들어갈 때는 외력이 최소인 상태에서 안쪽으로 신체중심을 이동시키기 때문에 순간적으로 안쪽발에 하중이 더 실릴 수가 있지만, 곧 바깥스키가 시간차를 두고 회전을 시작하면서 바깥발에 많은 하중이 실리게 된다.

또한 정지상태의 기본자세에서는 신체의 무게가 양다리를 통해서 바로 양스키로 수직하게 전달되지만, 플루그보겐으로 회전할 때는 신체가 회전의 안쪽으로 기울어지며 신체의 무게가 양다리를 걸쳐 비스듬하게 양스키까지 전달되게 되어, 수직하중의 방향이 안쪽에서 바깥쪽으로 대각선 방향을 향하게 된다.

이때 신체의 무게중심이 위치한 배꼽부위(여자는 골반부위)와 양다리의 연장선을 그어보면 반대쪽 어깨에 닿게 되는 것을 알게 된다. 즉, 정지시에 신체의 축을 통해 수직하게 전달되던 하중은 회전시에는 신체내부의 크로스축(Cross Axis, 파워라인)을 통해서 비스듬하게 전달되게 된다.

그러므로 회전시에는 몸이 꺾이지 않고 곧게 유지하기 위해 신체축을 의식하는 것도 필요하지만, 하중을 잘 전달하고 균형을 잘 유지하기 위한 신체내부의 크로스축을 의식하는 것도 중요하다.

특히 하중과 균형유지에는 두개의 크로스축이 잘 조화를 이루어야 하는데, 지나치게 바깥발에 하중이 가해질 경우에는 바깥발부터 안쪽어깨까지 이어지는 긴 크로스축(파워라인)이 무너지게 되고, 반대로 지나치게 안쪽발에 하중이 가해질 경우에는 안쪽발부터 바깥어깨까지 이어지는 짧은 크로스축(밸런스라인)이 무너져서 원활할 회전이 어렵게 된다.

또한 크로스축이 무너지게 되면, 신체축도 따라서 안쪽이나 바깥쪽으로 흐트러지게 되므로 주의해야 한다.

1. 골반의 사용의 미숙한 경우

안쪽골반을 내리고 바깥쪽 골반을 들어주며 자동차의 트랜스미션처럼 사용한다.

기존의 스키기술이 발목이나 무릎 등의 신체의 말단부를 사용하여 스키를 돌려주는 기술이라면 내츄럴 스키테크닉은 몸 전체를 하나의 봉처럼 생각하고 체간을 사용하여 스키를 돌려주는 기술이라고 할 수 있다. 이와 같이 신체의 몸통인 체간을 사용하여 스키를 회전시키게 되면, 기존의 복잡하고 어려운 스키기술을 훨씬 더 단순화시킬 수 있으며, 무엇보다도 신체에 무리를 주지 않고 적은 힘으로도 큰 힘에 버틸 수 있는 자세가 만들어지게 된다.

이렇게 몸전체를 하나의 봉처럼 생각하며 스키를 돌리기 위해서는 무엇보다도 골반의 회전이 중요하게 된다. 골반은 상체와 하체를 연결시켜주는 역할을 하는데 자동차로 비유하자면 엔진과 바퀴를 연결시키는 트랜스미션으로 비유될 수 있다. 이러한 골반의 움직임을 잘 활용하면 마치 자동차의 기어변속을 하듯 각각의 회전에 맞는 다양한 동작이 가능하여 보다 경제적이고 효율적인 스킹이 가능하다.

그러므로 내츄럴한 회전이 처음 도입되는 플루그보겐에서 골반의 사용은 더욱 중요한데, 일단 신체축이 제대로 만들어지기 위해서는 안쪽 골반을 내려주고 바깥쪽 골반을 들어주어 몸전체가 하나의 봉처럼 일직선상에 정렬되도록 하여야 한다. 만약 기존의 기술처럼 안쪽골반이 올라가고 바깥쪽 골반이 내려가면 상하체가 꺾이게 되어 올바른 신체축이 만들어지기 어렵게 된다.

그리고 신체축을 만든 후에는 골반의 회전을 이용하여 몸전체를 회전의 안쪽으로 돌려주며 스키의 회전을 이끌어내야 한다. 이때 안쪽골반을 중심으로 바깥쪽 골반이 크게 회전하는 것이 중요한데, 안쪽 고관절이 지나치게 긴장되어 있거나 바깥쪽 고관절의 버티는 힘이 부족하면 원활한 골반의 회전이 어렵게 된다. 따라서 평상시에 거울을 보면서 안쪽 골반을 중심으로 바깥쪽 골반을 크게 돌려주는 연습을 해서 자연스러운 골반의 사용을 미리 익혀두는 것이 좋다.

2. 밸런스 능력이 모자른 경우

안쪽발은 후경, 바깥발은 전경을 유지하며 회전한다.

골반을 중심으로 양스키가 자연스럽게 회전하기 위해서 필요한 또 한가지가 바로 신체의 밸런스능력이다. 기존의 기술에서는 신체의 중심축을 기준으로 양쪽 스키가 같은 형태로 회전을 하였던 것에 비해서, 내츄럴한 플루그보센에서는 안쪽 신체축을 중심으로 바깥쪽 신체축이 크게 회전하게 되므로 양스키의 움직임이 서로 달라지게 된다.

내츄럴한 플루그보겐에서 안쪽스키는 탑의 움직임이 커지고 바깥쪽 스키는 테일의 움직임이 커지게 되므로 안쪽다리와 바깥쪽다리의 밸런스도 달라져야 한다. 즉 안쪽스키의 탑이 더 많이 움직이려면 약간의 후경자세가 만들어져야 하고, 반대로 바깥쪽 스키의 테일이 더 많이 움직이려면 약간의 전경자세가 만들어져야 한다.

이렇게 양스키에서 후경과 전경이 동시에 만들어지는 것은 난이도가 꽤 높아지는데, 특히 안쪽스키의 후경자세가 만들어지지 않아서 안쪽스키의 탑이 걸리며 안쪽축이 원활하게 돌아가지 않거나, 바깥쪽스키의 전경자세가 부족하여 바깥스키의 테일이 걸리며 몸전체가 부드럽게 회전하지 않는 경우가 많이 생기게 된다.

이를 방지하기 위해서는 신체축을 기울이면서 무게중심을 회전의 대각선 앞쪽으로 이동시켜서 바깥발의 전경자세를 만들어주고, 안쪽발은 발목을 들어서 뒤꿈치를 땅에 대고 비벼주며 약간의 후경자세를 만들어야 양스키가 수월하게 회전하게 된다. 또한 양스키가 약간의 전후차가 생긴 상태에서 회전하여야 각각의 밸런스를 유지하기 쉬워진다.

즉, 상체와 골반은 회전방향으로 미리 돌려주어서 내향자세를 만들어야 하지만, 안쪽스키와 바깥쪽 스키는 오히려 안쪽스키가 조금 앞에 내밀어져서 회전을 이끌고, 바깥쪽 스키는 약간 뒤로 빠진 상태로 앞뒤로 차이가 생긴 전후차(前後差)를 유지하며 회전을 하는 것이 좋다. 이렇게 전후차를 적당하게 만들어주면 인쪽스키는 앞에 있으므로 후경이 만들어지고, 바깥쪽 스키는 뒤에 있으므로 전경이 만들어져서 보다 원활한 회전이 가능해진다.

1. 볼, 컵, 이중컵의 낙하운동

내츄럴 스킹의 회전을 쉽게 이해하기 위해서는 다음의 세가지의 모델링이 유용하다. 즉 경사면에서 볼과 컵 및 이중컵의 세가지의 굴려서 각각의 낙하운동을 보고 내츄럴한 회전의 원리를 이해할 수 있다.

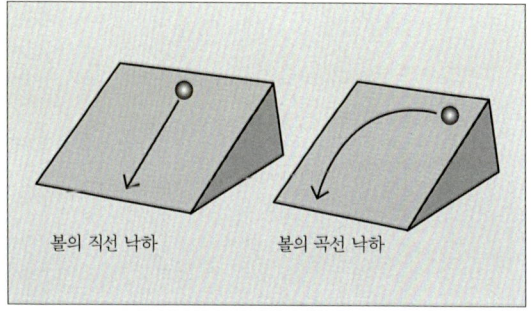

〈볼의 낙하운동〉

첫번째로 둥근 볼을 경사면에 굴리는 것을 생각할 수 있다. 볼을 경사면에 가만히 두면 중력에 의해서 저절로 구르기 시작하여 경사면 방향으로 낙하한다. 또한 볼을 옆으로 굴리게 되면 볼은 옆으로 구르는 동시에 아래로 미끄러지며 포물선을 그리며 낙하하게 된다. 만약 경사면을 구르는 볼을 스키처럼 둥글게 회전시키길 원한다면, 공이 최대 경사선을 향했을 때 다시 옆방향으로 힘을 가해줘야 한다.

이러한 볼의 낙하운동은 중심축 운동을 하는 기존의 회전기술과 유사하다고 할 수 있는데, 볼을 옆으로 굴렸을 때 공이 아래로 둥글게 굴러 내려가는 것을 계곡돌기 구간으로, 볼이 최대경사선에 이르렀을 때 회전의 안쪽으로 힘을 가해 다시 볼이 옆으로 구르는 것은 산돌기 구간이라고 생각할 수 있다.

이렇게 볼을 굴릴 때, 보다 작은 반경의 회전을 만들어내기 위해서는, 볼을 구르기 시작할 때 경사 아래쪽으로 힘을 가해서 계곡돌기 구간을 작게 만들고, 마찬가지로 최대경사선에 이르렀을 때 옆쪽으로 큰 힘을 가해서 산돌기 구간을 작게 만들 필요가 있다.

따라서 볼의 낙하운동은 기존의 회전처럼 계곡돌기와 산돌기 구간이 분리되어 조절되어야 하며, 이것은 마치 기존의 기술에서 업을 사용하며 몸을 계곡으로 던지며 계곡돌기를 만들고, 다운에서 스키를 누르며 회전시켜서 산돌기를 만들어내는 것과 유사하다고 할 수 있다.

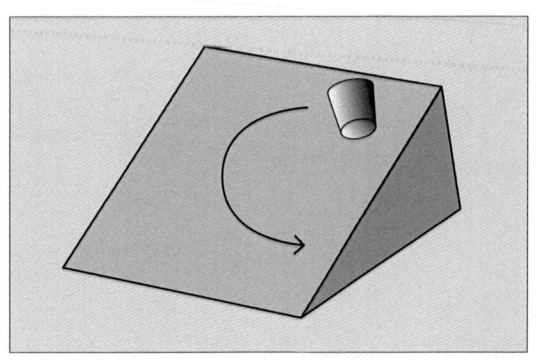

〈둥근컵의 회전 낙하운동〉

두번째로 위아래의 직경이 다른 둥근컵을 경사면에 굴리는 것을 생각할 수 있다. 둥근컵의 경우는 볼과는 다르게 경사면에서 굴리지 않고 가만히 놓기만 해도 회전운동을 하며 아래로 굴러 내려가게 된다. 만약 컵을 옆으로 살짝 힘을 주어 굴리게 되면 원래의 회전보다 조금 더 큰 반경의 회전을 만들게 되고, 강한 힘으로 옆으로 굴리면 컵은 균형을 잃고 회전운동을 원활하게 만들지 못하게 된다.

만약 둥근컵의 회전반경을 조절하고 싶다면 가장 먼저 컵의 위아래의 직경을 다르게 하는 것이 가장 좋고, 다른 방법은 컵 위아래의 무게를 다르게 하면 다양한 반경의 회전을 하며 아래로 구르게 된다.

즉 컵아래의 직경을 작게 하고 위의 직경을 크게 하면 컵은 작은 반경의 회전을 하게 되고, 반대로 아래의 직경을 크게 하고 위의 직경을 아래보다 조금만 크게 하면 컵은 큰 반경의 회전을 하게 된다. 또한 컵 위쪽의 무게를 무겁게 하면 컵이 구르는 속도는 빨라지지만 경사면에서 컵 자체의 안정감이 떨어지게 되고, 반대로 컵 아래쪽의 무게를 무겁게 하면 컵의 안정감은 좋아지지만, 컵이 경사면에서 잘 구르지 않게 된다.

이러한 컵의 낙하운동은 이축운동을 하는 내츄럴 스키테크닉의 회전의 원리를 설명할 수 있는데, 컵의 아래쪽 직경이 작듯이 회전 안쪽다리를 굽혀서 짧은 신체축을 만들어주고, 컵의 위쪽 직경이 크듯이 회전 바깥다리를 펴면서 긴 신체축을 만들어서 컵과 비슷한 신체구조를 만들 수 있다. 하지만 컵은 위아래가 둥글어서 경사면에 놓기만 하면 구르게 되지만, 스키는 곧은 직선 형태이기 때문에, 회전하려면 골반을 돌려서 내향자세를 만들면서 두개의 축을 회전 안쪽으로 돌려주어야 한다.

만약 신체의 안쪽축이 바깥쪽축보다 아주 작게 된다면 이론적으로는 작은 회전을 그리게 되고, 반대로 안쪽축과 바깥쪽축의 차이가 작게 된다면 큰 회전을 그리게 되지만, 컵과 다르게 스키는 스키딩과 카빙으로 다양한 회전이 가능하고, 안쪽축과 바깥쪽축의 길이가 고정되어 있지 않기 때문에 훨씬 더 복잡한 회전운동을 하게 된다. 또한 컵과는 다르게 무게중심이 다리의 길이변화로 이루어지기 때문에 컵처럼 양쪽의 직경과 무게배분을 독립적으로 배치할 수 없다는 것도 다른 점이다.

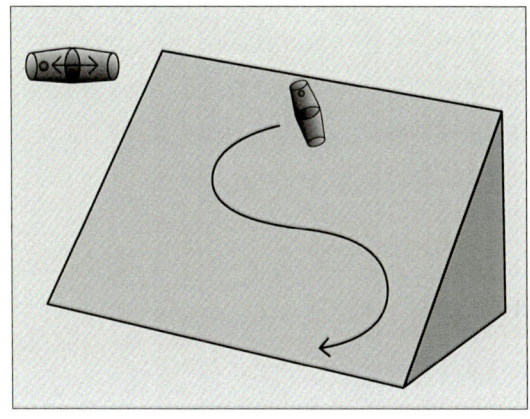

〈이중컵의 연속회전 낙하운동〉

이처럼 컵의 낙하운동은 내츄럴 스키테크닉의 회전운동의 원리를 설명할 수 있는데, 만약 연속적인 회전을 모델링하고 싶다면 두개의 컵을 붙여서 이중컵을 만들면 양쪽의 회전을 반복하는 연속회전의 원리도 구현할 수 있다.

즉, 두개의 둥근컵을 준비하여 서로의 입구를 맞물려서 합친다면 마름모꼴의 이중컵이 만들어지게 되는데, 이 이중컵을 경사면에서 굴려보면 하나의 회전이 끝나고 다시 반대방향으로 기울어지며 반복하여 회전을 이어나가게 된다.

이러한 이중컵의 회전을 더욱 원활하게 하기 위해서는, 컵안에 무거운 구슬을 넣어서 구슬이 좌우로 이동하며 컵의 무게를 변화시키는 도구로 사용하면 된다. 이렇게 구슬을 넣게 되면 처음에는 구슬이 아래쪽에 머물며 컵의 회전을 돕게 되고, 최대경사선을 넘어서게 되면 다시 반대쪽으로 이동하여 다음 회전을 만드는 계기로서 작용하게 된다.

이중컵의 낙하운동은 내츄럴 스키테크닉의 회전원리를 설명할 수 있는데, 컵의 아래위가 스키어의 신체축에 비유되고 컵안에 담긴 구슬이 스키어의 무게중심으로 비유되어, 컵안의 구슬이 움직이며 컵도 함께 기울면서 연속적인 회전을 하여 낙하력과 신체축을 이용한 자연스러운 회전을 표현하게 된다.

만약 이중컵의 낙하운동에서 회전반경을 조절하기 위해서는 컵의 아래위 직경을 바꾸면 되는데, 이때 회전운동이 원활하게 수행되기 위해서는 직경에 맞도록 구슬의 크기와 무게를 적절하게 조절하는 것이 좋다. 마찬가지로 내츄럴한 스킹에서 회전반경을 조절하기 위해서는 두개의 신체축의 크기를 잘 조절하며, 여기에 맞도록 무게중심의 이동도 적절하게 행하여야 원활하고 다양한 회전이 가능하다.

2. 내츄럴 회전의 연속성

기존의 스키기술은 계곡돌기와 산돌기 구간에서 회전의 불연속성이 생기는 반면에, 내츄럴한 회전에서는 계곡돌기 구간부터 산돌기 구간까지가 일련의 동작에 의해서 만들어지는 연속성이 특징이라 할 수 있다.

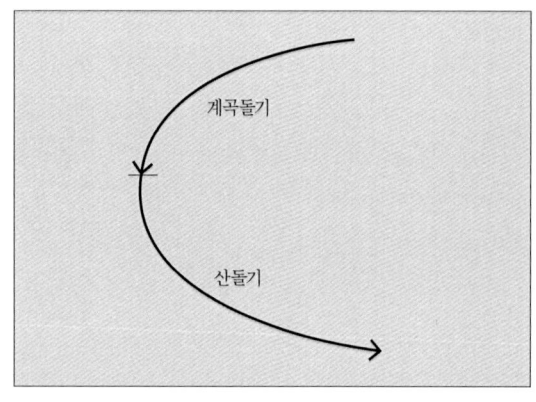

⟨회전의 구조상 분류⟩

그러므로 내츄럴한 스킹은 회전의 구조상에서는 계곡돌기 부분과 산돌기 부분을 구분하는 것이 필요하지만, 회전을 신체와 스키의 운동으로 생각하면 계곡돌기의 연속이라고도 말할 수도 있다. 즉 기존의 회전처럼 산돌기 구간과 계곡돌기 구간에서 신체와 스키의 움직임이 다르게 만들어지는 것이 아니라, 계곡돌기 구간에서 만들어진 신체와 스키의 움직임에 의해서 산돌기 구간도 연속적으로 이어지는 것이다.

이렇게 회전을 계곡돌기의 연속으로 의식하기 위해서는, 결국 어떻게 회전을 만들어낼 것인가가 중요하고, 다른 하나는 회전과 회전사이에 만들어지는 중립자세(中立姿勢, Neutral Position)을 어떻게 잘 통과할 것인가가 기술적인 관건이 된다.

즉, 기존기술에서는 하나의 회전에서 업(스트레칭턴)이나 다운(벤딩턴)을 이용하여 스키에 걸리는 하중을 줄이는 발중(拔重, Unweighting)동작을 하고, 다시 다운이나 업을 사용하여 스키에 하중을 가하는 하중(荷重, Weighting)을 동작을 각각 행하기 때문에 회전에서 불연속성이 발생하게 된다. 이에 비해서 내츄럴한 회전에서는 회전시작에서 신체축을 기울이며 무게중심을 옮겨서 회전을 만들게 되면, 이 동작이 회전의 마무리까지 꾸준하게 행해지는 연속성이 만들어지게 된다.

내츄럴한 스킹에 맞도록 연속성 있는 회전을 만들어내기 위해서는 회전전반에 안쪽다리를 이용하여 회전을 이끌어내는 내각주도(內脚主導)와 이후 바깥다리를 이용하여 회전을 유지하는 외각종동(外脚從働, 외각주동)이 서로 잘 조화를 이루어야 하며, 스피드가 느린 경우는 물론이고 스피드가 빠른 회전의 경우에도 중립자세를 확실하게 의식하며 다음 회전으로 연결하는 것이 필요하게 된다.

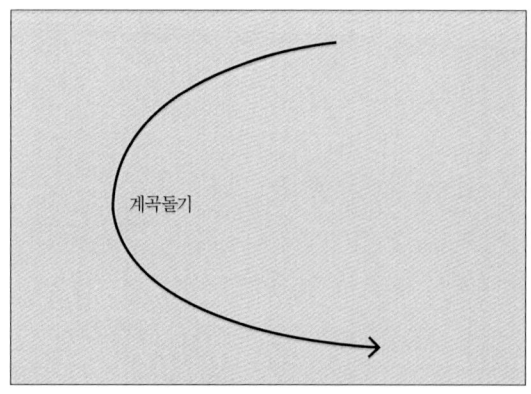

⟨내츄럴한 회전의 연속성⟩

또한 기존의 회전이 스키라는 도구에 스키어의 힘을 가하여 스키의 운동에너지를 만들어내는 것이라면, 내츄럴한 회전은 신체의 무게가 가진 위치에너지를 이용하고 신체의 모양을 둥근컵과 같이 만들어서 스키의 운동에너지를 이끌어내는 과정이라 할 수 있다. 그러므로 기존의 기술이 마치 화력발전과 같이 하나의 에너지를 소비하여 다른 에너지를 만들어내는 것이라면, 내츄럴한 회전은 마치 수력발전처럼 물이 가진 위치에너지를 발전기의 전기에너지로 바꾸는 과정으로도 비유할 수 있다.

NATURAL SKI TECHNIQUE

Lesson 05

내츄럴 스키테크닉

내츄럴 플루그턴

Natural Pflug Turn

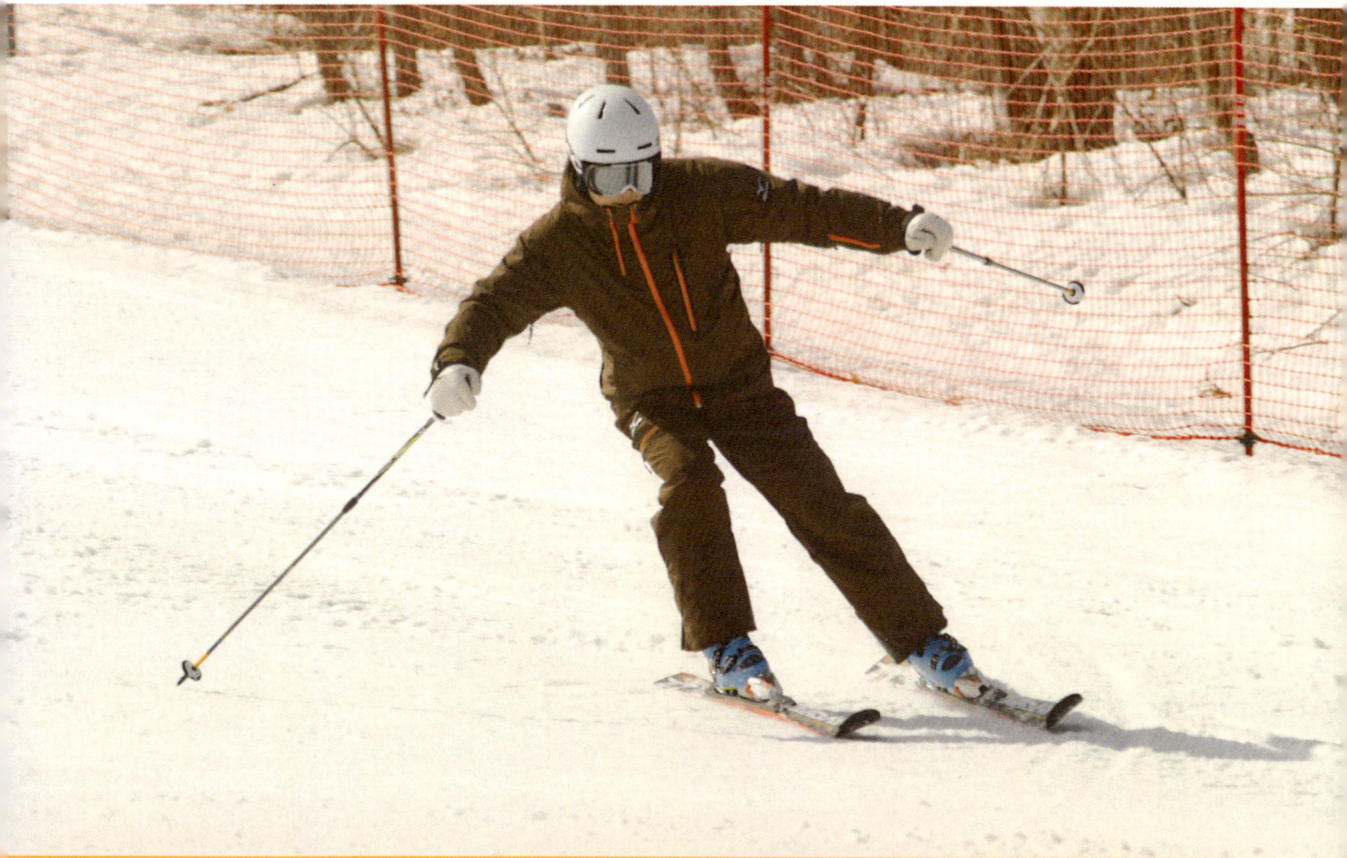

front

플루그보겐에서 신체축을 기울이며 신체중심을 이동시키고 골반을 돌리면서 회전을 하는 것이 익숙해졌다면, 이제는 회전을 하는 도중에 엣지교환을 하면서 패러렐턴으로 발전하기 위하여 플루그턴을 시도해본다.

플루그턴(Pflug Turn)이란 플루그보겐과 패러렐턴 사이에 위치한 기술로서, 플루그보겐으로 회전을 시작하여 도중에 안쪽스키의 엣지를 바꿔서 패러렐턴으로 마무리하는 과도기적인 기술로서, 패러렐턴에서 필요한 엣지교환의 감각과 스탠스 및 포지션의 변화를 미리 익힐 수 있는 것이 장점이다.

슈템턴에서는 스키의 테일을 들거나 밀면서 양스키의 스탠스를 좁히며 엣지교환을 실시하여 것에 비해서, 플루그턴에서는 스키를 설면에 붙인채 스키탑을 비비듯 돌리며 양스키의 스탠스를 넓히며 엣지교환을 하는 것이 특징이다.

또한 슈템턴에서는 테일을 움직이기 위해서 바깥발에 많은 하중이 실려야 하므로 몸이 회전의 바깥쪽으로 꺾이며 신체축이 무너지기 쉽지만, 플루그턴에서는 스키의 탑을 비비면서 움직이기 때문에 신체축을 기울인 채 양스키의 적절한 하중배분을 한 상태에서도 엣지교환을 할 수 있다.

이때 신체축을 기울이고 스키가 돌아가는 상태에서 안쪽스키를 돌리며 엣지교환을 하는 것은 기술적으로도 많은 연습이 필요하고, 또한 안쪽다리 전체를 뒤꿈치축으로 회전 안쪽(몸 바깥쪽)으로 비틀어주는 외선조작이 요구되는데, 이것은 고관절과 무릎, 발목 등의 신체적인 유연성이 동시에 필요하게 된다.

또한 안쪽발을 원만하게 돌려주고 안쪽스키의 엣지를 부드럽게 바꿔주기 위해서는, 여기에 대응하는 바깥쪽발을 확실하게 뻗어주고 바깥쪽스키의 전후운동을 정확하게 만들어서, 회전의 바깥쪽이 지지축으로서 회전안쪽의 움직임을 보조하는 역할도 필요하게 된다.

방법

비교적 완만한 완중사면을 선택하여 플루그 스탠스를 유지하고 서서히 출발한다. 회전을 시작하기 위하여 안쪽다리를 굽히면서 신체축을 계곡쪽으로 기울이고 상체의 방향을 회전안쪽으로 돌리면서 내향경 자세를 만들어준다.

신체축을 기울이며 안쪽스키의 아웃엣지를 풀어주고 바깥스키의 인엣지를 세우고, 골반의 회전에 따라서 안쪽스키의 탑을 비비듯 돌리며 바깥스키의 테일을 밀어내면서 회전을 시작한다. 스키의 회전이 시작되면 안쪽다리의 발목, 무릎, 고관절을 비틀어, 안쪽스키의 탑과 테일을 동시에 돌려주면서 엣지를 바꿔주며 패러렐 스탠스로 만들어준다.

플루그턴에서는 바깥스키가 지속적으로 회전하는 도중에 안쪽스키의 엣지와 스탠스를 바꿔줘야 하므로 완성도 높은 스키조작이 필요하게 되고, 신체축이 안쪽으로 기울어진 상태로 바깥발에 하중을 유지해야 안쪽발을 원활하게 움직일 수 있으므로 수준 높은 밸런스 능력이 필요하게 된다.

회전이 마무리되면 다시 바깥다리를 굽히고 안쪽다리를 펴주면서 중립자세로 되돌아오는데, 이때 회전의 안쪽으로 향했던 상체방향도 폴라인을 지나면서 서서히 정향으로 되돌아와서 정확한 중립자세가 만들어져야, 무리 없이 다음 회전으로 연결할 수 있다.

중립자세는 여유롭게 취하면서 전후,좌우,상하방향의 밸런스를 중간으로 잘 만들어야 하며, 중립자세를 지나고 다음 회전에 들어가기 위해 다시 안쪽다리를 구부리며 중심이동과 신체축의 변화를 만들기 시작하며, 시선을 다음 회전방향으로 향하여 골반이 회전하며 스키의 회전을 이끌어낼 준비를 한다.

내츄럴한 플루그턴도 회전의 시작은 안쪽다리를 구부리면서 신체의 축을 기울이며 만들어지게 된다. 이렇게 신체의 축이 기울어지면 신체 무게의 많은 비율을 차지하고 있는 체간(몸통)이 기울어지게 되어, 스키의 활주를 만들어내는 낙하력의 방향이 계곡쪽으로 바뀌게 된다.

이렇게 낙하력의 방향이 바뀐 상태에서 골반을 돌리게 되면 스키의 회전이 시작되며 원심력이 발생하는데, 여기에 맞춰서 바깥다리를 펴면서 외력에 버틸 수 있는 자세를 만들며 본격적인 회전을 지속하는 것이 필요하다.

위의 동작들은 연속적이고 유기적으로 만들어지게 되는데, 동작이 익숙해질수록 동작들 사이의 시간차가 줄어들게 되어, 마치 모든 동작이 동시에 일어나는 것처럼 보이게 된다.

특히, 이전 회전에서 외력에 버티고 스키를 산쪽으로 회전시켰던(계곡쪽으로 낙하를 방해했던) 바깥다리를, 다음 회전에 맞게 적절한 타이밍에 적당한 각도로 각관절을 구부리며 엣지를 풀어주어, 낙하를 방해했던 역할에서 낙하를 유도하는 역할로 원활하게 변화시켜주는 것이 자연스럽고 효율적인 회전을 위해 더욱 중요하다.

체크 포인트

1. 양다리의 길이를 조절하여 신체축을 기울인다.

양다리의 길이를 조절하여 신체축을 기울인다.

2. 중심위치를 안쪽스키 위쪽으로 이동시킨다.

내츄럴 스키테크닉에서 신체중심의 위치를 이동시키는 것은 낙하력을 만들어주는 원동력이기에 가장 중요한 요소중 하나이고, 신체의 축을 기울이는 것도 어쩌면 중심을 이동시켜 자연스럽게 낙하력을 유도하기 위한 수단일 수도 있다.

중심위치를 안쪽스키 위쪽으로 이동시킨다.

3. 적절한 바깥발 하중을 유지한다.

적절한 바깥발 하중을 유지한다

플루그턴의 경우에는 회전하면서 안쪽스키의 엣지를 인엣지에서 아웃엣지로 교환하기 때문에, 플루그보겐에 비해서 보다 적극적인 중심이동으로 회전 마무리에 만들어질 패러렐 스탠스에 대비해야 한다.

이를 위해서는 플루그보겐보다 안쪽다리를 더 많이 구부리며 안쪽 신체축을 짧게 만들어 신체중심을 안쪽스키의 위쪽까지 이동시키는 적극성이 필요하다. 이러한 무게중심의 이동은 급격하게 일어나는 것이 아니라, 회전이 진행되고 엣지가 교환됨에 따라 서서히 만들어져야 한다.

이렇게 무게중심의 이동이 진행되면, 처음 회전을 시작할 때 무게중심이 양스키의 안쪽에 위치한 플루그 포지션에서, 무게중심이 양스키의 안쪽으로 이동한 패러렐 포지션으로 자연스럽게 회전자세가 변화하게 된다.

보통 낙하력을 이용한 스킹이나 체축을 이용한 스킹이라고 하면, 보통 안쪽발에 하중이 실리는 것을 생각하는 스키어들이 많은 것이 현실이다. 물론 신체축을 기울이고 중심을 안쪽으로 이동시키기 위해서는 안쪽발에 하중이 실리는 것이 필요하지만, 체축을 기울이고 중심을 이동시키는 목적은 결국 바깥발에 하중이 잘 실리고 적은 힘으로 큰 외력에 버티며 회전하는, 효율적이고 경제적인 스킹을 하기 위해서이다.

이를 위해서는 안쪽어깨부터 바깥스키까지 이어지는 크로스축(파워라인)을 의식하며 안쪽에서 바깥쪽으로 비스듬한 하중을 실어주는 것이 필요한데, 이때 회전시작에서는 스키어가 스스로 회전의 연쇄반응을 일으킬 수 있는 최소한의 임계하중(臨界荷重, Critical Weight)을 주어야 하지만, 회전이 진행되면서 원심력에 의해 외력이 커지면 스키어가 가하는 하중보다는 외력에 의해 가해지는 하중의 비율이 커지게 되고, 스키어는 하중을 가하기 보다는 가해지는 하중에 버티는 최소한의 내력만 사용하며 회전하게 된다.

이렇게 회전을 시작하는 임계하중이나 회전을 유지하는 내력은, 모두 안쪽어깨에서 바깥쪽 다리를 거쳐서 스키까지 이어지는 긴 크로스축을 통해서 전달되게 되므로 바깥발에 하중을 유지하는 것은 무엇보다도 중요하고, 특히 회전시작에서 임계하중을 제대로 가하지 못하고 몸만 안쪽으로 기울어져 버리면 회전을 시작하는데 어려움이 커지고, 회전도중에도 바깥스키의 그립력이 부족하여 안정성이 떨어져서 밸런스를 잃는 큰 원인이 되므로 주의한다.

4. 안쪽발의 뒤꿈치를 중심으로 스키의 탑을 돌려준다.

안쪽발의 뒤꿈치를 중심으로 스키의 탑을 돌려준다.

플루그턴이 플루그보겐과 가장 다른 점은 바로 회전하면서 안쪽스키의 스탠스가 변화하고 엣지가 교환된다는 점이다. 이는 의외로 난이도가 높아서 플루그턴을 자유자재로 구사한다면 이미 내츄럴 스키테크닉의 완성도는 상당히 높다고도 할 수 있다.

플루그턴은 회전의 시작에는 플루그보겐과 거의 같은 스탠스와 포지션을 하고 있지만, 회전하면서 안쪽스키의 탑을 안쪽으로 비비듯 돌려주어 패러렐 스탠스와 포지션으로 스키와 신체의 모양이 바뀌기 때문에 안쪽발의 조작은 중요하다. 더욱이 내츄럴 스키 테크닉은 모든 기술이 안쪽발을 구부리며 시작되기 때문에 안쪽발 조작은 더욱 그 가치가 높아지게 마련이다.

플루그턴에서 안쪽스키의 엣지를 바꾸기 위해서는 고관절을 중심으로 하여 안쪽다리 전체를 회전의 안쪽방향으로 돌려주는 보다 적극적인 외선조작이 필요하다. 이때 안쪽스키에 가해지는 하중을 뒤꿈치 쪽에 실어주어 스키탑을 가볍게 만들어주면, 안쪽스키의 탑을 방향을 바꾸고 엣지를 안쪽에서 바깥쪽으로 바꿔주는 조작이 훨씬 수월하게 된다.

이때 양스키의 스탠스는 슈템턴처럼 스키의 테일쪽이 많이 좁아져서 패러렐 스탠스로 바뀌는 것이 아니라, 오히려 스키의 탑쪽이 많이 넓어져서 패러렐 스탠스로 바뀌어야 정확한 플루그턴을 구사할 수 있고, 더 나아가 안쪽발을 사용하여 내츄럴한 회전의 계기를 만드는 기술의 향상을 기대할 수 있다.

5. 바깥스키의 탑을 중심으로 테일을 밀면서 플루그 스탠스로 회전한다.

플루그턴은 슈템턴과 마찬가지로 회전하면서 스키의 스탠스와 신체의 포지션의 변화가 생기게 된다. 두 기술은 공통적으로 회전이 끝났을 때 패러렐 자세를 취하게 되고, 회전에 들어가면서 플루그 자세를 만드는 것도 비슷하다.

그러나 슈템턴이 회전을 하기 위하여 중심을 회전의 바깥쪽으로 기울이며 신체축을 꺾는것에 비해서, 내츄럴한 플루그턴에서는 바깥스키의 테일을 밀어주며 플루그스탠스를 만들며 회전에 들어가는 것은 비슷하지만, 중심을 회전의 안쪽으로 이동시키고 신체축을 곧게 유지하는 것이 다른 점이다.

한 비율로 움직인다는 이미지가 있어야, 지나치게 플루그 스탠스의 앞이 넓어지며 회전각이 작아져서 회전의 난이도가 높아지는 것을 방지할 수 있다.

바깥스키의 탑을 중심으로 테일을 밀면서 플루그 스탠스로 회전한다.

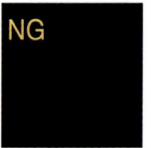

1. 안쪽다리의 움직임이 부족한 경우

즉, 플루그턴에서는 안쪽다리가 구부러지며 중심이 이동되고, 결과적으로 중심과 바깥쪽 스키와의 거리가 멀어지며 바깥스키의 회전이 시작되는데, 이때 바깥스키에 하중을 걸어주면서 테일을 넓혀서 플루그 스탠스를 만들며 회전에 들어가게 된다.

이렇게 테일을 넓힐 때 지나치게 스키에 하중을 가하며 누르려고 의식한다면, 몸이 오히려 바깥쪽으로 꺾여서 신체축이 무너지게 된다. 반대로 바깥스키에 가하는 하중이 부족한 상태에서 몸만 지나치게 안쪽으로 기울어지면, 바깥스키의 그립력이 약해서 안쪽스키의 움직임이 제약을 받는 경우가 있으므로 주의한다.

또한 테일만을 넓힌다는 의식보다는, 중심의 낙하에 맞춰서 바깥스키의 탑도 적당히 회전의 안쪽으로 비틀며 탑과 테일을 적절

외선조작과 외반조작을 동시에 행해야 완성도 높은 플루그턴이 가능하다

내츄럴한 스킹에서는 안쪽발의 움직임이 중요하기 마련이다. 왜냐하면 안쪽다리를 먼저 움직여서 신체축과 무게중심의 이동을 만들고 이것이 바깥다리의 회전으로 연결되는 내측주도의 원리가 적용되기 때문이다. 특히 플루그턴은 회전중 안쪽다리를 움직여서 스탠스와 엣지교환을 하기 때문에 그 역할은 더욱 중요하다고 할 수 있다.

하지만 안쪽다리를 사용해서 회전을 이끌어내는 것은 물론이고, 회전하면서 안쪽다리를 움직여서 스키의 엣지교환을 만들어내는 것은 난이도가 상당히 높은 기술이다. 실제로 안쪽스키가 잘 움직이기 위해서는 안쪽다리의 고관절, 무릎, 발목이 회전의 안쪽으로 잘 돌아가는 외선(外旋)조작과 이 관절들이 바깥쪽으로 풀리며 스키엣지가 해방되는 외반(外反)조작이 동시에 이루어져야 한다.

이러한 조작들이 원만하지 않은 경우에는 스키의 회전을 시작하는 것은 물론이고, 회전중에 엣지와 스탠스를 바꾸기는 더욱 어려워지게 된다. 이 조작들을 처음부터 동시에 완벽하게 해내기는 지극히 어려우므로, 일단 플루그 스탠스에서 신체축과 무게중심을 이동시키며 안쪽다리를 구부려서 관절들을 풀어주는 외반조작을 연습하고, 골반의 회전에 맞춰서 다리를 안쪽으로 돌려주는 외선조작을 따로 익히고, 익숙해지면 이 조작들을 보다 적극적으로 동시에 행하는 연습으로 수준을 높여가도록 한다.

2. 바깥쪽 다리의 버팀이 부족한 경우

바깥쪽스키가 잘 버텨줘야 안쪽스키가 쉽게 돌아간다

내츄럴 플루그턴을 하기 위해서는 기본적으로 안쪽다리를 잘 움직이는 것이 중요하다. 하지만 안쪽다리를 정확하게 움직이기 위해서는 반드시 바깥다리의 도움이 필요하게 된다. 만약 바깥쪽 다리가 잘 버텨주지 못하면 안쪽다리의 움직임이 원활하지 않고, 신체축과 무게중심도 안정되지 못해서 회전 전체에 악영향을 미치게 된다.

특히 내츄럴한 플루그턴에서는 일종의 "작용 반작용의 법칙"이 적용될 수 있기 때문에 바깥발의 역할은 특히 중요하게 된다. 즉 안쪽스키의 탑이 움직이기 위해서는 테일쪽에 무게가 실리면서 탑이 가벼워져야 하는데, 이를 위해서는 반대쪽인 바깥스키의 테일이 가벼워지고 탑이 무거워져야 한다.

이렇게 안쪽스키의 탑이 움직이기 위해서는 신체축과 무게중심을 안쪽으로 이동시킨 상태에서 바깥스키의 탑쪽에 하중을 실어주어야, 결과적으로 안쪽스키 테일의 안정감이 좋아져서 탑이 원활하게 움직이게 된다. 또한 안쪽스키의 탑을 편하게 돌리기 위해서는 대각선 방향에 위치한 바깥스키의 테일을 함께 돌려주는 것이 좋은데, 이렇게 양스키의 서로 대각선 쪽이 협력하여 잘 움직이면 보다 안정되고 쉽게 회전을 만들어낼 수 있다.

3. 안쪽발 조작시 신체축이 무너지는 경우

내츄럴한 플루그턴을 할 때 근본적으로 중요한 것은 신체축을 안정되게 만들고, 무게중심의 밸런스를 잘 유지하며 회전하는 것이다. 또한 회전에서 안쪽스키의 스탠스와 엣지를 교환하는 것도 신체축이 잘 유지된다는 전제조건에서 행해져야 할 것이다.

바깥발의 버팀이 부족하거나 안쪽발의 움직임이 과도해서 내도자세가 나온 경우

바깥발의 버팀이 과도하거나 안쪽발의 움직임이 부족해서 지나친 외경자세가 나온 경우

하지만 안쪽발의 조작이 미숙한 경우나 바깥쪽발의 버팀이 부족한 경우에는 안쪽발을 움직일 때 신체축이 무너지는 경우가 쉽게 발생한다. 즉 안쪽다리의 조작이 부드럽고 원만하지 않은 경우에는 본능적으로 몸을 바깥쪽으로 기울이게 되어 안쪽다리를 가볍게 하려고 하는데, 이때 불필요한 외경자세가 만들어지게 된다. 반대로 바깥발의 버팀이 부족한 상태에서 안쪽발의 움직임이 지나치게 커지면, 오히려 몸이 회전 안쪽으로 기울어지며 내도자세가 만들어지는 경우도 있으니 주의가 필요하다.

그러므로 위에서 설명했던 안쪽발 조작의 충분한 연습과 바깥발이 지지해주는 확실한 훈련을 하여 신체축을 안정시킨 상태에서 부드럽고 정확하게 안쪽발과 안쪽스키의 움직임을 익히도록 한다.

또한 이렇게 안쪽스키를 잘 움직이고 바깥스키로 잘 지지하기 위해서는, 발목을 위로 젖혀서 뒤꿈치쪽에 하중을 걸어주고 발목을 아래로 내려줘서 앞꿈치쪽에 하중을 주는 발목조작도 함께 익혀두는 것이 필요하다.

| 플러스 알파 |

이에 비해서 내츄럴한 회전은 중립자세, 내각주도, 외각주동(=외각종동)의 세가지 구간으로 나눠서 보다 단순하게 생각할 수 있다. 이와 같은 단순화 과정을 이해하기 위해서 내츄럴한 회전은 계곡돌기의 연속이라는 것을 미리 알아두어야 한다.

1. 내츄럴 회전의 구성

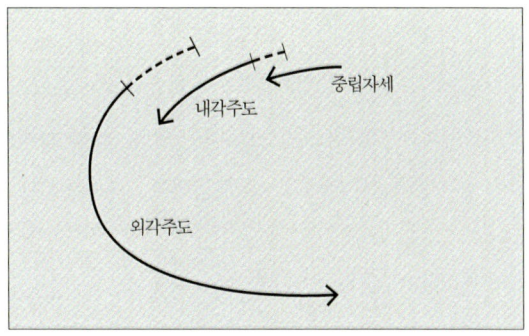

〈내츄럴한 회전의 구성〉

〈중립자세〉

내츄럴 스키테크닉에 대해서 자세하게 알아보기 위해서는 우선 내츄럴한 회전이 어떻게 구성되는지를 생각해봐야 한다. 기존의 회전은 스키의 엣지를 셋팅하는 시작구간이 있고, 스키에 하중을 가하는 중간구간과 엣징을 마무리하는 후반구간이 있고, 다음 회전으로 진입하는 중립구간의 네부분으로 나눌 수 있다.

그러므로 여기에 맞춰 시작구간에서 스키에 하중을 빼주며 회전각을 만들고 엣지를 셋팅하며, 중간구간에서 스키에 하중을 가하면서 선회조작(피봇팅)을 하여 스키를 회전시키고, 후반구간에서는 하중을 줄이며 엣지를 풀면서 회전을 마무리하고, 중립구간에서 다음 회전을 위한 준비를 하게 된다.

첫번째로 중립자세는 스키의 회전을 시작하기 위해시 슬로프에 대해서 옆쪽으로 자연스럽고 릴렉스하게 선 자세를 말한다. 만약 플루그 스탠스의 중립자세로 서 있다면 신체의 무게는 중력에 의해서 자연스럽게 계곡쪽 스키에 하중으로서 가해지게 되고, 계곡쪽 스키의 엣지각도는 스키어의 낙하를 막는 버팀목의 역할을 하게 된다. 이러한 중립자세에서 스키와 신체의 낙하운동을 만들어내기 위해서는 계곡쪽 스키의 엣지를 풀어주는 페이스컨트롤이 필요하게 된다.

〈내각주도〉 〈외각주동〉

두번째로 내각주도의 국면에 대해서 알아보자. 중립자세로 선 상태에서 회전의 안쪽다리를 구부리면서 스키엣지를 서서히 풀어주기 시작하면, 낙하를 막던 버팀목이 약해지면서 스키와 신체가 서서히 낙하를 시작하게 된다. 이때 보다 원활한 회전을 위해서는 하체전체를 회전방향으로 가볍게 돌리는 것이 필요한데 이를 외선(外旋)조작이라고 하며, 또한 하체를 구부리며 엣지를 풀어주는 조작을 외반(外反)조작이라고 한다.

이렇게 회전의 안쪽이 선행하여 움직이며 회전을 만들어내는 것을 내각주도라고 하는데, 내각주도가 일어나게 되면 무게중심이 이동하면서 계곡쪽 스키에 작용하던 하중이 회전을 만들어내는 계기가 되며, 안쪽스키가 계곡쪽으로 미끄러지며 회전을 시작하게 된다. 이때 바깥쪽 다리를 펴주며 적절한 하중을 실어주면서 안쪽다리의 움직임을 보조하게 된다.

세번째로 외각주동의 국면을 알아보면, 이것은 내각주도에 의해서 생겨난 회전이 마무리되는 중후반부에서 주로 발생하게 된다. 이때는 회전에 의해서 발생하는 큰 외력에 버티며 실제로 회전을 마무리하는 단계라 할 수 있다.

외각주동의 국면은 회전의 성격에 따라서 시작하는 타이밍이 다르게 되는데, 스피드가 느린 스키딩 회전에서는 다소 늦게 일어나고, 스피드가 빠른 카빙 회전에서는 내각주도가 된 후에 즉시 외각주동이 만들어지게 된다. 외각주동에서는 신체축이 기울어지며 스키의 엣지각도가 커지게 되고, 원심력과 저항력에 버틸 수 있는 근력을 사용하는 것은 물론이고, 안쪽스키의 움직임에 맞게 바깥스키를 돌릴 수 있도록 골반을 회전방향으로 회전시키는 동작이 필요하게 된다.

내츄럴한 회전에서 내각주도가 중요한가 혹은 외각주동이 중요한가 하는 것이 따지기 보다는, 이 두개가 서로 협력하고 보완한다는 것을 알아두어야 한다. 그러므로 내츄럴 스키테크닉은 안쪽다리와 바깥다리를 모두 이용하는 양각기술(兩脚技術)이라고도 할 수 있다.

NATURAL SKI TECHNIQUE

Lesson 06

내츄럴 패러렐턴
Natural Parallel Turn

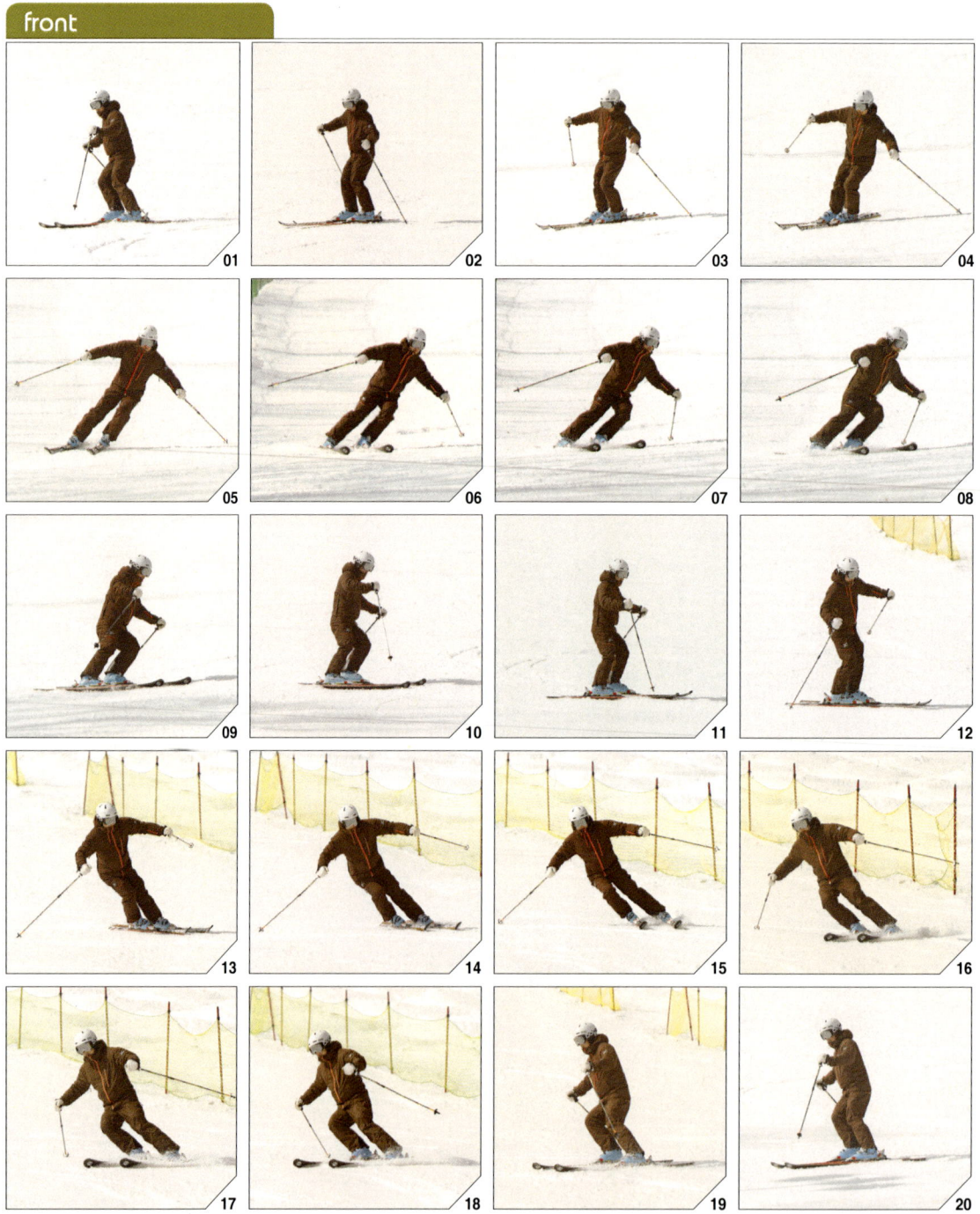

내츄럴한 플루그턴에서 보다 적극적으로 안쪽발을 사용하는 것이 익숙해졌다면, 이제는 양발을 패러렐로 유지하며 보다 과감하게 신체축과 중심이동을 사용하여 낙하력의 활용도가 높은 패러렐턴에 도전해보자.

패러렐턴은 회전의 전반부터 후반까지 일관성 있게 양스키가 패러렐 스탠스를 유지하고 양다리가 평행한 형태로 움직여야 하는데, 이를 위해서는 특히 회전 전반부에 안쪽다리를 잘 움직여서 안쪽스키의 아웃엣지를 활용하여, 부드럽지만 과감한 신체축의 변화와 중심의 이동이 동시에 이루어져야 한다.

이때 자연스럽게 회전을 시작하기 위해서는 상체의 방향을 다음 계곡쪽으로 미리 향해주어야 하는데, 신체축의 변화 및 무게중심의 이동과 더불어 상체의 방향을 돌려주는 내향경자세를 만드는 것은 복잡한 신체동작들이 동시에 이루어져야 하므로, 많은 연습과 노력이 있어야만 능숙하게 내츄럴 패러렐턴을 구사할 수 있다.

또한 신체가 움직임에 따라서 스키도 함께 회전하여야 하는데, 기본적으로는 탑과 테일이 동시에 움직이는 탑테일 슬라이드의 형태로 움직이지만, 내츄럴한 회전에서는 두개의 신체축을 따라서 양스키가 각자 다른 회전반경으로 돌아가게 되므로, 안쪽스키는 작은 원을 그리며 중심을 이동시키기 위해 스키탑의 움직임이 많아지는 반면에, 바깥스키는 큰 원을 그리며 회전을 안정시키기 위해서 스키테일의 움직임이 커지게 된다.

내츄럴한 패러렐턴부터는 폴체킹이 도입되는데, 기존기술의 폴체킹처럼 앞뒤로 폴을 많이 휘두르면서 폴체킹을 하는 것이 아니라, 폴끝을 설면에 끌듯이 가볍게 찍어주며 신체가 기울어지는 것을 느끼는 척도로서 활용하게 된다. 그리고 기존의 패러렐턴에 비해서 중심이동의 범위가 커지게 되므로 양팔을 넓게 유지하고 폴도 함께 넓혀서, 마치 외줄타기를 할 때 장대로 균형을 잡듯 신체의 밸런스를 잘 유지하는데 도움을 주도록 한다.

기존기술과 마찬가지로 내츄럴 스키테크닉의 패러렐턴도 앞으로 배울 카빙턴이나 숏턴, 모글기술 등으로 가지를 쳐 나가기 위한 줄기를 이루는 기술이라고 할 수 있다. 그러므로 여러가지 사면과 스피드와 설질에서 다양한 형태로 연습해서 자신이 가진 기술의 폭을 넓히는 교두보로 삼도록 한다. 또한 패러렐턴은 탑테일 슬라이드를 사용하므로 카빙턴에 비해서 정확한 밸런스와 섬세한 조작이 요구되고 다양한 회전에 맞는 적극적인 전후운동이 필요하게 된다. 그러므로 매일 스키를 탈 때 첫번째 런은 여유를 가지고 패러렐턴을 시도하면서 그날의 설질에 맞는 정확한 밸런스와 확실한 신체동작과 정확한 스키조작의 감각을 느끼는 도구로서 활용해보자.

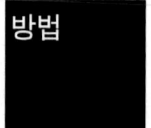

방법

어느 정도 경사가 있는 중급 이상의 슬로프를 선택하여 중립자세를 유지하며 출발한다.

계곡쪽 다리를 굽히며 신체축을 기울여 무게중심을 계곡쪽으로 떨어뜨리기 시작한다. 이때 폴끝을 가볍게 설면에 끌듯이 찍어주어 신체와 설면과의 거리감과 신체축의 기울어짐을 느끼고, 상체를 회전방향으로 천천히 돌려주며 스키의 회전을 이끌어낸다.

이때 신체의 무게중심이 스키의 대각선 앞쪽으로 이동되어 전경자세가 만들어져야, 스키의 테일이 가벼워지면서 회전의 바깥쪽으로 쉽게 슬라이드되어 편하게 회전을 시작할 수 있다.

회전 전반부에 안쪽으로 이동하기 시작한 신체축은 스키가 폴라인을 향한 회전 중반부에 이르러 최대로 기울어지고, 회전 전반부에 회전안쪽으로 선행되었던 상체의 방향도 스키의 방향과 일치되며 정향(正向)자세로 되돌아오게 된다.

회전 후반부에는 기울어졌던 신체축을 다시 일으켜서 중립자세로 되돌아오며 다음 회전을 준비하여, 스키가 지나치게 산쪽으로 거슬러 올라가서 생길 수 있는 낙하력의 손실을 줄이도록 한다. 또한 상체의 방향도 자연스럽게 계곡쪽으로 미리 향하여 스키가 과도하게 산위로 말려 올라가는 것을 방지한다.

그리고 전반부에 전경을 유지하던 신체포지션도 중후반부를 거치면서 자연스럽게 발뒤꿈치까지 되돌아오게 되는데, 기존기술에 비해서 인위적인 가속조작을 덜 사용하는 만큼 스키를 앞으로 미끄러뜨리며 밀어내는 발목조작 등은 많이 사용하지 않게 된다.

회전이 끝나면 양다리의 길이가 같아지며 다시 중립자세로 되돌아가고, 다시 안쪽다리를 굽히면서 무게중심과 신체축을 이동시키며 다음 회전에 들어가는데, 특히 안쪽다리의 아웃엣지를 잘 풀어야 회전을 원만하게 시작할 수 있다.

체크 포인트

1. 계곡쪽 스키의 아웃엣지를 설면에 붙이며 회전을 시작한다.

계곡쪽 스키의 아웃엣지를 설면에 붙이면 회전을 시작한다.

기존 기술과 마찬가지로 내츄럴 스키테크닉의 패러렐턴부터는 안쪽발과 바깥발이 동시에 움직이는 싱크로율이 높아져야 하고, 또한 회전 전반부터 패러렐 스탠스를 정확하게 유지하기 위해서는 회전 안쪽스키의 중요성이 더욱 높아지게 된다.

패러렐턴은 양스키가 패러렐 스탠스를 유지하는 것은 물론이고 양다리의 각도도 서로 평행해야 하므로, 회전 전반부터 안쪽스키의 엣지를 적극적으로 움직이는 조작이 필요하게 된다.

즉, 회전을 시작할 때부터 안쪽다리를 많이 굽히며 중심을 크게 이동시켜서 안쪽스키의 인엣지에서 아웃엣지로 확실하게 엣지교환을 하며 회전에 들어가야 한다.

이때 안쪽스키의 아웃엣지를 설면에 붙이며 적극적인 엣지해방과 중심이동을 동시에 실시해야 하는데, 패러렐턴을 구사하는 사면은 대부분 중급사면 이상이므로, 안쪽다리를 굽히며 아웃엣지를 풀면서 설면에 붙여주는 동작으로도 신체축이 크게 안쪽으로 기울게 되고, 결과적으로 회전전반부터 낙하력이 큰 패러렐턴을 할 수 있게 된다.

이렇게 안쪽스키의 면을 컨트롤하며 보다 능동적으로 아웃엣지를 사용하기 위해서는, 안쪽다리의 발목, 무릎, 고관절을 구부리며 회전안쪽으로 눕혀주는 조작이 필요한데, 이를 신체의 바깥쪽(회전의 안쪽)으로 다리를 눕혀준다는 뜻의 외반(外反)조작이라고 한다.

외반조작을 잘 사용하여 안쪽스키 조작의 숙련도가 높아지면, 회전 전반부에 안쪽스키의 탑이 계곡쪽으로 원활하게 낙하하면서 회전을 쉽게 시작할 수 있고, 또한 경사가 급한 사면에서도 밸런스를 유지할 수 있는 능력이 향상되어, 고속은 물론이고 저속에서도 보다 큰 낙하력을 이끌어낼 수 있어서 회전의 효율성이 높아진다.

패러렐턴부터는 스키어가 활주하는 슬로프의 경사도 급해지고, 양스키를 동시에 조작하며 낙하력을 극대화하기 위해서는 보다 적극적인 중심이동이 요구된다.

즉, 플루그보겐이나 플루그턴에서는 중심의 위치가 안쪽스키의 근처까지만 이동하였지만, 패러렐턴부터는 보다 중심이동을 크게 하여 신체의 무게중심이 안쪽스키보다 회전안쪽으로 더 많이 이동할 수 있어야, 양스키의 패러렐 스탠스와 신체의 패러렐 포지션이 정확하게 만들어지며 중력을 최대한 활용하는 효율성 있는 회전을 할 수 있다.

특히, 회전의 전반부에 큰 중심이동을 실시하고, 반대로 회전의 후반부에는 일찍부터 신체중심을 가운데로 되돌렸다가 다시 다음 회전방향으로 미리 움직여주어야 지속적으로 낙하력을 이용하며 경제적인 스킹이 가능하다.

이렇게 회전 전반부터 큰 중심이동을 수행하기 위해서는, 기술적인 완성도와 뛰어난 밸런스능력은 물론이고 경사 아래쪽으로 신체를 적극적으로 던질 수 있는 과감한 도전정신이 필요하게 된다.

2. 중심을 회전의 안쪽으로 적극적으로 이동시킨다.

중심을 회전의 안쪽으로 적극적으로 이동시킨다.

3. 바깥스키의 인엣지를 미끄러뜨리며 회전을 컨트롤한다.

내츄럴한 패러렐턴에서 회전 전반부에 안쪽다리를 많이 구부리며 큰 중심이동을 하는 것만큼 중요한 것이 바로 바깥다리를 사용하여 회전의 안정성을 추구하는 것이다.

패러렐턴부터는 경사가 급해지고 중심이동이 커지기 때문에 상대적으로 바깥스키의 그립력이 부족하여 밸런스를 잃을 가능성이 커지게 마련인데, 안쪽다리를 구부리고 신체축을 기울여 신체중심을 이동시키는 만큼 바깥다리를 펴면서 하중을 걸어주어, 바깥스키의 인엣지로 설면을 잡아주며 안정되게 회전을 컨트롤하여야 한다.

바깥스키의 인엣지를 미끄러뜨리며 회전을 컨트롤한다.

이때 바깥스키는 하중이 부족하여 설면 위에서 그립력이 약한 상태로 스키어의 의지와 상관없이 헛도는 슬립(Slip)의 이미지가 아니라, 어디까지나 적절한 하중을 받아서 충분한 설면그립을 확보한 상태로 스키어의 의도에 맞춰서 설면 위를 부드럽게 미끄러지는 스키딩(Skidding)의 이미지가 필요하게 된다.

특히 바깥스키로 안정감 있게 회전을 컨트롤하기 위해서는, 바깥스키의 인엣지가 하중이 적절하게 전달된 상태에서 테일쪽이 많이 움직이며 회전방향으로 스키가 돌아가는 테일슬라이드 형태의 조작이 필요하게 되는데, 기존 기술의 기초적인 테일슬라이드보다는 훨씬 더 하중과 그립력이 향상된 수준 높은 테일슬라이드 기술이 요구된다. 또한 보다 정확하게 말하면 100% 테일만이 움직이기보다는 테일의 움직임에 맞도록 스키탑도 함께 움직이는 수준 높은 탑테일 슬라이드성 테일슬라이드가 요구된다.

4. 부드러운 엣징을 사용하며 회전을 시작한다.

부드러운 엣징을 사용하며 회전을 시작한다.

내츄럴 스키테크닉의 패러렐턴에서는 신체를 계곡방향으로 던지듯 기울이며 회전을 시작하기 때문에, 기존의 패러렐턴에 비해서 안정성이 떨어지며 난이도가 높아질 수 있다. 그러므로 내츄럴한 패러렐턴의 관건은 신체의 낙하를 이용하여 중력을 최대한 활용하되, 이것에 비례하여 밸런스를 최대한 유지하며 안정감 있게 회전하는 것이라 할 수 있다.

이를 위해서는 회전 전반부에 신체축을 기울이며 중심이동을 실시할 때, 밸런스를 잃지 않는 범위 안에서 최대한 급하지 않게 천천히 몸을 움직이는 것이 필요하다. 또한 회전을 시작할 때도 한 번에 많은 양의 하중을 가하며 급격하고 딱딱한 엣징을 사용하는 것 아니라, 중심이동에 의해 안쪽스키의 탑이 계곡방향으로 낙하하는 것에 맞춰서 부드럽고 여유로운 엣징을 사용하는 것이 좋다.

이때 안쪽스키는 탑이 어느 정도 계곡방향으로 떨어지면서 동시에 테일이 회전 바깥쪽으로 움직이는 탑테일 슬라이드 성향으로 회전하고, 바깥스키는 탑의 움직임은 적은 상태에서 테일이 회전 바깥쪽으로 많이 움직이는 테일 슬라이드 성향이 큰 상태로 회전을 시작해야 두개의 신체축이 컴파스처럼 원활하게 회전한다.

5. 상체의 방향을 계곡쪽으로 향하며 회전을 시작한다.

상체의 방향을 계곡쪽으로 향하며 회전을 시작한다.

내츄럴 스키테크닉에서는 회전을 시작할 때 골반을 중심으로 신체를 다음 회전 방향으로 돌리게 되는데, 특히 플루그보겐이나 플루그턴보다 신체의 낙하가 큰 패러렐턴에서는 스키의 진행방향과 신체의 낙하방향이 크게 어긋나며 회전을 시작하게 된다.

즉, 패러렐턴은 플루그보겐보다 활주 스피드가 빠르기 때문에 신체가 낙하하는 동안에도 스키는 직진을 유지하려는 관성이 크게 마련인데, 이 관성을 이기면서 스키의 회전을 이끌어내기 위해서는 신체중심의 낙하방향과 신체축의 회전방향으로 조절하여 스키의 진행방향을 컨트롤해야 한다.

그러므로 패러렐턴에서는 신체축을 얼마만큼 기울여서 낙하력을 만들것인가도 중요하지만, 신체중심을 어느 방향으로 움직이고 신체축을 얼마만큼 돌려주어 스키의 회전력을 어느 정도 이끌어낼 것인가도 중요한 과제이다.

일단 신체중심을 이동하는 것은 외력에 맞추어 밸런스를 잃지 않도록 적절한 양으로 움직이는 것이 필요한데, 중심이 낙하하는 방향은 스피드가 느리거나 얕은 회전호의 경우는 옆에서 옆으로 곧바로 기울이는 이미지를 가져야 하며, 반대로 스피드가 빠르거나 깊은 회전호의 경우에는 스키의 탑방향으로 비스듬하게 몸을 기울이는 것이 좋다.

또한 신체축의 회전방향에 대해서는 스피드가 느리거나 깊은 회전호에 대해서는 상체의 회전방향을 크게 계곡쪽으로 돌려서 적극적으로 스키의 회전을 이끌어내고, 반대로 스피드가 빠르거나 얕은 회전호의 경우는 다소 소극적으로 상체를 돌려서 스키의 진행방향과 크게 어긋나지 않도록 유지하는 것이 좋다.

이렇게 신체중심을 기울이는 내경자세과 신체방향을 돌려주는 내향자세가 합쳐지면 바로 내향경자세가 만들어지게 되는데, 이러한 내향경자세를 언제 어떻게 얼마만큼 만들어주는가에 따라서 패러렐턴의 성질이 크게 달라지게 되므로, 다양한 자세로 연습하여 내츄럴한 스킹의 기본기를 확실하게 다지도록 한다.

6. 안쪽다리로 양스키의 고저차를 조절한다.

내츄럴한 패러렐턴부터는 슬로프의 경사도 급해지고 신체축의 기울기도 커지게 되어 양스키의 고저차(高低差)도 늘어나게 된다. 그러므로 신체축과 무게중심의 이동에 맞춰서 양스키의 고저차를 잘 조절해야만 완성도 높은 회전을 할 수 있다.

안쪽다리로 양스키의 고저차를 조절한다.

하게 된다.

다음 회전을 미리 의식하며 회전을 마무리한다.

이렇게 고저차를 조절할 때는 주로 회전의 안쪽다리를 굽히거나 펴면서, 신체축을 회전의 안쪽으로 기울이거나 혹은 기울어진 신체축을 다음 회전방향으로 되돌리게 된다. 즉 회전을 시작하는 전반부에서는 회전의 안쪽다리를 구부리면서 신체축과 무게중심을 계곡쪽으로 이동시키게 되고, 회전을 마무리하는 후반부에서는 회전의 안쪽다리를 펴면서 신체축과 무게중심을 중립으로 되돌리며 다음 회선을 미리 준비해야 한다.

이렇게 고저차는 주로 안쪽다리를 사용하여 조절하지만, 스피드가 빨라지고 회전호가 깊어지는 경우에는 안쪽다리의 움직임에 맞도록 바깥다리도 함께 굽히거나 펴면서, 보다 재빠르고 적극적으로 고저차를 조절하는 것이 좋다.

7. 다음 회전을 미리 의식하며 회전을 마무리한다.

패러렐턴부터는 경사와 스피드가 증가하는 만큼 낙하력과 회전력도 커지게 되어, 원하는 회전에 따라서 다양한 컨트롤이 필요

즉, 깊게 회전을 마무리하여 회전력이 큰 컨트롤성 회전을 할 것인가, 혹은 얕게 회전을 마무리하여 낙하력을 크게 이용하는 낙하성 회전을 할 것인가, 아니면 중간 정도로 회전을 마무리하여 회전력과 낙하력을 둘다 추구할 것인가에 따라서 다양한 컨트롤이 필요하게 된다.

이처럼 회전을 다양하게 컨트롤하기 위해서는, 회전 전반을 어떻게 시작하는 것도 중요하지만 주로 회전의 마무리를 어떻게 해야 하는지에 따라서 회전의 성질이 크게 좌우된다.

만약 컨트롤성이 뛰어난 깊은 회전을 하고 싶다면, 회전 전반부에 적극적인 중심이동과 신체축의 기울어짐을 만들고 회전 후반부에는 스키가 산쪽까지 충분히 말려 올라가도록 오랜 시간동안 신체축의 기울임을 유지해야 한다. 반대로 낙하력이 좋은 얕은 회전을 하고 싶다면, 회전 전반부에 중심이동과 신체축의 기울임을 줄이고 회전 후반부에도 스키가 다음 회전방향으로 일찍 떨어지도록 재빠르게 신체축을 원래대로 되돌려야 한다.

이렇게 패러렐턴에서 다양한 회전을 만들어내는 것은 앞으로 전개될 카빙턴이나 숏턴, 모글에서 다양한 테크닉을 구사하는 기술폭을 늘리는데 중요하므로, 여러 가지 회전호를 시도하며 연습해두는 것이 좋다. 또한 다양한 회전호의 패러렐턴을 구사하기 위해서는 중심의 전후운동이나 골반의 회전 등도 중요하므로, 패러렐턴이야말로 내츄럴 스키테크닉을 완성하기 위한 기술의 줄기라고 할 수 있다.

8. 폴을 설면의 상태를 느끼는 센서처럼 활용한다.

폴을 설면의 상태를 느끼는 센서처럼 활용한다.

기존의 스키기술에서는 폴체킹이 밸런스를 잡아주거나, 회전의 리듬을 맞추거나, 상하체를 연동시켜주는 역할 등을 하였는데, 내츄럴 스키테크닉에서는 위의 역할 외에도 스키어가 설면을 느끼는 센서의 역할도 담당하게 된다.

기존기술에서는 주로 업다운을 활용하여 2박자 리듬의 회전을 주로 하였고, 여기에 맞춰서 폴도 앞으로 내밀었다가 다시 되돌리면서 설면에 찍어서 밸런스와 리듬을 맞추는 역할을 주로 하였다.

하지만 내츄럴한 회전에서는 신체를 옆에서 바로 옆으로 이동시키는 1박자 리듬의 회전을 주로 하고, 여기에 맞춰서 폴도 앞으로 내밀었다가 되돌리면 찍어주기 보다는 바로 설면에 대면서 터치하는 느낌으로 폴체킹을 행하게 된다.

이렇게 폴체킹을 하면 동작자체가 심플해지고 기존처럼 지팡이의 역할보다는, 양팔의 연장으로서 마치 더듬이처럼 설면에 닿아서 신체가 기울어지는 정도를 느끼는 센서의 역할이 커지게 된다.

그러므로 기존처럼 폴을 잡을 때 뒤로 많이 기울여서 잡거나, 또는 앞으로 많이 내밀었다가 다시 되돌리며 설면에 찍어주는 것이 아니라, 폴을 잡을 때도 많이 기울어지지 않게 유지하고, 폴을 찍을 때도 폴끝을 조금만 앞으로 내밀어서 설면에 가볍게 닿도록 터치하는 이미지로 폴체킹을 하는 것이 좋다.

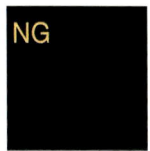

1. 신체를 무리하게 기울이는 경우

회전 전반에 신체를 무리하게 기울여서 신체축이 무너지지 않도록 주의한다

내츄럴한 스킹을 할 때 일반 스키어들이 범하는 가장 큰 오류가 바로 회전 안쪽으로 무리하게 기울이는 것이다. 물론 내츄럴한 스킹을 위해서는 신체의 무게중심을 회전의 안쪽으로 움직이는 것이 필수적인 동작이지만, 상황에 맞지 않는 무리한 중심이동은 안쪽발에 지나치게 하중이 실리고 바깥발의 하중이 부족하게 되는 큰 원인이 되므로 주의해야 한다.

또한 무리한 신체의 기울어짐은 신체축을 무너뜨리는 것은 물론이고, 지나치게 스키가 빨리 회전하여 낙하력이 발생하는 회전 전반부가 짧아지고, 낙하력이 손실되는 회전 후반부가 길어질 수 있다.

그리고 회전 전반부에서 안쪽발에 불필요하게 하중이 많이 실리게 되면, 회전 후반부에도 바깥발에 하중이 부족하기 쉬워져서 스키의 그립력이 상실되고 신체의 밸런스를 잃게 된다. 또한 회전 후반부에 바깥발에 하중이 부족하면 다음 회전에 진입할 때 신체축과 무게중심을 이동시키는 타이밍이 늦어져서 또다시 급격하고 무리한 신체축과 중심이동을 해야 하는 악순환을 겪게 된다.

그러므로 신체축과 중심이동을 할 때는 자신이 원하는 회전호의 깊이와 슬로프의 경사와 스키의 스피드 등에 맞춰서 부드럽고 여유롭게 필요한 만큼만 적절하게 진행하는 것이 꼭 필요하다.

2. 신체를 지나치게 돌리는 경우

회전 전반에 신체를 무리하게 돌려서 낙하력이 손실되지 않도록 주의한다

신체를 지나치게 기울이는 것과 더불어서 많이 나오는 실수 중 하나가 바로 신체를 과도하게 돌리며 회전을 하는 것인데, 이는 기술적으로 미숙할 때는 물론이고 슬로프 경사에 대한 두려움이 앞설 때 자주 나타나는 현상이다.

즉 회전 전반부에 낙하력을 충분하게 이끌어내기 위해서는 신체의 축과 중심을 계곡쪽으로 떨어뜨릴 때, 어느 정도 여유를 가지고 회전 전반부를 길게 끌어주는 것이 필요하다. 하지만 회전 전반부는 경사에 거꾸로 서게 되는 구간이므로, 슬로프가 급해지거나 스피드가 빨라지면 넘어질까 하는 두려움이 앞서게 되어, 빨리 신체가 경사에 바로 서는 회전 후반부로 진입하려는 본능이 발동하게 된다. 이러한 본능은 과도하게 신체를 돌려서 급격하게 스키를 회전시키는 큰 원인이 된다.

이렇게 되면 회전 전반부가 짧아져서 충분한 낙하력이 발생하지 않는 것은 물론이고, 스키가 불필요하게 스키딩이 생기면서 그 립력과 활주력이 줄어들기 마련이다. 또한 회전 중반이후에는 신체의 방향이 어느 정도 다음 회전방향으로 미리 향해줘야 다음 회전의 낙하력을 미리 확보할 수 있다. 하지만 회전전반에 상체가 지나치게 돌아가면 관성에 의해서 회전후반에도 상체가 계속 돌아가서 결과적으로 스키가 과도하게 산 위쪽으로 말려 올라가서 낙하력이 크게 손실되는 원인이 된다.

그러므로 회전 전반부에 골반을 돌리면서 상체의 방향을 회전 안쪽으로 향해줄 때는 천천히 여유롭게 필요한 만큼만 돌려주어, 스키가 최대한 긴 시간동안 계곡쪽으로 낙하하도록 경사에 대한 공포심을 이기며 스키에 대한 믿음을 가지고 기다릴 줄 알아야 한다.

3. 회전 마지막까지 안쪽으로 기울이는 경우

기존의 스키기술도 마찬가지겠지만 내츄럴한 스킹에서도 회전의 시작만큼 중요한 것이 바로 회전의 마무리이다. 특히 낙하력을 중시하는 내츄럴한 스킹에서는 하나의 회전을 마치고 다음 회전에 들어가는 것을 얼마나 잘 하느냐에 따라서 회전의 효율성과 경제성이 결정된다고도 볼 수 있다.

회전 후반부에는 미리 다음 회전을 준비해야 한다

하지만 많은 스키어들이 지나치게 신체의 기울임을 의식하여 회전 마지막까지 내경각을 너무 오래 유지하는 경향이 있는 것이 현실이다. 이렇게 회전의 후반부까지 과도하게 기울기를 유지하는 이유는 두가지가 있는데, 하나는 스키어 스스로가 깊은 내경각에 집착하는 경우이고 또 하나는 회전 전반에 과도한 신체를 사용하여 바깥스키가 성확하게 회진을 못하고 급하게 밀려서 돌아가는 경우이다.

첫번째 경우는 스키어가 회전에 대한 생각을 조금 수정할 필요가 있는데, 하나의 회전을 C자형으로 생각하여 전반부터 후반까지를 나누는 것이 아니라, S자형으로 생각하여 중반부터 다음 회전의 중반까지를 나누어 생각하는 것이 좋다. 또한 회전의 후반부는 어디까지나 다음 회전을 위한 준비구간이라는 생각을 가지고, 회전의 후반에 접어들었을 때 바로 다음 회전을 고려하는 것이 필요하다. 그러므로 회전 후반에 들어서면 지나치게 몸을 오랫동안 기울이고 있는 것이 아니라, 서서히 신체의 축과 중심을 되돌리며 중립자세로 되돌아갈 준비를 미리 하여야 한다.

두번째 경우는 회전의 안정성에 영향을 미치는 중요한 사안인데, 흔히 말하는 안쪽발의 과다사용이라고 할 수 있다. 이 경우에는 회전 후반에 스키의 낙하력이 손실되는 것은 물론이고 그립력을 상실하여 중심을 잃거나 넘어지는 경우도 있게 되므로 주의해야 한다. 그러므로 앞선 (1)과 (2)에서 설명하였듯이 회전 전반부에 적절하게 신체축과 무게중심의 이동을 만들고, 회전 후반부에는 바깥스키가 확실하게 회전을 마무리해야, 다음 회전에 들어갈 때도 낙하력과 활주력이 유지되며 경제성 있는 스킹이 가능하게 된다.

첫번째로 기존의 내력을 많이 사용하는 스키기술은 단단한 자루를 가지고 있는 망치에 비교해 볼 수 있다. 이 망치의 가장 큰 장점은 강한 힘으로 물체를 내리칠 수 있고, 원하는 부위를 정확하게 맞출 수 있다는 점이다. 반면 단점은 강한 힘으로 내리치는 만큼 망치를 잡은 손에도 많은 충격이 가해지는 것이다.

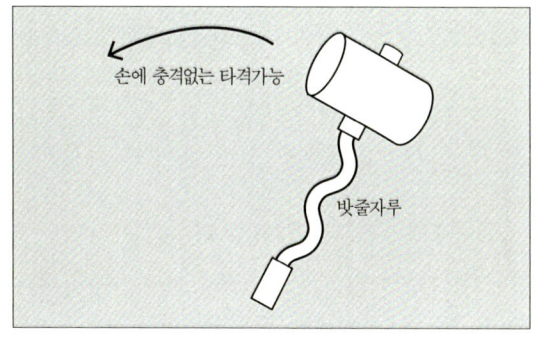

〈외력의존형 스키기술의 망치 이미지〉

플러스 알파

1. 기존기술 vs. 내츄럴 스킹의 이미지 비교

기존기술과 내츄럴 스킹의 이미지는 다양한 손잡이를 가진 망치들로 비교해 볼 수 있다. 그리고 이 망치들을 사용할 때 만들어지는 장단점을 비교하며 보다 깊게 내츄럴 스키테크닉을 이해하도록 해보자.

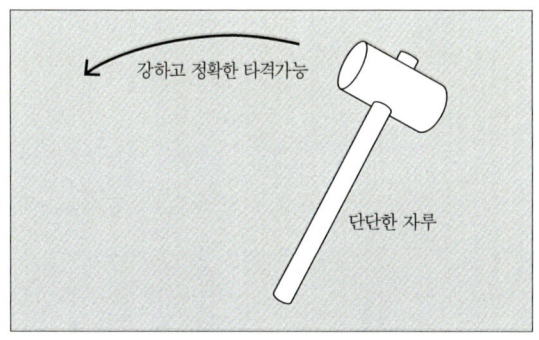

〈기존기술의 망치 이미지〉

두번째로 내력의 사용을 최소한으로 줄이고 외력만에 의존하는 스키기술은 단단한 자루대신 밧줄로 연결되어 있는 망치를 생각할 수 있는데, 이는 마치 고대의 쇠사슬 철퇴와 같은 형태가 될 것이다. 이 망치의 장점은 강한 힘으로 내리쳐도 손에 가해지는 충격은 거의 없다는 것이고, 적은 힘으로 큰 힘을 만들어낼 수 있다는 것이 될 것이다. 다만 손잡이와 망치머리가 밧줄로 연결된 만큼 정확한 부위를 강한 힘으로 타격하기에는 적합하지 않다.

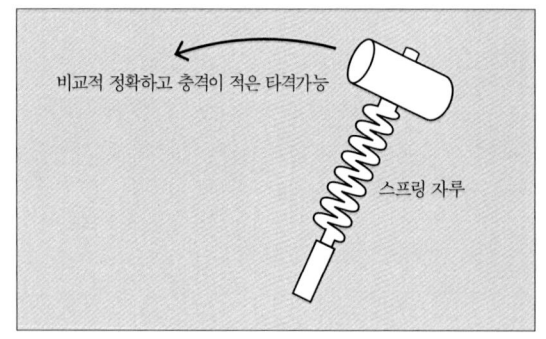

〈내츄럴한 스키기술의 망치 이미지〉

두번째로 외력에 지나치게 의존하는 경우는 철저하게 신체축을 이용하고 스키어의 내력보다는 원심력 등의 외력을 의존하여 스키에 하중을 가하게 되는데, 이때 내력의 사용이 최소화되고 외력의 사용이 최대화되어 가장 경제적인 기술이라고 할 수 있다. 하지만 지나치게 신체축을 사용하기 때문에 슬로프가 경사가 다양하게 변화하거나 악설상황 등에서는 신체의 안정감이 크게 떨어지게 된다. 또한 과도하게 신체축의 기울임과 중심이동을 사용하면 짧은 리듬의 재빠른 회전을 하기에는 부적합하게 된다.

마지막으로 외력과 내력을 적절하게 섞어서 사용하는 경우는 신체축과 신체각도 적당하게 함께 사용하므로, 신체에 가해지는 부담도 적고 스키의 성능도 충분히 이끌어낼 수 있는 장점이 있다. 또한 외력을 사용비율이 높기 때문에 근력소모가 적은 경제적인 기술이라 할 수 있고, 필요에 따라서는 내력도 적절하게 사용하기에 재빠른 회전에도 유리하며, 악설상황 등에서는 신체의 각도 함께 사용하므로 안정성도 확보되는 기술이라고 할 수 있다.

세번째로 내력과 외력을 적절하게 섞어 사용하는 내츄럴 스키테크닉은 자루에 탄성이 강한 스프링을 장치한 망치를 생각할 수 있는데, 이 스프링 망치를 이용하면 강한 힘으로 내리쳐도 손에 전달되는 충격이 크지 않고, 스프링의 탄성을 이용하면 적은 힘으로도 강한 타격이 가능하면서도 원하는 부위를 정확하게 타격할 수 있는 장점을 모두 살릴 수 있다.

다시 스키기술로 되돌아와서 우선 기존의 기술은 외력보다는 내력의 사용비율이 크고, 신체축보다는 신체각을 많이 사용하게 되는데, 장점으로는 신체의 각을 많이 사용하는 만큼 평탄한 사면은 물론이고 악설상황에서도 신체의 밸런스를 유지하기 쉽고, 스키를 적극적으로 컨트롤하는 만큼 짧은 리듬부터 큰 리듬은 물론이고 스키딩부터 카빙, 모글까지 다양한 기술을 정확하게 구사할 수 있다. 하지만 상하체가 꺾이는 경향이 커서 몸에 가해지는 부담이 크고, 신체가 고정되는 비율이 크기 때문에 스키의 성능을 충분히 뽑아내기가 어려운 단점이 있다.

NATURAL SKI TECHNIQUE

Lesson **07**

내츄럴 숏턴
Natural Shortturn

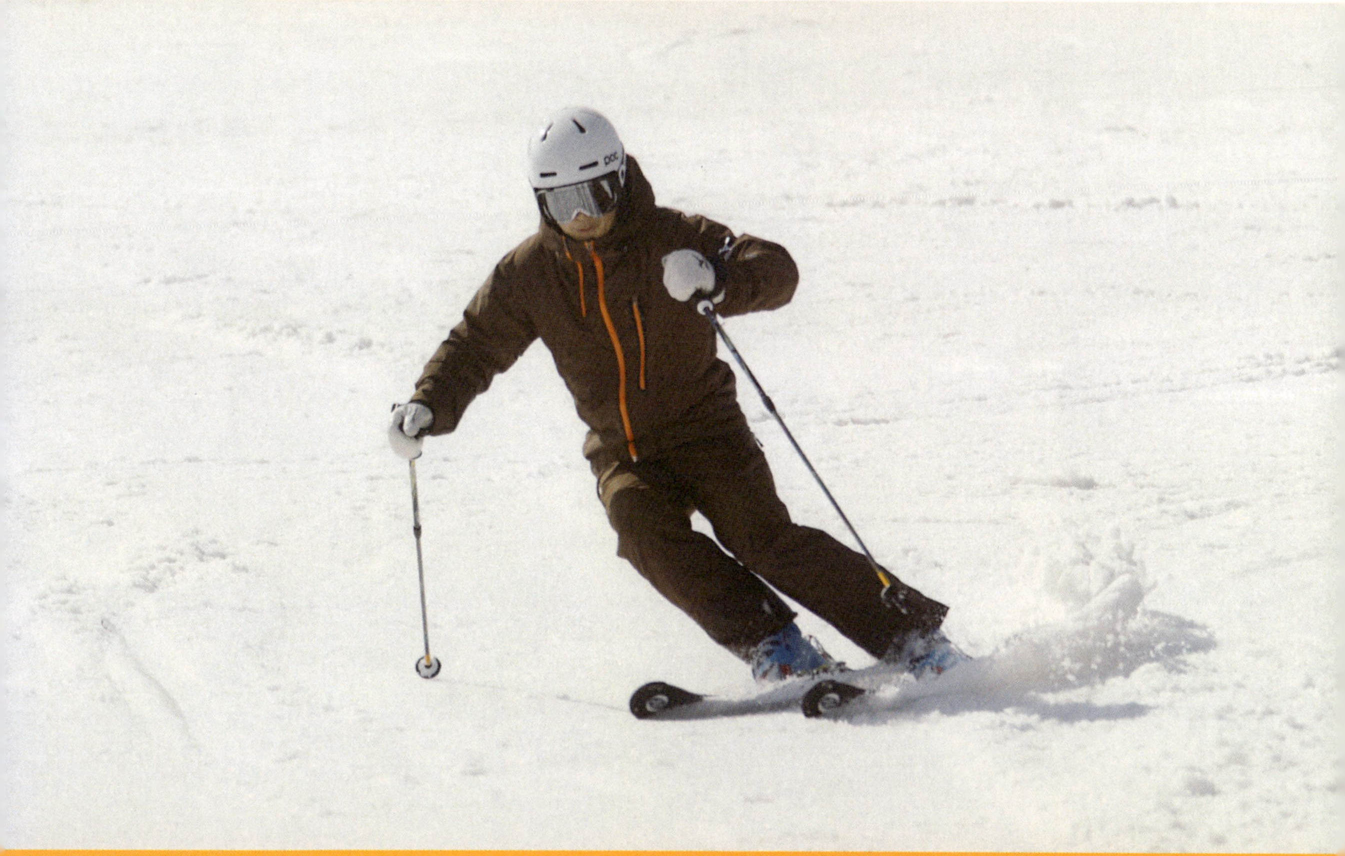

front

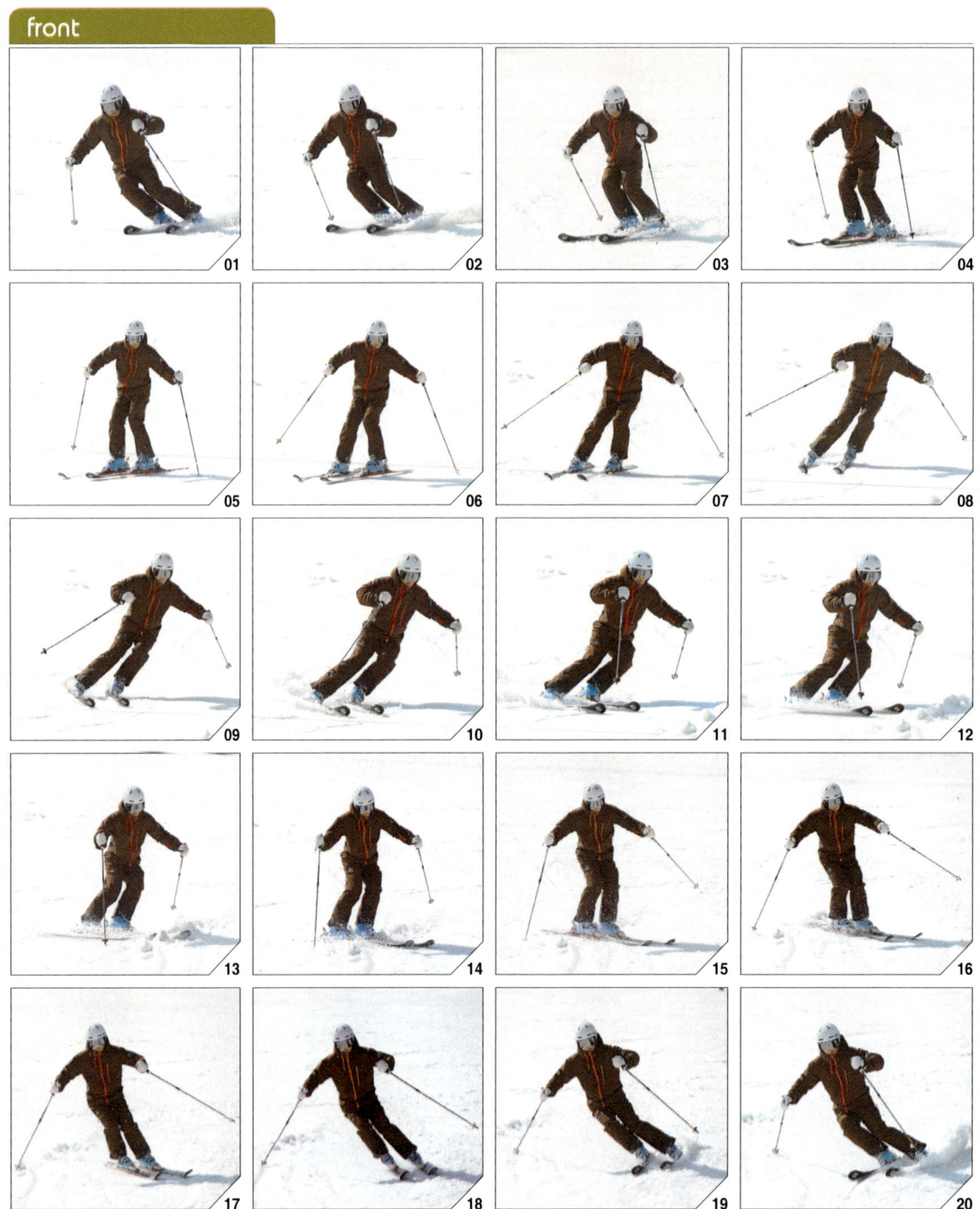

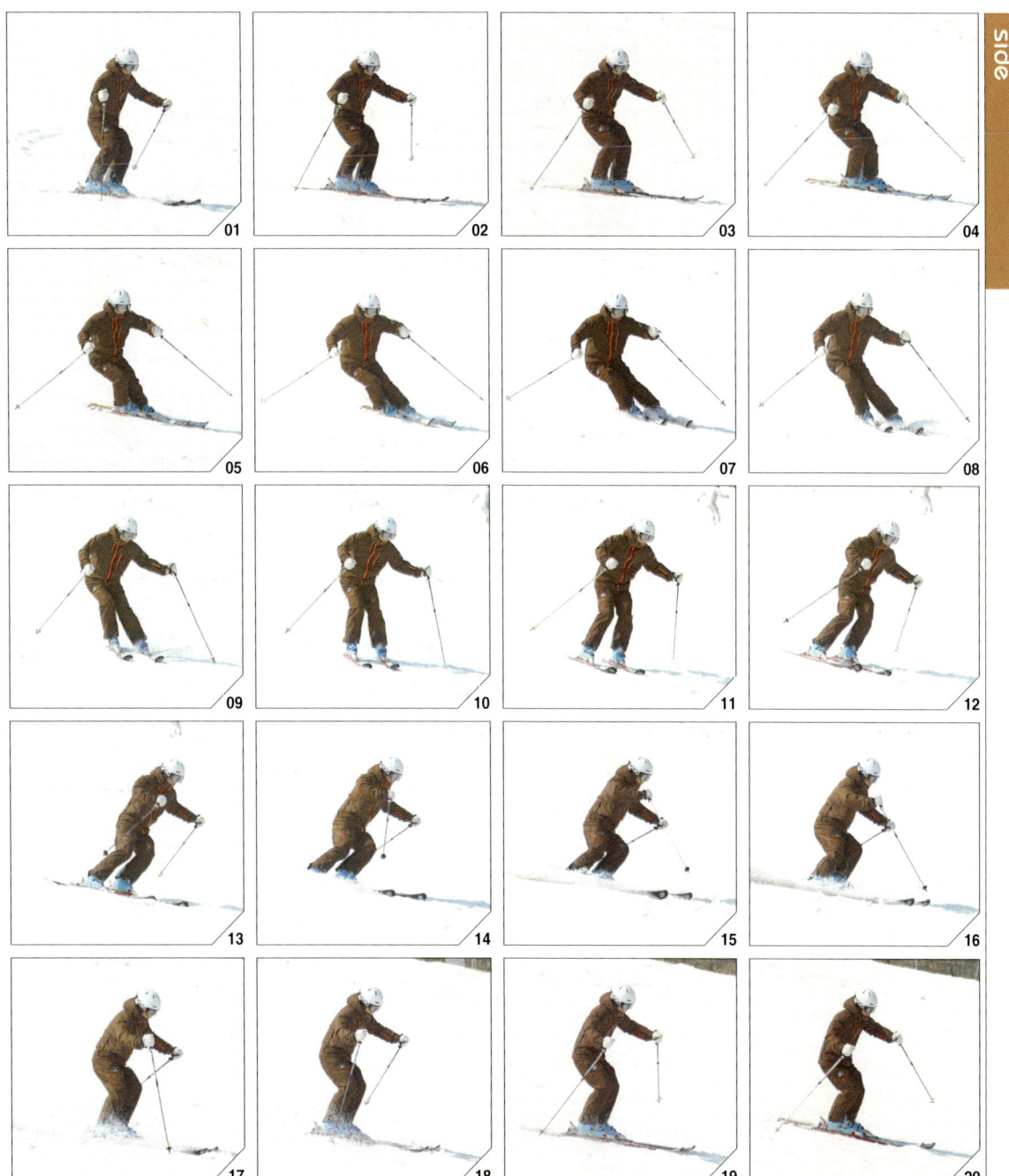

다양한 사면에서 양스키를 패러렐로 유지하면서 여러가지 회전호를 그리는 것이 익숙해졌다면 이제는 스키의 고급기술중 하나인 숏턴에 도전하여 보자.

기존의 숏턴에서는 상체를 폴라인 방향으로 고정시키고 하체만이 회전하므로, 상하체가 용수철처럼 꼬였다가 다시 풀어지는 복원력을 이용하여 비교적 쉽게 회전의 리듬을 만들어갈 수 있었지만, 내츄럴한 숏턴에서는 기본적으로 신체와 스키의 방향이 일치되는 비율이 높아져서 회전의 계기를 마련하는 것이 어렵게 된다.

그러므로 회전의 전반부에는 골반을 돌리면서 상체를 다음 회전방향으로 선행시켜 스키의 회전을 유도하는 동작이 중요하지만, 회전의 후반부에는 지나치게 상체를 회전방향으로 돌리기 보다는 어느 정도 상체를 폴라인 방향으로 고정시킨다는 이미지를 가지고, 적절한 카운터로테이션(Counter Rotation)을 만들어야 리드미컬한 내츄럴 숏턴을 할 수 있다.

또한 기존의 숏턴에서 업다운을 많이 활용하여 스키에 하중을 가했다가 빼는 상하운동의 비율이 컸다면, 내츄럴한 숏턴에서는 하중의 가감(加減)을 조금 줄인 상태에서 신체축의 기울어짐과 무게중심의 이동을 이용하여 지속적으로 낙하를 추구하는 좌우운동의 비율이 커지게 된다.

이렇게 좌우운동의 비율이 높아진 만큼 급사면 숏턴과 같은 깊은 회전에서는 스키를 회전을 이끌어내기가 어려워지는데, 이를 극복하기 위해서 일반적인 숏턴보다는 조금 전경의 비율을 높여서 스키의 테일을 미끄러뜨리며 회전을 시작하는 전후운동을 적극적으로 활용하는 것이 좋다.

즉, 스키를 원활하게 회전시키기 위해서는 두가지 기술이 필요한데, 첫번째로 부드러운 엣징을 사용하며 테일을 움직여주는 슬라이딩을 사용하거나, 두번째로 타이트한 엣징으로 회전을 할 경우에는 중심을 앞뒤로 이동시키는 전후운동을 사용해야 원하는 회전호를 그리기가 쉬워진다. 이 두가지 기술을 각각 따로 사용하는 것이 아니라 설질이나 사면, 스피드 그리고 회전의 목적에 따라서 적절하게 섞어서 사용하는 것이 좋다.

내츄럴한 숏턴에서도 폴체킹은 여전히 중요한 역할을 담당하게 되는데, 기존의 숏턴에서처럼 밸런스를 유지하고, 회전의 리듬을 맞춰주고, 중심이동을 돕는 역할 외에도, 내츄럴한 패러렐턴에서처럼 설면의 상황을 느끼는 센서의 역할과 신체축과 무게중심의 변화를 가늠할 수 있는 척도의 역할도 하게 된다. 또한 기존의 숏턴보다 회전호가 커진 만큼 조급하게 폴체킹을 준비하기 보다는 어느 정도 여유를 가지고 회전호에 맞도록 폴을 준비하였다가 가볍게 찍는 것이 필요하다.

내츄럴 스키테크닉은 하체를 이용한 직접적인 스키조작보다는 신체축과 무게중심의 신체동작을 이용한 간접적인 조작의 사용비율이 커지게 되어, 스키어가 적극적으로 스키를 회전시키기 보다는 신체의 움직임에 따라서 수동적으로 스키가 회전하도록 유도하는 것이 원칙이므로, 숏턴과 같이 재빠른 리듬의 회전을 하는 것이 불리한 면이 있다.

그러므로 기존 숏턴기술의 핵심인 상체의 고정과 스키를 돌려주는 조작 등을 적당하게 섞어서 사용하고, 몸이 안쪽으로 기울어지는 신체축과 바깥쪽으로 꺾이는 신체각을 적절한 비율로 사용하는 것이 다양하고 안정감 있고 폭 넓은 기술의 내츄럴한 숏턴을 만드는데 도움이 된다.

이렇게 내츄럴한 숏턴에서는 기존 숏턴기술의 요소가 합쳐지게 되어 신체축과 중심의 이동이 줄어들고 하체를 중심으로 한 스키의 움직임이 커지게 된다. 그러므로 패러렐턴에서는 스키를 중심으로 신체가 마치 오뚜기처럼 움직이는 이미지가 컸다면, 숏턴에서는 스키어의 머리를 중심으로 스키가 마치 시계추처럼 움직이는 느낌을 갖게 된다.

방법

어느 정도 경사가 있는 중급이상의 슬로프를 선택하여 폴라인 방향으로 출발한다.

내츄럴한 숏턴도 기존 숏턴과 마찬가지로 슬로프 경사에 대해서 기본자세를 수직으로 유지하는 것이 매우 중요하므로, 지나치게 몸이 앞뒤로 빠지는 것을 주의하고 중경자세를 유지하며 회전에 들어간다.

회전을 시작하기 위해서 안쪽다리를 가볍게 굽히면서 신체축과 무게중심을 계곡쪽으로 이동시키기 시작하고, 상체가 이동함에 따라서 하체를 회전의 바깥쪽으로 밀어내면서 스키의 회전을 이끌어내기 시작한다.

이때 상체의 방향은 폴라인에 대해 비스듬하게 사선방향을 향해서 스키가 낙하력을 받으며 충분한 시간동안 계곡돌기를 하도록 유지했다가, 스키가 회전함에 따라 자연스럽게 스키의 방향에 맞춰서 상하체의 비틀림 저항으로 생길 수 있는 스키의 활주력 감소를 줄이도록 한다.

회전의 전중반부는 적당한 전경자세를 유지하여, 스키의 테일쪽이 잘 슬라이드 되며 회전이 일찍 시작되어 원심력이 빠르게 생성되도록 한다. 이 원심력은 회전 전반부터 신체축의 기울어짐과 무게중심의 이동을 충분히 할 수 있는 원동력으로 작용하여, 낙하력이 큰 숏턴을 시작할 수 있게 만들어준다.

스키가 폴라인을 지나는 회전 중반부에 이르면 상체는 스키와 함께 회전하며 활주력을 감소시킬 수 있는 불필요한 상하체의 비틀림 저항을 줄이게 되고, 스키가 폴라인을 지나서 다음 회전을 준비해야 하는 후반부에 이르면 상체가 이미 다음 회전방향을 바라보기 시작하면서, 스키가 지나치게 산쪽으로 말려 올라가서 생길 수 있는 낙하력의 감소를 줄여야 한다.

또한 회전 후반부부터 중립자세에 이르는 구간에서는 신체 바깥쪽으로 밀려나갔던 양스키가 다시 신체 아래쪽으로 되돌아와야 하는데, 이를 위해서는 스키의 엣지각을 풀어주고 적당한 후경자세를 만들며 하체를 굽히는 흡수동작을 사용하여, 스키의 활주력 손실을 최소한으로 줄이며 다음 회전에 진입하도록 한다.

내츄럴한 숏턴의 폴체킹은 기존의 숏턴보다 심플하게 찍어주고 폴이 앞뒤로 움직이는 폴스윙이 줄어든 만큼 조금 늦게 준비하여 약간 늦게 찍어주는 것이 좋다. 즉, 기존의 숏턴처럼 회전에 들어가면서 즉시 폴을 앞으로 내밀었다가 스키가 회전에서 빠져나오며 바로 찍는 것이 아니라, 스키가 폴라인에 진입할 무렵 폴을 조금 앞으로 내밀었다가, 스키가 회전에서 빠져나올 무렵 반박자 정도 늦게 찍어주는 것이 좋다.

엣징타이밍에 대해서는 기존의 숏턴과 같이 다양한 회전에 맞도록 다양한 타이밍에 엣징을 시작하고 끝내야 한다. 즉 기존의 숏턴이 스키의 스피드를 유지하거나 줄이는 컨트롤을 주된 목적으로 엣징을 하고 스키어의 전후조작으로 스키의 활주시키는 이미지였다면, 내츄럴한 숏턴은 스키가 활주력이 감소되지 않아서 스키어의 내력사용이 줄어든 효율적인 엣징이 필요하게 되므로, 기존숏턴보다 조금 일찍 엣징을 시작해서 조금 일찍 엣징을 풀어주어야 낙하력을 활용하는 경제적인 숏턴이 가능하다.

체크
포인트

1. 상체와 스키의 방향은 자연스럽게 맞춰준다.

상체와 스키의 방향은 자연스럽게 맞춰준다.

기존 기술의 숏턴과 내츄럴한 숏턴의 가장 큰 차이는 회전시 상체의 방향이라고 할 수 있다. 숏턴은 짧은 회전호를 연속적으로 그리는 기술이기 때문에, 정통적인 숏턴에서는 상체를 폴라인(최대경사선) 방향으로 고정시키고 하체만을 회전방향으로 돌리면서, 상하체의 비틀림을 최대 활용하여 작은 리듬의 회전을 하는 것이 원칙이었다.

하지만 내츄럴한 숏턴에서는 상체를 스키의 회전방향에 맞도록 자연스럽게 돌려주면서, 신체에 무리가 가지 않고 낙하력을 활용하며 스키의 회전성능을 이끌어내서 적은 힘으로 회전하는 정향(正向)의 포지션을 기본으로 한다.

즉, 기존 숏턴은 상체를 고정시키고 하체만을 회전방향으로 비틀어주며 회전하였기 때문에, 상하체가 꼬이면서 신체의 유연성이 많이 필요하였다. 특히 급사면 숏턴에서는 스키의 회전각이 깊어지고 엣지각도도 커지기 때문에, 상하체가 크게 비틀어지며 꺾이는 과도한 외향경 자세가 필요하여 신체에 무리가 가는 경우가 많았다.

그러나 내츄럴한 숏턴은 기본적으로 상체를 스키에 맞춰서 함께 회전시키고, 몸 전체를 회전의 안쪽으로 기울이며 신체축을 사용하여 엣지를 세우기 때문에 신체에 가해지는 부담이 크게 줄어들었다.

그리고 기존의 숏턴이 회전전반부터 바깥발에 하중을 크게 가하며 신체의 전후운동과 하체의 피봇팅 등을 이용하여 스키어가 가진 내력으로 회전을 하는 것이 주류였다면, 내츄럴한 숏턴은 신체축이 기울어서 생기는 무게중심의 이동에 의한 낙하력과 스키가 가진 고유의 회전성능 등의 외력을 주로 활용하고, 부수적으로 신체를 회전방향으로 돌리며 필요한 만큼만 힘을 가하는 최소한의 내력을 사용하여 회전하는 경제적인 숏턴이라고 할 수 있다.

또한, 상체가 폴라인 방향으로 고정된 기존의 숏턴에서는, 회전 후반에 상하체가 비틀어지면서 스키를 회전시키기 때문에, 스키의 성능이 발휘되면서 자연스럽게 활주하는 것이 아니라, 스키어의 전후운동과 하체조작에 의해서 스키가 수동적으로 회전할 수밖에 없다. 하지만 내츄럴한 숏턴에서는 회전후반에도 상하체의 비틀림이 줄어들어, 회전 전반에 생긴 낙하력으로 활주력과 회전력을 얻는 스키가 지속적으로 활주와 회전을 계속하며 스키가 가진 성능이 자연스럽게 발휘될 수 있다.

특히 회전에 들어가는 전반부에는 상체가 계곡방향으로 이동하고 스키는 회전의 바깥방향으로 서로 교차하며 움직이는데, 이때 시계추의 이미지를 가지고 상체의 중심이동은 패러렐턴에 비해서 조금 줄이고 스키를 회전 바깥쪽으로 크게 밀어내며 회전을 시작하게 된다.

이때 하체의 움직임도 패러렐턴에서는 양다리가 다르게 움직이는 교호조작의 비율이 컸던 것에 비해서, 숏턴에서는 양다리가 함께 구부러지고 펴지며 비슷하게 움직이는 동시조작의 비율이 증가하게 된다.

2. 상체보다는 주로 하체의 움직임을 의식한다.

상체보다는 주로 하체의 움직임을 의식한다.

3. 회전에 따라 적절한 외경자세를 섞어준다.

회전에 따라 적절한 외경자세를 섞어준다.

내츄럴 스키테크닉의 숏턴은 기본 숏턴에 비해서 신체축을 기울이며 중심이동을 하는 비율이 커지는 것은 당연하다. 하지만 패러렐턴에 비해 회전호가 작은 숏턴의 경우에는 재빠른 리듬의 회전을 구사하기 위해서 상체보다는 하체를 적극적으로 활용해야 한다.

내츄럴 스키테크닉에서는 신체축을 주로 사용하며 회전을 하기 때문에 몸이 회전의 바깥쪽으로 꺾이는 외경자세의 사용비율이 낮게 마련이다. 하지만 숏턴과 같이 회전호가 작을 때는 적절한 외경자세를 섞어서 사용해야 보다 리듬미컬하고 매끄러운 회전을 할 수 있다.

특히 스키의 회전방향과 상체의 이동방향이 서로 엇갈리는 회전 후반부에는, 상체가 다음 회전방향으로 미리 넘어가지만 스키는 현재의 회전을 지속하려는 관성을 유지한 상태이기 때문에, 상체와 하체의 움직임이 서로 크로스(Cross)되며 외경의 비율이 높아지게 된다.

이에 비해서 회전 전반부에서는 상체의 방향과 스키의 방향이 시간차를 두고 같은 방향으로 움직이기 때문에, 상체와 하체의 움직임이 서로 싱크로(Syncro)되며 외경의 비율이 낮아지게 된다.

이렇게 외경자세가 적절하게 섞이게 되면, 회전 전반에는 바깥 스키의 엣지그립 타이밍이 빨라지게 되어 회전의 안정감이 증가하고 회전 후반에는 신체의 중심을 미리 이동시킬 수 있어서, 보다 안정감 있고 리드미컬할 내츄럴 숏턴을 할 수 있다.

4. 양스키의 테일을 적극적으로 미끄러뜨리며 회전을 시작한다.

내츄럴 스키테크닉에서는 기존숏턴과 마찬가지로 얼마나 빠르게 회전을 시작하고, 얼마나 안정감 있게 회전을 컨트롤하며, 얼마나 원만하게 리듬을 유지하느냐가 기술의 관건이라고 할 수 있다.

특히 숏턴에서는 회전을 재빠르고 안정되게 시작하는 것이 중요한데, 이를 위해서는 양스키의 테일을 회전의 바깥쪽으로 밀어내는 테일 슬라이드를 활용하여, 상체를 안정시키고 스키의 엣지 그립을 일찍부터 만들어내는 것이 필요하다.

이때 스키의 테일쪽이 가벼워야 슬라이딩이 원활하기 때문에, 회전전반에 신체축을 다음 회전방향으로 적극적으로 기울이며 무게중심을 계곡방향으로 떨어뜨리는 이미지가 있어야, 신체중심이 적절한 전경을 유지하며 재빠르고 안정되게 숏턴을 시작할 수 있다.

또한 패러렐턴과 같은 롱턴의 경우에는 신체축의 기울어짐과 무게중심의 이동이 커지고 이축운동이 뚜렷하게 행해지며 안쪽 스키와 바깥스키의 슬라이딩 비율이 달라지게 된다. 이에 비해 숏턴은 상체의 움직임이 줄어들고 하체의 조작이 커지며 외경자세에 의한 중심축 운동이 개입하기 때문에 양스키가 비슷한 슬라이딩 비율로 움직이며 회전을 하게 된다.

즉, 롱턴에서는 안쪽스키가 탑테일 슬라이드로 바깥스키는 테일 슬라이드 성향으로 회전을 시작하는데 비해, 숏턴은 양스키가 비슷하게 테일 슬라이드 성향으로 회전을 시작한다. 물론 여기서도 기존의 초보적인 테일슬라이드를 사용하는 것이 아니라 적절하게 엣지가 세워지고 스키탑도 함께 움직이는 수준 높은 테일슬라이드가 필요하다.

양스키의 테일을 적극적으로 미끄러뜨리며 회전을 시작한다.

5. 흡수동작을 적절하게 사용하며 회전을 마무리한다.

흡수동작을 적절하게 사용하며 회전을 마무리한다.

내츄럴한 숏턴에서는 낙하력을 최대한 살려서 자연스럽게 회전하는 것이 가장 큰 목적이다. 이를 위해서는 회전 전반부에 신체축과 무게중심을 이용하여 낙하력을 이끌어내는 것도 중요하지만, 회전 후반부에 낙하력의 손실을 줄이며 다음 회전으로 연결하는 것도 경제적인 회전을 위한 필수요소이다.

회전 전반부는 스키와 신체가 함께 중력이 작용하는 계곡방향으로 움직이며 낙하력을 이끌어내지만, 회전 후반부에는 상체는 다음 회전을 위해 신체축을 일으키며 중립자세로 되돌아가지만, 스키는 현재의 회전을 지속하며 산쪽방향으로 거슬러 올라가면서 중력에 반하고 낙하력을 감소시키는 성향을 가지게 된다.

그러므로 회전 후반부에서는 하체의 흡수동작을 사용하여, 상체가 원활하게 다음 회전방향으로 낙하하도록 하며, 또한 하체를 굽혀서 불필요한 설면의 반발력을 흡수하고 스키의 엣지가 풀리도록 하여, 스키가 자연스럽게 신체의 아래쪽으로 되돌아오며 중립자세로 이어지는 계기를 마련한다.

내츄럴한 숏턴의 흡수동작은 기존의 숏턴에 비해서 작아지는 경향이 있는데, 이는 신체축의 사용비율이 커지고, 무게중심의 이동이 늘어나며, 상하운동보다는 좌우운동의 비율이 커지고, 스키의 반발력이 줄어들게 되어 보다 경제적인 스킹이 가능하기 때문이다.

6. 중심과 스키의 전후운동을 적절하게 활용한다.

중심과 스키의 전후운동을 적절하게 활용한다.

기존숏턴과 마찬가지로 내츄럴한 숏턴에서도 적절한 전후운동을 활용해야 보다 자연스럽고 경제적인 숏턴을 만들어 낼 수 있다. 특히 숏턴은 패러렐턴이나 카빙턴에 비해서 스피드가 느리고 외력이 작은 경우가 많으므로 전후운동을 잘 활용해야 작은 외력 조건에서 안정되게 회전할 수 있다.

특히 회전 전반부에 신체축과 무게중심을 잘 이용하여 낙하력을 이끌어내고, 회전 후반부에 낙하력을 손실을 줄이고 다음 회전으로 원만하게 이어지기 위해서는 전후운동의 중요성은 더욱 커지게 된다.

즉, 회전 전반부에 신체축을 기울어질 때 스키의 진행방향에 대해서 비스듬한 대각선 방향으로 움직여서 전경자세를 만들어야, 스키의 테일이 쉽게 슬라이드되며 회전이 시작되기 때문에 원심력이 일찍 발생되어 밸런스를 유지하기가 쉽고, 또한 신체축의 기울어짐과 무게중심을 많이 이동시킬 수 있기 때문에 낙하력의 활용도를 극대화시킬 수 있다.

이러한 전경 포지션은 일반 숏턴에 비해서 다소 길게 지속되며 회전 중반부까지 이어져야 하는데, 이는 신체축을 사용하며 양스키를 마치 시계추처럼 회전 바깥쪽으로 멀리 보내며 자동차의 드리프트처럼 테일을 미끄러뜨리면서 회전하는 내츄럴 숏턴에서 특징 때문이다.

회전의 중후반부에는 신체 포지션이 중경을 거쳐서 발뒤꿈치 쪽으로 하중이 이동하는 약간의 후경자세가 만들어지는데, 일반적인 숏턴에서 회전 후반부에 후경 포지션을 이용하여 스키의 활주력을 이끌어냈던 것에 비해서, 내츄럴한 숏턴에서는 낙하력에 의해 만들어진 스키의 활주력을 이용하는 비율이 크고, 지나친 후경은 다음 회전에서 신체축의 움직임에 부담을 주기 때문에 후경자세는 비교적 작게 사용한다.

7. 상하체 움직임의 시간차를 활용한다.

자동차를 운전하다 보면 운전자가 악셀페달을 밟았을 때 즉시 자동차가 반응하는 것이 아니라, 스로틀 밸브가 열리고 엔진 실린더 안에 유입되는 혼합기의 양이 많아지면서 자동차가 움직이는 데는 약간의 시간차(타임랙, Time Lag)가 생기게 된다.

상하체 움직임의 시간차를 활용한다.

마찬가지로 회전후반부에는 스키가 현재의 회전을 지속하려는 관성이 있고, 스키어는 다음 회전을 위해서 상체를 다시 계곡방향으로 향하며 중립자세로 되돌아오게 된다. 이때 신체가 먼저 움직이고 스키가 따라오기까지는 약간의 시간차가 발생하게 된다.

기존의 숏턴에서는 상체가 폴라인 방향으로 고정되어 있고 하체만이 회전하기 때문에, 상하체의 비틀림도 커지고 시간차도 많아져서 다음 회전으로 쉽게 진입할 수 있었다. 하지만 내츄럴 숏턴에서는 기본석으로 상체와 하체의 방향이 일치하는 비율이 크므로 상하체의 비틀림도 작아지고 시간차도 적어지기 때문에, 회전 후반부에 적극적으로 상체를 다음 회전방향으로 돌리며 시간차를 만들어서 다음 회전의 계기를 이끌어내야, 리드미컬한 숏턴을 원활하게 할 수 있다.

특히 급사면 숏턴과 같이 깊은 회전에서는 스키의 회전각이 커지게 되므로, 회전의 마무리에서 미리 다음 회전방향으로 상체를 돌려줘야 스키가 현재의 회전을 마무리하며 약간의 시간차를 두고 다음 회전방향으로 잘 유도되는데, 급사면 숏턴과 같은 깊은 회전으로 갈수록 상하체의 시간차는 커지는 경향이 있다.

이를 위해 회전의 후반부에서 지나치게 상체를 스키의 회전방향으로 함께 돌려주는 것 보다는 상체를 폴라인의 비스듬한 방향으로 어느 정도 고정시키는 이미지를 가지고 상체와 하체가 자연스럽게 비틀림이 일어나고, 신체와 스키의 움직임 사이에도 자연스러운 시간차가 발생하도록 하는 것이 좋다.

8. 폴체킹은 리듬에 맞춰 심플하게 행한다.

폴체킹은 리듬에 맞춰 심플하게 행한다.

내츄럴한 숏턴의 폴체킹은 회전리듬에 맞춰서 가볍게 설면에 터치하듯 살짝 찍어주는 것이 좋다. 하지만 기존의 숏턴처럼 폴을 완전히 앞으로 내밀었다가 다시 되돌리며 정확하게 찍어주는 것 보다는, 폴끝을 조금만 내밀었다가 설면에 내려놓듯 심플하게 폴을 찍어주는 것이 원칙이다.

또한 기존처럼 폴끝이 바깥쪽에서 안쪽으로 들어오며 설면에 수직하게 찍어주는 것이 아니라, 폴끝이 안쪽에서 바깥쪽으로 나가며 설면에 비스듬하게 찍어주어야, 보다 커진 신체축의 각도와 회전호의 크기에 방해를 주지 않고 원활한 폴체킹을 할 수 있다.

그리고 폴을 찍어주는 위치도 기존의 숏턴처럼 상하체가 많이 꼬이면서 뒷바인딩 근처에 폴을 찍어주는 것보다는, 상하체가 비슷한 방향을 향하므로 앞바인딩 근처에 폴을 찍어주는 것이 좋고, 폴을 찍어주는 타이밍은 기존의 숏턴에 비해서 신체축과 중심이동의 양이 커지므로 반박자정도 늦게 찍어주는 것이 편리하다.

내츄럴한 숏턴도 폴체킹을 활용하여 회전의 리듬을 만드는 것이 필요하지만, 신체의 밸런스를 유지하고 신체축의 기울어짐을 느낄 수 있는 센서의 역할도 동시에 하므로, 평상시에 거울을 보며 쉐도우 트레이닝 등을 통해서 충분히 사전연습을 하는 것이 좋다.

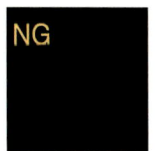

1. 상체를 지나치게 고정시킨 경우

기존의 숏턴에서는 상체를 폴라인 방향으로 고정시키고 하체의 움직임만을 활용하여 회전하는 것이 가장 큰 전제조건이었다. 이렇게 상체를 고정시키고 하체만으로 회전하게 되면 상체의 안정감이 좋아지고, 하체의 재빠른 움직임을 이용한 빠르고 리드미컬한 숏턴이 가능하였다.

상체방향은 폴라인에 고정되지 않고 스키방향과 비슷하게 유지한다

하지만 상대적으로 상체가 고정되었기 때문에 회전의 낙하력을 이끌어내기가 어려워서 회전의 효율성이 떨어지고, 경사가 급해지거나 회전호가 깊어지면 상하체가 크게 비틀리며 꺾여서 신체에 가해지는 부담이 커지게 된다. 또한 회전 전반부에 스키가 지나치게 빨리 아래쪽으로 떨어져서 낙하력을 충분히 받을 수 없고, 회전 후반부에서 신체의 비틀림 저항에 의해 스키의 움직임이 제약을 받아서 스키성능이 충분히 발휘될 수 없는 단점이 있었다.

그러므로 내츄럴한 숏턴에서는 상체의 방향을 스키의 방향과 일치하도록 정향(正向)자세를 유지하게 된다. 특히 회전 전반부에 상체의 방향을 미리 다음 회전방향으로 향해야 하는데, 지나치게 폴라인 방향에 가깝도록 상체를 돌리면 스키탑이 폴라인으로 바로 떨어져서 스키를 몸 바깥쪽으로 멀리 보내는 것이 어려워지게 된다. 또한 상체의 방향이 폴라인 방향으로 고정되면, 신체축의 기울임과 중심이동에도 제약이 생기므로, 자연스럽게 스키의 방향과 맞춰서 낙하력을 잘 이끌어내는 것이 좋다.

또한 회전 후반부에도 스키의 방향과 상체의 방향이 어느 정도 맞아야 하는데, 이때는 지나치게 상체를 스키와 함께 돌리기 보다는 다음 회전방향으로 미리 향해서 외향자세를 적당하게 섞어줘야 다음 회전에 수월하게 진입할 수 있다. 또한 적절한 외향자세는 스키가 지나치게 돌아가서 숏턴리듬이 늘어지는 것을 막을 수 있기 때문에 내츄럴한 숏턴에서도 어느 정도 필요하게 된다.

2. 상체의 지나친 로테이션

상체의 지나친 로테이션은 여러가지 문제를 일으킬 수 있으니 주의한다

내츄럴한 숏턴을 위해서는 상체가 스키의 방향과 비슷하게 움직이며 회전을 하는 것이 기본이다. 이러한 상체의 로테이션은 시선을 미리 다음 회전방향으로 봐주는 것으로 시작되는데, 지나친 상체의 로테이션은 오히려 효율적이고 경제적인 회전을 만들어내는데 방해가 되므로 주의해야 한다.

특히 숏턴에서도 회전 전반부에 충분한 낙하력을 이끌어내기 위해서는 스키가 회전의 바깥쪽으로 밀려나며 신체의 축이 기울어지고 무게중심이 회전 안쪽까지 이동되는 시간적인 여유가 필요하게 된다. 이때 지나치게 로테이션을 사용하면 회전 전반부가 지나치게 짧아지게 되어 신체축과 무게중심이 이동할 시간적인 여유가 부족하게 됨은 물론이고, 양스키의 테일이 과도하게 밀리면서 스키가 저항을 많이 받게 되어 오히려 낙하력과 활주력이 크게 손실되는 경우가 생길 수 있으므로 주의가 필요하다.

또한 회전 후반부에도 상체가 지나치게 돌아가면 여러 가지 문제가 생길 수 있는데, 특히 스키가 지나치게 회전이 깊게 되면서 다음 회전으로 진입하기가 어려워지게 되고, 회전후반의 과도한 로테이션은 지나친 신체축의 내경으로 이어져서 회전 마무리에서 자칫 바깥발의 그립력을 잃게 되는 원인이 될 수도 있다. 그리고 회전 전반부에 테일이 과도하게 밀리기 시작하면 회전 후반부는 오히려 밀림이 심해져서 스키의 낙하력과 활주력은 더욱 감소하게 되는데, 이를 만회하고자 또다시 몸을 과도하게 돌려서 다음 회전을 만들어내는 "몸턴의 악순환"을 겪게 된다.

그러므로 내츄럴한 숏턴에서도 상체의 로테이션은 회전 전반부는 물론이고 후반부까지 스키어의 신체에 무리가 가지 않는 범위내에서 사용하고, 또한 회전의 효율성과 스키의 성능을 잘 이끌어내는 정도만 이용하는 것이 좋다.

3. 지나친 스키의 가속조작

기존의 숏턴에서는 상체가 폴라인 방향으로 고정되었기 때문에 회전 전반부에 충분한 낙하력과 활주력이 생기기 어렵고, 회전 후반부에도 상하체가 꼬이며 비틀어져서 많은 신체저항이 발생하게 된다. 이러한 저항은 스키의 움직임에도 영향을 미쳐서 회전 후반부에 스키가 자연스럽게 활주하지 못하고 스키의 성능발휘를 방해하는 원인이 되었다.

지나친 스키의 가속조작은 불필요한 내력사용을 늘릴 수 있다

이러한 스키의 성능저하를 만회하기 위하여 기존숏턴에서는 하체를 이용하여 스키를 회전방향으로 밀면서 가속시키는 글라이딩 조작(Gliding Control)을 많이 사용하였다. 즉 회전 전반부에 발목을 펴주며 발 앞꿈치쪽에 하중을 걸며 스키를 뒤로 당겨서 전경자세를 만들었다가, 회전 후반부에 이르러 발목을 위로 젖혀주며 발 뒤꿈치쪽에 하중을 가하고 스키를 앞으로 밀어주는 조작을 사용하여, 스키의 성능이 충분히 발휘되지 못하는 것을 만회하려 하였다. 이러한 조작은 기본적으로 신체의 내력을 많이 사용해야 하기 때문에 내츄럴 스킹의 경제성이나 효율성과는 대치되는 면이 있다.

하지만 내츄럴한 숏턴에서는 회전 전반부에 발생한 스키의 낙하력과 활주력을 충분히 만들고, 회전 후반부에 상체를 적절한 로테이션을 이용하여 이 힘들을 유지하고, 스키의 활주성능도 떨어지지 않도록 불필요한 엣징을 줄여주게 된다. 이렇게 회전 후반부까지 보존된 낙하력과 활주력은 그대로 다음 회전의 원동력으로 작용하여 불필요하게 신체의 근력을 사용하여 스키의 가속을 이끌어내는 조작을 사용할 필요성이 크게 줄어든다.

그러므로 내츄럴한 숏턴은 신체의 축과 무게중심을 이용하여 자연스럽게 낙하력과 활주력을 이끌어내고, 이것을 이용하여 회전 후반부까지 경제적이고 효율적인 회전을 지속하는 스마트(Smart)한 회전이라고 할 수 있다.

플러스 알파

1. 내츄럴 숏턴에 접근하는 방법

내츄럴한 스킹에서도 재빠른 리듬의 숏턴을 만들어내는 것은 기존기술에서 숏턴을 만들어내는 것만큼 어려운 과정을 거쳐야 한다. 특히 기존기술과는 다르게 상체를 회전방향으로 함께 돌려주므로, 예전처럼 상하체의 꼬임을 이용하여 재빠르게 회전하기 힘들기 때문에 어쩌면 더 어렵게 느껴질 수도 있다. 그러므로 내츄럴한 숏턴은 처음부터 너무 빠른 리듬을 추구하기 보다는, 어느 정도 여유있는 리듬으로 연속회전을 만든 후에 차츰 리듬을 줄여가는 것이 좋다.

내츄럴한 숏턴에 접근하는 방법은 다음의 두가지를 생각해 볼 수 있다.

① 플루그숏턴에서 접근하는 방법, ② 사이드슬라이딩에서 접근하는 방법이다. 이 두가지 방법은 서로 장단점이 있어서 두개를 함께 병행하면서 서로 보완하는 것을 권하고 싶다.

① 플루그숏턴에서 접근하는 방법

플루그 숏턴에서 접근하는 방법

정통적인 방법처럼 플루그숏턴을 가지고 숏턴리듬을 먼저 만들고 나서, 스키의 스탠스를 플루그에서 패러렐로 변화시키며 숏턴에 접근하는 방법으로서, 확실한 숏턴리듬은 물론이고 거기에 맞는 재빠른 신체동작과 스키조작 및 폴체킹을 익힐 수 있는 장점이 있다. 반면에 재빠른 리듬을 살리기 힘든 플루그턴 과정을 생략하고, 바로 플루그에서 패러렐로 변화시켜야 하기 때문에 패러렐 스탠스로 발전하는 것이 다소 어려울 수 있다.

이렇게 플루그숏턴에서 접근할 때는 비교적 완만한 중사면 정도를 선택하여, 신체의 중심을 적극적으로 이동시키고 바깥스키의 테일을 밀어주면서 숏턴리듬의 회전호를 만드는 것이 중요하다. 이때 상체도 회전방향으로 자연스럽게 돌려주며 신체축을 유지해주고, 회전에 맞춰서 폴도 함께 내밀었다가 찍어주며 리듬감을 익힌다.

회전을 마무리할 때는 하체를 가볍게 구부려주며 불필요한 외력을 흡수해주어 리듬을 짧게 유지하는데 도움을 주고, 테일을 이용한 마무리 엣징을 사용하여 스키가 불필요하게 밀리지 않고 자연스럽게 둥근호를 그리며 중립자세로 되돌아오게 한다.

이러한 내츄럴 플루그숏턴이 어느 정도 익숙해지면 그 다음은 스탠스를 조금 좁혀서 패러럴턴으로 접근해보는데, 이때는 안쪽 발도 동시에 움직여야 하기 때문에 난이도가 갑자기 상승하므로 많은 연습이 필요하게 된다.

패러럴숏턴에서는 플루그숏턴보다 조금 더 여유로운 리듬으로 시작하여 차츰 리듬을 줄이는 것이 좋고, 처음에는 테일슬라이드를 많이 사용하여 상체를 안정시키며 리듬을 만들어내고, 차츰 테일의 움직임을 줄이고 탑의 움직임을 늘려서 보다 수준 높은 엣징의 숏턴으로 접근하는 것이 좋다.

② **사이드슬라이딩에서 접근하는 방법**

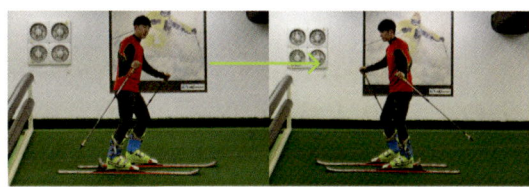
사이드 슬라이딩에서 접근하는 방법

내츄럴 숏턴에 접근하는 또 한가지 방법은 바로 처음부터 패러럴 스탠스를 만든 상태에서, 사이드슬라이딩을 하다가 서서히 리듬을 줄여서 숏턴으로 접근하는 방법이다. 이 방법은 처음부터 패러럴 스탠스에서 필요한 양스키를 동시에 움직이는 감각을 기를 수 있고, 중사면 이상은 물론이고 급사면에서도 연습이 가능한 것이 장점이다. 다만 사이드 슬라이딩으로 시작해서 숏턴으로 발전해가는 만큼 리듬을 줄여나가기 위해서는 높은 수준의 스키조작이 필요하다는 것이 단점이다.

방법은 사면에 대해서 옆으로 선 상태로 비스듬하게 미끄러지며 사이드슬라이딩을 교대로 실시하면서 천천히 리듬을 줄여서 숏턴으로 접근하게 되는데, 처음부터 외향자세가 없이 정향으로만 회전하려 하면 짧은 리듬으로 회전호를 줄이는 것이 어려우므로, 약간 외향경사자세를 취해서 사이드슬라이딩을 하다가 익숙해질수록 정향에 가까운 자세로 포지션을 바꿔가도록 한다.

이때 리듬을 줄이기 위해서는 적극적으로 안쪽다리를 써서 안쪽스키의 탑을 움직이고, 여기에 맞춰서 골반을 돌리면서 바깥스키의 테일쪽을 회전시켜야 하는데, 이것은 마치 킥턴을 연속적으로 행하는 이미지라고 할 수 있다. 이때 좌우 슬라이딩을 연속하면서 폴체킹도 함께 사용하여 보다 적극적으로 리듬을 조절한다.

연속적인 사이드슬라이딩이 가능해졌다면 이제는 엣지를 조금씩 세우면서 보다 둥근호를 그리도록 하는데, 둥근 회전호가 만들어지고 신체축의 기울기와 중심이동이 커지면서 외력도 증가하게 된다. 이렇게 회전호가 커지게 되면 스키의 낙하도 늘어나며 스피드도 증가하게 되는데, 여기에 맞춰서 바깥스키를 확실하게 돌려주며 보다 적극적인 스피드 컨트롤이 필요하게 된다.

이렇게 사이드슬라이딩에서 스키의 스키딩을 줄이면서 내츄럴 숏턴에 접근하는 것이 가능해졌다면, 다음에는 패러럴턴에서 스키의 회전호를 줄여서 내츄럴 숏턴에 접근하는 것도 도전해본다. 패러럴턴에서 숏턴으로 발전하기 위해서는 보다 적극적인 스키 컨트롤은 물론이고 확실한 전후운동과 정확한 골반회전이 필요하게 된다.

NATURAL SKI TECHNIQUE

Lesson 08

내츄럴 카빙롱턴
Natural Carving Longturn

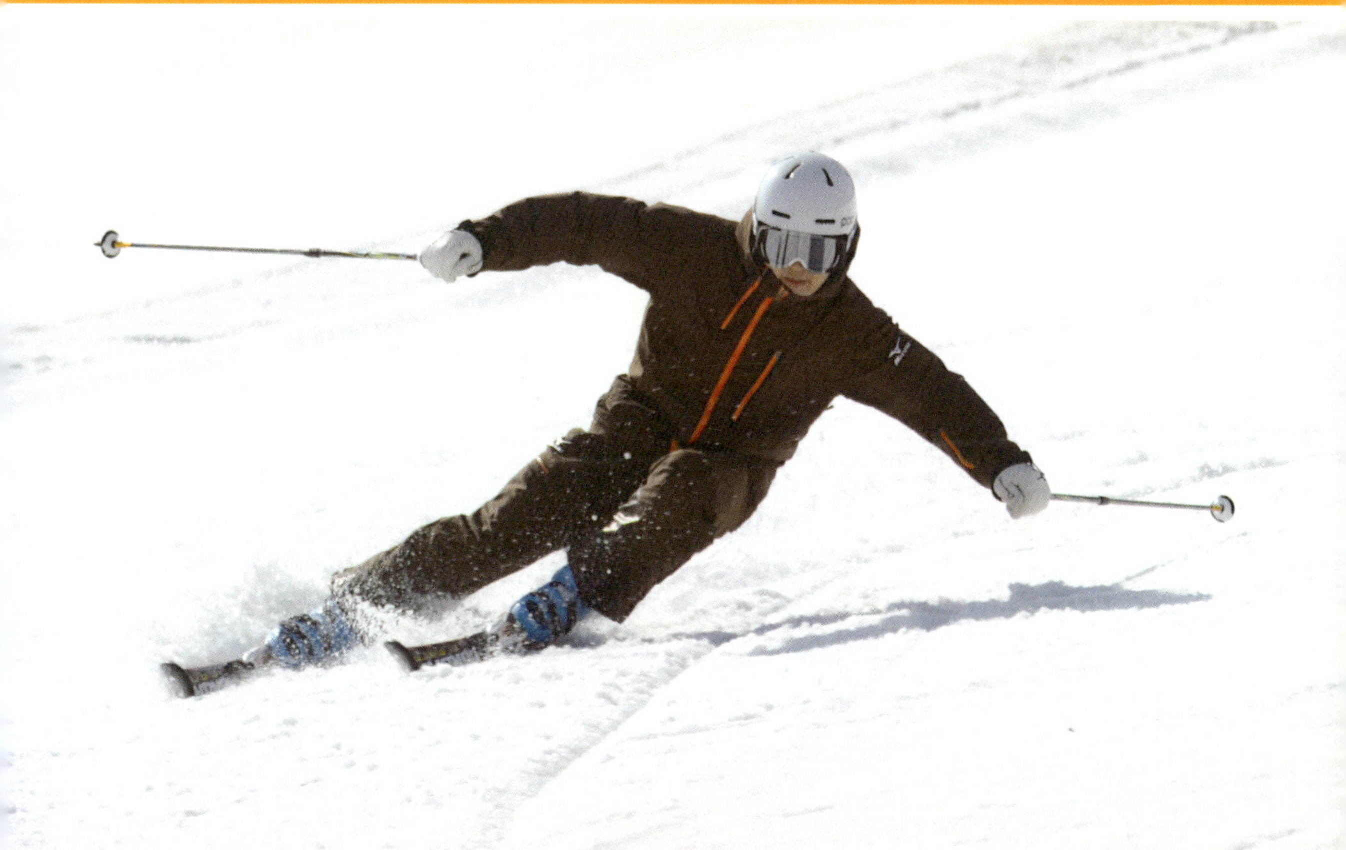

front

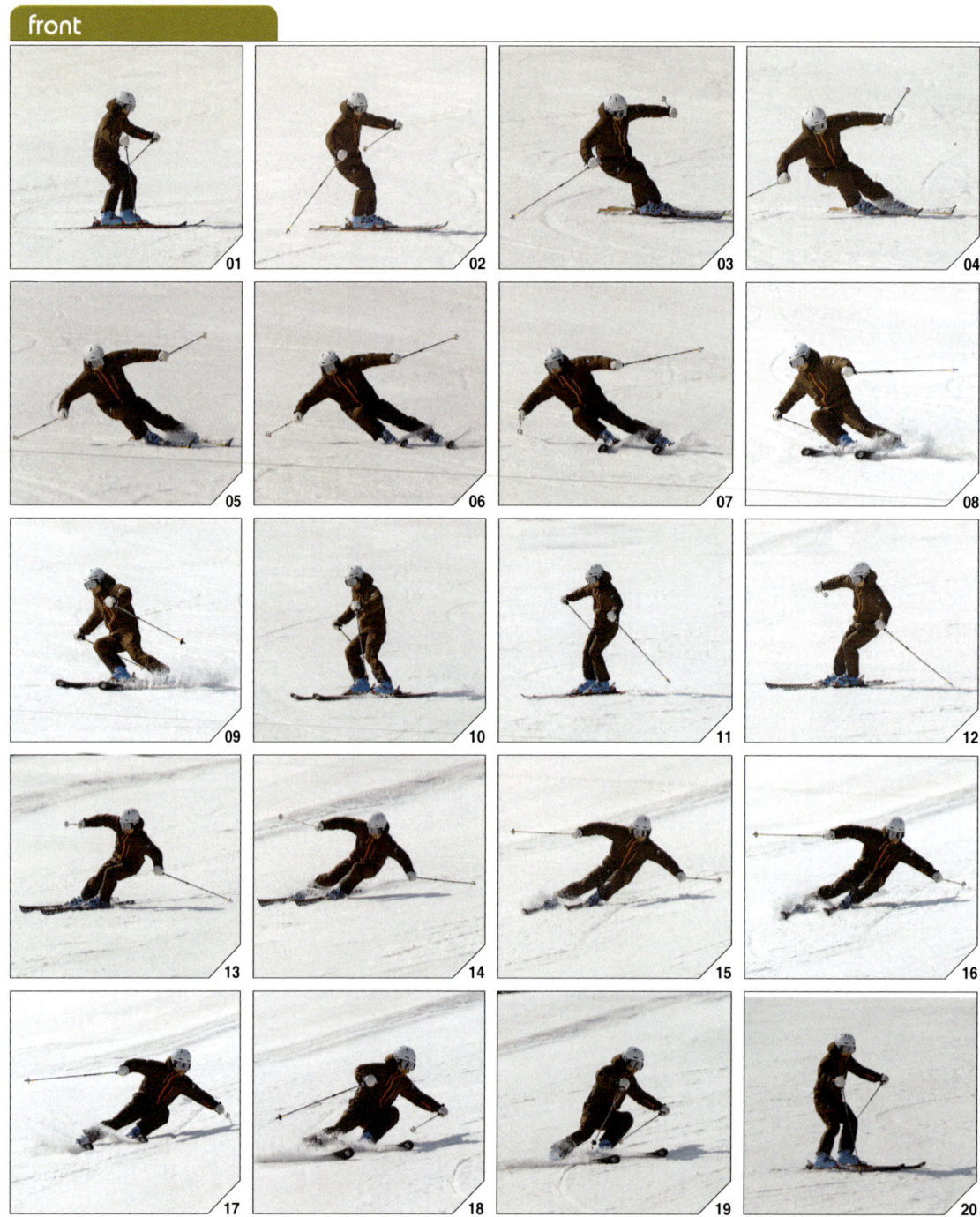

내츄럴한 패러렐턴에서 신체축을 사용하며 중심이동을 하는 감각이 길러졌다면, 이제는 활주스피드를 올려서 스키가 설면을 자르듯이 질주하는 카빙롱턴에 도전하여 보자. 카빙롱턴은 기존기술과 마찬가지로 가장 빠른 스피드로 활주하는 기술이므로 반드시 헬멧이나 고글 등의 안전장구를 착용하고 주변 스키어들도 고려하며 안전이 보장된 환경에서 시도하여야 한다.

카빙롱턴부터는 특히 회전의 원심력과 설면의 저항력, 스키의 반발력 등의 외력이 급격하게 증가하므로 스키어의 내력에 비하여 외력의 사용비율이 커지게 된다. 그러므로 스키어는 회전을 시동하는 임계하중에 많은 내력을 사용하는 것이 아니라, 회전중에 발생하는 강한 외력에 버티는데 자신의 근력을 경제적으로 사용하는 것이 필요하다.

이렇게 강한 외력에 효과적으로 버티기 위해서는 신체축을 회전의 안쪽으로 과감하게 기울여서 원심력에 버틸 수 있는 구심력이 생길 수 있는 자세를 일찍부터 만들어야 하고, 바깥발부터 안쪽어깨까지 이어지는 파워라인인 크로스축을 유지하여 큰 외력에 잘 견딜 수 있어야 하며, 또한 안쪽과 바깥쪽의 신체축을 조화롭게 조절하여 적절한 하중배분을 만들어내야 한다.

내츄럴한 카빙롱턴에서는 회전 전반부터 낙하력을 최대한 이끌어내고, 이렇게 만들어진 낙하력을 회전의 후반까지 잘 유지하기 위해서, 회전 전반에는 최대한 깊은 신체축의 내경각을 만들고 회전 후반에는 서서히 신체축의 기울임을 되돌려서 내경을 줄이게 된다. 즉, 회전의 전반은 중력방향으로 낙하하는 구간이므로 신체중심을 적극적으로 떨어뜨려서 스키의 낙하력과 회전력을 이끌어내고, 회전의 후반은 중력방향과 반대로 상승하는 구간이므로 신체중심을 되돌려서 스키가 불필요하게 산 위쪽으로 회전하여 낙하력과 활주력이 손실되는 것을 최대한 줄이게 된다.

이렇게 회전 전반부터 깊은 내경각을 만들면서 낙하력을 이끌어내기 위해서는 양스키가 놓여있는 높이의 차이인 고저차(高低差)를 잘 조절하여 신체가 원만하게 기울어지도록 유도해야 한다. 특히 카빙롱턴은 스키의 스키딩이 최소화되기 때문에 회전의 컨트롤은 주로 스키에 가해지는 하중량과 신체축의 기울임인 내경각으로 수행되고, 이러한 하중량과 내경각은 고저차를 잘 조절하는 것이 전제조건이므로 회전전반은 물론이고 회전후반에서도 양스키의 고저차를 잘 맞춰가야 한다.

또한 회전전반부터 큰 내경각을 만들기 위해서는 안쪽다리를 굽히며 신체축과 무게중심을 계곡쪽으로 이동시키는 것도 중요하지만, 골반의 로테이션을 사용하여 스키어가 가하는 하중이 스키의 탑의 안쪽방향으로 걸리게 하는 것도 중요하다.

스키조작은 기본적으로 스키탑이 회전 안쪽으로 파고들며 회전하는 탑리드(Top Lead-탑컨트롤/Top Control)방식을 사용하게 된다. 이때 회전 전반에 골반의 로테이션을 적절하게 사용하여 스키탑이 보다 빠르고 깊게 설면을 파고들어야 회전의 원심력이 일찍 발생하여 깊은 내경각에 의한 큰 낙하력이 만들어지게 된다. 이렇게 만들어진 골반의 로테이션은 회전 후반부에는 회전의 목적에 따라서 정향이나 외향으로 적절하게 조절되며 회전이 잘 마무리되는데 중요한 역할을 하게 된다.

카빙롱턴에서는 스키의 스키딩은 최소화되고 신체축의 기울임과 중심이동은 최대화된 만큼 양폴을 설면에 찍어주는 것 보다는 양폴을 이용하여 밸런스를 잘 유지하는 것이 중요하다. 그러므로 양폴을 넓게 유지하며 잡아주어 마치 외줄타기를 할 때 장대를 사용하는 것처럼 밸런스를 잡는데 도움을 주는 것이 좋다. 또한 폴을 정확하게 찍어주기 보다는 회전시작과 함께 가볍게 설면에 폴끝이 닿는 느낌으로 폴체킹을 하는 것이 필요하고, 폴을 센서처럼 활용하여 폴끝으로 설면의 감각을 느끼며 회전중의 밸런스를 유지하는 보조적인 역할도 하게 된다.

카빙롱턴은 빠른 스피드로 활주하며 낙하하기 때문에 그만큼 위험성이 증가하게 되는데, 많은 스키어들이 처음부터 무리하게 속도를 내서 위험천만하게 카빙롱턴을 연습하는 것이 현실이다. 카빙은 어쩌면 고도화된 스키딩이라 할 수 있으므로, 처음부터 무리하게 빠른 스피드로 활주하며 카빙롱턴을 구사하는 것보다는 스키딩성 패러렐턴으로 출발하여 서서히 스피드를 늘려가고 카빙비율을 높여서, 스키딩 패러렐턴에서 카빙롱턴으로 점진적으로 변화하며 패러렐턴에서 느꼈던 정확한 포지션과 컨트롤을 카빙롱턴까지 꾸준하게 이어지도록 하는 것도 좋은 접근방법이라 할 수 있다.

또한 카빙롱턴을 연습힐 때는 패러렐턴에 비해서 많은 슬로프 공간을 차지하게 되므로, 처음부터 넓은 스페이스를 차지하면서 둥글고 큰 회전호를 그리는 것보다는, 마치 스노보드에서 낙엽타기(펜듈럼)를 연습하듯 초승달 모양을 연속적으로 그리며 산돌기 구간과 계곡돌기 구간을 따로 연습하는 것이, 다른 스키어들과 충돌위험을 줄이며 보다 안전하고 효율적으로 연습할 수 있는 한가지 방법이라 할 수 있다.

방법

어느 정도 경사가 있는 안전한 중급사면을 선택하여 충분히 스피드를 받은 상태에서 카빙롱턴을 시도한다. 회전을 시작하기 위하여 안쪽다리를 굽히며 신체축과 중심을 계곡방향으로 이동시키고 바깥다리를 펴주면서 스키에 하중을 가하며 회전을 이끌어낸다.

이때 골반을 약간 회전방향으로 돌려주며 상체의 방향도 계곡쪽으로 향한 내향자세를 취하여 스키의 회전력을 만드는데 도움을 주고, 폴은 회전에서 빠져나오며 심플하게 준비하였다가 중립자세에서 신체축이 기울어질 때 가볍게 설면에 찍어주며 타이밍을 맞추고 중심이동을 돕는 보조적인 역할을 한다.

일단 회전이 시작되면 원심력이 발생하는데, 이 원심력을 이용하여 더욱 신체축과 무게중심을 회전안쪽으로 크게 이동시켜 스키의 낙하력을 보다 많이 이끌어낸다. 이때 지나치게 신체의 기울임만을 의식하면 몸이 안쪽으로 꺾이면서 신체축이 무너져서 강한 외력에 버티기 어려워질 수 있으므로 주의한다. 특히 스키어의 머리도 바깥쪽 신체축의 일부라고 생각하며 머리각도를 회전 바깥쪽으로 적당하게 기울여 슬로프와 수평을 만들어야, 몸전체가 하나의 봉처럼 만들어져 강한 외력에 효율적으로 버틸 수 있다.

회전의 중반부에 들어서면 낙하력과 원심력이 최대가 되고, 이를 버티며 외력에 견디는 바깥쪽 신체축에 비해서 밸런스를 유지하는 안쪽 신체축의 길이차이가 최대치가 되며, 이론상 가장 큰 외력이 작용하게 된다. 이때는 신체에 걸리는 부담이 가장 커지는 구간이므로, 스피드가 빨라지고 원심력이 강해질수록 스키어의 기초근력이 어느 정도 단련되어 있어야 강한 외력에 효과적으로 버티며 회전을 이어갈 수 있다.

스키가 폴라인을 지나서 회전 후반부에 진입하면 신체축을 다시 일으켜 중립자세를 준비하며 다음 회전에 진입할 준비를 해야 한다. 회전 후반부는 중력방향에 거슬러 올라가는 구간이므로, 실제로는 많은 외력이 작용하여 신체에는 부담이 큰 구간이기도 한데, 근력이 약한 스키어는 이곳에서 스키가 그립을 잃고 떨리거나 상체가 밸런스를 잃기 쉬우므로 주의가 필요하다.

회전 후반부에서는 지나치게 외력과 싸우며 깊은 내경각과 회전호를 고집하기 보다는 재빠르게 다음 회전을 준비하며 내경각을 일으키고 회전호를 마무리하여, 다음 중력방향으로 다시 낙하를 추구하는 것이 신체의 부담을 줄이고 근력을 경제적으로 사용하는 현명한 선택일 수도 있다.

회전 후반부의 마지막에는 신체축이 완전히 일어서서 다시 중립자세가 만들어지는데, 이때 신체의 무게중심도 다시 양스키의 가운데로 완벽하게 되돌아오는 이미지가 있어야 한다. 특히 빠른 스피드의 카빙롱턴을 하다 보면 회전자세만을 의식하는 경우가 많은데, 오히려 중립자세를 정확하게 만드는 의식과 함께 신체가 확실하게 가운데로 되돌아왔다가 다시 다음 회전에 진입하는 느낌을 가져야, 보다 완성도 높은 카빙롱턴을 그릴 수 있다.

1. 안쪽다리를 구부려 단축을 만들면서 중심을 크게 이동시킨다.

안쪽다리를 구부려 단축을 만들면서 중심을 크게 이동시킨다.

내츄럴한 카빙롱턴부터는 스피드와 외력이 급격하게 증가하는데, 이에 맞게 신체를 회전의 안쪽으로 기울여서 최소한의 내력만으로도 최대한의 외력에 버티며 경제적인 회전을 만들어가는 것이 묘미라 할 수 있다.

이렇게 스키어가 최소의 근력을 이용하여 최대의 원심력에 버티며 효율적인 카빙턴을 만들기 위해서는 가장 중요한 것이 신체의 축을 잘 활용하는 것이다. 즉 회전시 신체가 일자축을 잘 유지하여 신체가 꺾였을 때 발생될 수 있는 불필요한 근력소모를 줄이고, 신체축의 기울기를 잘 조절하여 양발의 하중배분을 최적화하고, 스키에 가해지는 수직하중을 조절하여 그립력과 활주력이 조화를 이루도록 해야 한다. 또한 회전시 엣징을 시작하고 마무리하는 타이밍을 컨트롤하여 중력의 활용도를 높이고 낙하력의 손실을 줄여야 한다.

이를 위해서는 가장 먼저 안쪽다리를 구부려서 안쪽 신체축을 짧게 구부려 단축을 만들며, 무게중심을 적극적으로 회전의 안쪽으로 이동시켜서 회전의 계기를 마련해야 한다.

내츄럴한 카빙롱턴은 회전 전반부의 계곡돌기 부분에서, 신체 무게의 대부분을 차지하는 몸통(체간)을 계곡방향으로 크게 이동시키며 중력을 활용하여, 몸통의 무게가 가진 위치에너지를 스키의 낙하 및 활주에너지로 바꾸는 것이 필요하다.

이때 회전 전반부부터 많은 낙하력을 얻기 위해서는 무게중심을 최대한 안쪽으로 떨어뜨려야 하는데, 이를 위해서는 큰 내경각이 필요하므로 안쪽다리를 적극적으로 굽혀서 체간의 무게중심을 과감하게 떨어뜨리는 동작이 필요하다.

이렇게 회전 전반부부터 깊은 내경각을 만들고 많은 무게중심을 이동시키면, 기존 카빙롱턴에 비해서 회전전반부터 고저차(高低差)가 많이 발생하게 되는데, 안쪽다리를 잘 활용하여 고저차를 능숙하게 조절해야 낙하력과 회전력이 균형을 이룬 안정된 회전을 시작할 수 있다.

2. 바깥다리를 펴며 장축을 만들면서 하중을 실어준다.

내츄럴한 카빙롱턴에서 안쪽다리가 구부러지며 무게중심이 이동하여 회전이 시작되면, 바깥다리를 펴며 하중을 실어주어 신체를 안정시킬 수 있는 스키의 그립력을 확보해야 한다. 하지만 일반스키어들은 내츄럴한 카빙롱턴에서 신체의 근력을 거의 사용하지 않고 원심력 등의 외력만으로 회전을 한다고 생각하는 경우가 많은데, 카빙롱턴에서도 내력의 도움없이 지나치게 외력에만 의존해서 회전을 시작한다면, 회전의 시작이 지연되고 바깥스키의 그립력이 약해져서 원활한 회전이 이루어지기 어렵고 밸런스를 잃는 경우가 생기기도 한다.

바깥다리를 펴며 장축을 만들면서 하중을 실어준다.

그러므로 안쪽다리가 구부러지며 짧은 신체축이 만들어지기 시작하면, 서서히 바깥다리를 펴면서 긴 신체축을 만들며 회전에 시동을 걸 수 있는 최소한의 하중인 임계하중을 천천히 가해야 한다. 이때 하중의 양에 주의해야 하는데, 지나치게 적은 하중을 주면 회전의 안정감이 떨어지며 회전시작이 지연될 수 있고, 반대로 너무 큰 하중이 가해지면 신체축이 무너져서 근력소모가 많아지고 과도한 엣징이 만들어져 스키의 활주력이 손실될 수 있다.

이렇게 회전 전반부에 보다 원활하게 회전을 시작하기 위해서는 바깥스키의 탑이 설면을 확실하게 파고들며 회전이 만들어져야 하는데, 이를 위해서는 처음부터 스키전체에 하중을 가하는 것이 아니라, 스키의 탑쪽부터 하중을 가하기 시작하여 탑이 설면을 파고들며 회전의 안쪽으로 휘어지기 시작하면, 단계적으로 하중 포인트를 테일쪽으로 이동시키면 보다 활주력과 회전력이 뛰어난 회전을 이룰 수 있다.

이렇게 스키 탑에 하중을 가하여 탑이 회전의 안쪽으로 파고들면서 회전을 시작하는 것을 탑리드(Top Lead) 또는 탑컨트롤(Top Control) 혹은 카빙(Carving) 조작이라고 할 수 있다. 또한 회전 후반부에는 스키 테일쪽으로 하중을 옮겨주며 자연스럽게 회전에서 빠져나와야 하는데, 이를 위해서는 발목을 아래위로 내리거나 올려주는 조작과 더불어 골반의 회전을 이용하여 스키의 전후운동을 일으키는 섬세한 컨트롤이 필요하다.

3. 회전의 시작과 마무리에는 짧은 크로스축을 의식한다.

회전의 시작과 마무리에는 짧은 크로스축을 의식한다

내츄럴 스키테크닉은 물론이고 기존 스키기술에서도, 한쪽 발목에서 반대쪽 어깨로 이어지는 크로스축은 회전시의 밸런스를 잡아주고 파워를 전달하는 기준이 되는 가상의 라인이므로 특히 중요하다.

특히 회전 전반부에 신체를 회전의 안쪽으로 기울일 때는 안쪽 발목부터 바깥쪽 어깨까지 이어지는 짧은 크로스축을 의식하며 잘 조절하는 것이 필요하다. 이 짧은 크로스축은 신체축의 기울어짐과 무게중심의 이동에 직접적으로 관련이 된 축이므로, 신체의 균형을 잡아주는 밸런스라인(Balance Line)이라고 할 수 있다.

스키가 회전 후반부에 진입하기 시작하면, 다음 회전을 미리 준비하기 위해서 신체의 내경각이 다시 회복되며 엣지가 풀어지기 시작하는데, 이와 더불어 안쪽어깨에서 바깥쪽 발목까지의 긴 크로스축을 통해서 스키에 전달되던 하중도 서서히 줄어들기 시작한다. 이는 회전 후반부가 중력에 거슬러 올라가며 낙하력이 감소하는 구간이기 때문에, 불필요하게 낙하력이 줄어들기 전에, 미리 다음 회전으로 진입할 준비를 하여 다시 중력을 이용하기 위한 목적이기도 하다.

이때 바깥다리가 서서히 굽혀지면서 긴 크로스축도 천천히 짧아지고 스키에 가해지는 힘도 점차 줄어들게 되는데, 스키어의 몸이 완전히 일어나는 중립자세에서는 이론적으로 양스키의 하중배분도 같고, 각각의 크로스축과 신체축의 길이도 같아지고, 원심력과 구심력도 같아지는 제로포지션(Zero Position)이 만들어진다.

이 중립자세 이후부터는 본격적인 다음 회전의 시작이라고 할 수 있는데, 안쪽발목과 바깥쪽어깨까지 이어지는 크로스축의 거리가 짧아지면서 신체축과 무게중심이 스키보다 안쪽으로 진입하기 시작한다. 회전이 진행될수록 짧은 크로스축은 더욱 줄어들고 신체축이 더욱 기울어지면서 스키어는 외력과의 균형을 맞추게 된다.

이러한 짧은 크로스축은 보통 폴라인 근처에서 가장 짧아지게 되고, 폴라인을 지나서 스키어가 다음 회전을 준비하기 위해 몸을 일으키면 다시 길어지며 중립자세를 준비하게 된다.

4. 장축과 단축의 조화를 유지하며 회전한다.

장축과 단축의 조화를 유지하며 회전한다.

내츄럴한 카빙롱턴은 고속영역에서 이루어지게 되므로, 특히 신체축이 조화를 이루어야 밸런스를 잘 유지할 수 있음은 물론이고, 불필요한 근력소모를 줄이고 신체에 무리가 덜 가는 경제적이고 효율적인 회전이 될 수 있다.

회전을 하면서 신체축이 기울어지면 필연적으로 두개의 신체축은 한쪽이 짧아지고 다른 한쪽은 길어지게 마련이다. 스피드가 느리거나 회전호가 얕거나 경사가 완만한 경우에는 신체축의 기울어짐이 줄어들기 때문에 두축의 길이차이가 줄어들게 되고, 반대로 스피드가 빠르거나 회전호가 깊거나 경사가 급한 경우에는 신체축의 기울기도 커지기 때문에 두축의 길이차이가 늘어나게 된다.

이때 외력에 맞게 두개의 신체축은 각도와 길이에서 최적의 조화를 이루어야 하는데, 일단 양 다리의 각도가 평행하게 기울어져야 두 신체축도 나란하고 양스키의 엣지각도가 일치하여, 회전력이 높아지고 활주력의 손실이 줄어들게 된다.

만약 몸이 지나치게 안쪽이나 바깥쪽으로 꺾이게 되면, 두축의 길이가 비정상적으로 차이가 발생하게 된다. 만약 몸이 바깥쪽으로 과하게 꺾이면 안쪽축에 비해서 바깥쪽축이 지나치게 짧아져서, 바깥발에 과도한 엣징이 만들어지며 활주력의 손실이 생기게 되고, 반대로 몸이 안쪽으로 꺾이는 내도자세가 만들어지면 바깥쪽축에 비해서 안쪽축이 과도하게 짧아져서, 안쪽발에 지나친 하중이 실리게 되어 밸런스를 잃거나 바깥스키의 그립이 약해져서 회전력의 손실이 발생할 수 있다.

5. 회전시에는 긴 크로스축을 의식하며 하중을 조절한다.

회전시에는 긴 크로스축을 의식하며 하중을 조절한다.

기존의 카빙롱턴에서도 파워라인이라고 불리는 긴 크로스축을 의식하였지만, 기존 기술에서는 상체가 바깥쪽으로 꺾이는 외경요소가 강했기 때문에 크로스축이 일자로 유지되지 못하고 회전 바깥쪽으로 약간 어긋나는 형태로 만들어졌었다. 이렇게 파워라인의 긴 크로스축이 꺾이게 되면, 바깥발에 지나치게 하중이 가해지고 바깥스키의 엣지가 과도하게 서게 되어, 스키에 걸리는 저항이 커져서 활주력이 떨어지는 비효율적인 회전이 되고, 회전에서 발생하는 강한 외력을 하체의 근력만으로 버티는 형태가 되어서 비경제적이고 신체에 부담이 가는 회전이 되어 버린다.

그러므로 내츄럴한 카빙롱턴에서 효율적이고 경제적이고 건강한 회전을 하기 위해서는 바깥발목부터 정강이를 통해서 안쪽어깨까지 이어지는 긴 크로스축의 파워라인을 의식하며 회전을 해야 한다. 즉 중립자세를 지나서 다음 회전에 진입할 때 일단 신체축과 무게중심이 이동하며 회전자세가 만들어지기 시작하였다면, 여기에 맞춰서 바깥다리를 서서히 펴주면서 하중을 가하기 시작하여 바깥스키를 회전시키며 원심력을 만들어내야 한다.

이때 안쪽어깨부터 몸통을 지나서 바깥다리로 이어지는 긴 크로스축을 일자로 길게 늘어뜨린다는 이미지를 가지고 하중을 가해야, 회전 중에 발생하는 원심력과 저항력 등의 큰 외력에 버틸 수 있고, 또한 회전 시작에서 크로스축을 의식하며 일찍 하중을 가해야 원심력이 빨리 발생하여, 신체축의 기울어짐과 무게중심의 이동을 더욱 크게 하여 낙하력을 증가시킬 수 있다.

이렇게 회전 전반부터 중반까지는 크로스축을 의식하며 스키에 가해지는 외력과 하중을 증가시켜 폴라인 근처에서 스키에 가해지는 힘이 최대치가 되었다면, 폴라인을 지난 후반에는 서서히 크로스축을 짧게 줄인다는 의식을 가지고 스키에 가해지는 외력과 하중을 감소시켜, 지나치게 스키가 중력과 싸우며 산 위쪽으로 말려 올라가서 생기는 활주력의 감소를 줄이도록 해야 한다.

6. 양스키의 고저차를 적극적으로 조절하며 회전한다.

양스키의 고저차를 적극적으로 조절하며 회전한다.

내츄럴한 카빙롱턴은 회전의 전반부터 깊은 내경각을 만들며 회전을 시작하고, 회전의 후반부에는 내경각을 줄이며 다음 회전을 미리 준비해야 하기 때문에, 양발의 높이차이가 커지게 되어 양스키의 고저차도 증가하게 된다.

그러므로 내츄럴한 카빙롱턴을 원활하게 하기 위해서는 양스키의 고저차를 잘 조절하는 것이 필요한데, 특히 카빙롱턴의 경우에는 스키의 슬라이딩을 거의 사용하지 않고 하중에 의한 휘어짐만으로 회전을 조절하기 때문에, 스키의 휘어짐에 직접적으로 영향을 미치는 고저차의 고절은 카빙회전의 가장 중요한 요소중 하나이다.

내츄럴한 패러렐턴에서는 양스키의 고저차를 주로 안쪽다리로 조절하는 비율이 컸다면, 카빙롱턴에서는 회전의 국면에 따라서 양다리를 적절하게 사용하며 고저차를 조절하는 것이 좋다.

즉 회전의 전반부에는 낙하력을 만들어내기 위해 신체축과 무게중심을 회전의 안쪽으로 이동시키며 큰 내경각을 만들어야 하므로, 안쪽다리를 적극적으로 구부리며 회전 안쪽방향으로 고저차를 조절한다. 반대로 회전의 후반부에는 낙하력의 손실을 줄이기 위해 신체축과 무게중심을 다음 회전방향으로 미리 움직이며 내경각을 되돌여야 하므로, 바깥다리를 능동적으로 구부리며 회전 바깥방향으로 고저차를 조절한다.

고저차의 조절은 스키어의 신체가 원활하게 기울어질 수 있도록 양다리를 구부리거나 펴는 것이 주된 목적이지만, 고저차의 조절로 인하여 스키의 면과 스키에 가해지는 수직하중도 함께 컨트롤될 수 있으므로 카빙롱턴은 고저차로 조절한다고 해도 과언이 아니다. 이러한 고저차는 스탠스의 넓이, 스피드, 경사, 회전호의 깊이 등에 따라서 다양하게 조절할 수 있어야 폭 넓은 카빙롱턴을 구사할 수 있다.

7. 회전에 따라서 엣징타이밍을 다양하게 조절한다.

기존의 스키기술과 마찬가지로 내츄럴한 카빙롱턴에서도 다양한 회전호를 그리기 위해 여러가지 타이밍으로 엣징을 구사해야 한다. 내츄럴 스키테크닉의 핵심인 낙하력을 살리는 회전을 하거나 반대로 낙하력을 조금 잃더라도 회전력이 높은 컨트롤성 회전을 하기 위해서는 각각 다른 엣징 타이밍으로 회전을 해야 한다.

특히 회전의 목적에 따라 엣징을 시작하는 타이밍도 다르지만, 특히 엣징을 마무리하는 타이밍이 달라져야 목적에 맞게 회전을 할 수 있다. 즉 낙하력을 최대한 살리는 낙하성 회전에서는 바깥발의 엣징을 일찍 시작하여, 스키가 폴라인을 지나면 바로 엣징을 해방시킨다는 이미지를 가지고 얕은 회전을 하는 것이 좋고, 반대로 회전력을 살리는 컨트롤성 회전에서는 바깥발의 엣징을 조금 늦게 시작하여, 스키가 폴라인을 지나 어느 정도 깊게 회전이 마무리되고 엣징을 해방시킨다는 이미지를 가지고 깊은 회전을 하는 것이 좋다.

회전에 따라서 엣징타이밍을 다양하게 조절한다.

그리고 낙하력과 회전력을 동시에 추구하는 중간 성격의 회전에서는 엣징을 일찍 시작하지만 어느 정도 여유롭게 엣징을 해방시켜서 낙하력과 회전력을 동시에 추구하게 된다.

이렇게 다양하게 회전호를 그리기 위해서는 회전 전반에 얼마나 신체축을 기울이며 중심을 이동하는지와 회전 후반에 언제까지 신체축을 기울이며 회전을 지속할 것인가를 고려해야 한다.

즉 낙하성을 살리는 얕은 회전에서는 신체축을 비교적 조금 기울여서 일찍 되세우는 것이 좋고, 회전성을 추구하는 깊은 회전에서는 신체축을 비교적 많이 기울여서 늦게 되세우는 것이 필요하다.

8. 회전시 신체와 양팔은 십자가 모양을 유지한다.

회전시 신체와 양팔은 십자가 모양을 유지한다.

일반 스키어들이 내츄럴한 카빙롱턴을 시도할 때 가장 많이 하는 실수중 하나가 바로 신체를 지나치게 기울이려는 의식을 갖는 것이다. 특히 신체축을 의식하지 않고 상체만 안쪽으로 던지려고 하다가 회전의 바깥쪽 팔이 높게 들리면서 밸런스를 잃는 경우를 많이 볼 수 있다.

만약 상체를 회전호나 스피드, 경사, 원심력 등에 맞지 않게 기울이면, 바깥발의 그립력이 줄어들어 회전의 안정감이 떨어지게 되고, 회전에 필요한 하중이 모자라게 되어 회전의 시작이 지연되고 낙하력 또한 감소되며, 오히려 상체가 회전의 안쪽으로 꺾이며 기울어지는 내도(內倒)자세가 만들어져 자칫 균형을 잃고 넘어질 수도 있다.

내츄럴한 카빙롱턴을 시작할 때는 바깥팔을 들어올리며 회전의 바깥쪽을 펴주면서 회전에 들어가는 것보다 안쪽팔을 떨어뜨리며 회전의 안쪽을 구부려준다는 이미지를 가지고 회전을 시작해야 한다. 이때 안쪽팔도 지나치게 내리는 것보다는 신체축과 양팔이 십자가 모양을 유지하고, 마치 십자가가 기울어지듯 몸과 팔이 수직을 유지하면서 함께 움직이는 것이 좋다.

이렇게 양팔과 신체축을 십자가 모양을 유지하고 회전에 들어갈 때는 안쪽팔에 무거운 추가 달려있다고 생각하고, 자연스럽게 무거운 추가 달린 안쪽팔을 떨어뜨리며 신체를 함께 회전 안쪽으로 이동시켜서 중심이동을 실시하고, 회전의 중반부 이후에는 안쪽팔에 달려있던 무거운 추가 없어지면서 다시 오뚜기처럼 중립자세로 되돌아오며 다음 회전을 미리 준비하여야 한다.

9. 골반의 로테이션을 활용하여 회전호를 컨트롤한다.

골반의 로테이션을 활용하여 회전호를 컨트롤한다.

내츄럴한 패러렐턴과 마찬가지로 카빙롱턴에서도 골반의 사용은 회전의 컨트롤에 중요한 역할을 하게 된다.

특히 골반의 로테이션에 의해서 상체의 내향이 변화하게 되고, 스키에 가해지는 하중의 분포가 달라지게 되어 스키의 회전호가 깊어지거나 얕아지는데 큰 영향을 미친다. 즉 카빙롱턴에서 골반의 로테이션을 적극적으로 사용하면 스키의 회전력이 커지게 되어 깊은 회전호가 만들어지게 되고, 반대로 골반의 로테이션을 소극적으로 사용하면 스키의 회전력이 작아지게 되어 얕은 회전호를 만들기 쉬워진다.

또한 회전 전반에 골반의 로테이션을 사용하면 상체의 방향이 계곡쪽으로 향하게 되고, 스키어가 가하는 하중의 방향이 스키탑의 안쪽으로 작용하여, 보다 빠르게 스키의 회전을 이끌어 낼 수 있다.

하지만 너무 과도하게 골반을 돌리게 되면, 회전시작에서 스키가 계곡쪽으로 지나치게 빨리 떨어지게 되어 결과적으로 낙하력이 생기는 회전 전반부가 짧아지게 되므로 주의하고, 마찬가지로 회전 마무리에서는 스키가 과다하게 산쪽으로 말려 올라가면서 스키의 활주력과 낙하력이 감소할 수 있다.

그러므로 스키어가 원하는 회전호에 따라서 다양하게 골반을 사용해야 하는데, 특히 회전 전반에 낙하력을 충분히 받기 위해서는 급하게 골반을 회전시키는 것이 아니라, 어느 정도 여유를 가지고 신체축을 기울이면서 서서히 골반을 돌린다는 이미지가 있어야 회전 전반부가 길어지며 충분한 낙하력을 이끌어낼 수 있다.

마찬가지로 회전 후반에도 낙하력의 손실을 줄이기 위해서는 폴라인을 지난 다음에 어느 정도 골반의 회전을 줄인다는 이미지가 있어야, 스키가 과도하게 산위쪽으로 말려 올라가며 낙하력이 손실되는 것을 줄일 수 있다.

이렇게 골반의 로테이션을 잘 활용하면 스키에 가해지는 하중이 스키의 탑부터 시작하여 테일까지 원활하게 이동될 수 있기 때문에, 발목을 펴고 당기는 조작과 함께 매끄럽고 부드럽고 샤프한 카빙롱턴을 위해서 정확한 골반의 사용은 아주 중요하다.

NG

1. 고저차의 조절이 적절하지 않은 경우

회전전반에는 주로 안쪽다리를 이용해서 고저차를 조절한다

회전후반에는 주로 바깥쪽다리를 이용해서 고저차를 조절한다

기존의 카빙기술과 마찬가지로 내츄럴한 카빙에서도 매우 중요한 것이 바로 양스키의 고저차를 잘 조절하는 것이다. 이것은 스키가 설면을 파고들며 칼로 조각하듯 회전하는 카빙턴의 성격 때문인데, 카빙턴은 스키딩턴에 비해서 스키어의 조작이 개입하는 비율이 적어지게 된다.

즉 스키딩턴의 경우에는 회전을 시작할 때 하중을 가하고 엣지를 세우면서 스키의 테일을 회전의 바깥쪽으로 밀거나 혹은 스키의 탑을 회전의 안쪽으로 돌리면서 회전에 필요한 회전각을 만들며 회전을 시작한다. 하지만 카빙턴에서는 하중을 가하고 엣지를 세운 다음에 스키가 둥글게 휘어진 역캠버(리버스캠버, Reverse Camber)를 유지하고 스키의 탑이 회전의 안쪽으로 파고들면서 자동으로 회전각이 생기며 회전을 시작하게 된다. 그러므로 카빙턴은 스키딩턴에 비해서 스키어가 회전을 조절하는 비율이 줄어들게 되고, 회전의 컨트롤은 주로 하중의 크기와 엣지의 기울기를 이용하게 된다.

또한 내츄럴한 카빙턴에서는 스키어가 가하는 하중비율도 기존 카빙턴에 비해서 줄어들게 되므로, 내츄럴한 카빙턴은 그야말로 엣지의 각도로 회전을 컨트롤한다고 해도 과언이 아닐 것 이다.

이러한 엣지각은 수직하중의 기울기로 조절되고, 이 기울기는 신체축과 무게중심의 이동으로 만들어지게 되는데, 이는 양 다리의 굽히거나 펴면서 회전의 고저차를 잘 조절해야 정확하게 이루어지게 된다. 그러므로 내츄럴한 카빙턴에서는 고저차의 조절이 가장 중요한 것 중 하나라는 결론에 도달하게 된다.

이 고저차는 두 구간으로 나뉘어 조절되게 되는데, 회전의 전반부에는 신체축과 무게중심을 안쪽으로 이동시키기 위해서 주로 안쪽다리를 구부리며 조절하고, 반대로 회전의 후반부에는 신체축과 무게중심을 다시 가운데로 되돌리기 위해서 주로 바깥다리를 구부리며 조절하게 된다.

만약 고저차가 잘 조절되지 못하게 되면 신체축의 기울임과 무게중심의 움직임이 서로 어긋나게 되어 신체축과 밸런스가 무너지는 원인이 된다. 즉 회전의 전반부에 안쪽다리가 충분히 구부러지지 않으면 신체축이 회전 안쪽으로 꺾이며 내도자세가 만들어지게 되고, 반대로 회전의 후반부에 바깥쪽다리가 적절하게 구부러지지 않으면 신체축이 회전 바깥쪽으로 꺾이며 과도한 외경자세가 만들어질 수 있으니 주의해야 한다.

2. 바깥팔이 들리는 경우

바깥쪽팔이 지나치게 들리지 않도록 주의한다

내츄럴한 카빙턴의 하다보면 가장 흔하게 보는 실수중에 하나가 바로 바깥팔이 크게 들리며 회전에 진입하는 장면이다. 이는 스키비디오 등에서 회전에 들어가며 바깥팔이 들리는 것을 보고 그 원리에 대한 확실한 이해가 부족한 상태에서 겉모양만 따라가기 때문이다.

　카빙턴에서는 기본기술들에 비해서 중심이동의 양이 커지기 때문에, 양팔의 모양도 기본자세보다 약간 위로 들려서 높은 팔자세가 만들어지게 된다. 이렇게 양팔이 높게 들린 상태로 카빙턴을 하다보면 신체와 양팔이 마치 십자가와 비슷한 모양으로 움직이게 된다. 이 십자가 모양에서 양팔과 신체의 각도는 수직을 유지하는 것이 기본이고, 양팔은 마치 시소처럼 안쪽의 움직임에 의해 바깥쪽이 따라 움직이게 된다.

　실제로 회전에 진입하게 되면 안쪽팔에 무거운 추가 달려있다고 생각하며 안쪽다리를 구부리고 안쪽팔을 조금 내리면서 신체축을 기울이게 된다. 이때 반대쪽에 있는 바깥팔은 시소처럼 안쪽팔이 내려간 만큼 약간 들리면서 신체축의 기울임과 무게중심의 이동에 도움을 주게 된다. 즉 바깥팔이 들리는 것은 어디까지나 안쪽팔이 내려간 결과로서 나타나는 현상이고, 바깥팔 만을 높게 들면서 신체축을 기울이려고 한다면 밸런스를 잃는 원인이 될 수 있으므로 주의해야 한다.

　특히 카빙턴에서 신체축과 무게중심을 회전의 안쪽으로 이동시킴에 따라서 바깥스키에도 적절한 하중이 전달되어야 스키가 휘어지면서 역캠버가 만들어져 원활하게 회전에 들어갈 수 있다. 하지만 바깥팔이 높게 들리게 되면 바깥스키가 지나치게 가벼워지며 하중을 가하기가 어려워져서, 결과적으로 회전을 시작하는 타이밍도 지연되게 되므로 주의해야 한다.

　그러므로 비디오을 볼 때는 물론이고 실제로 스키를 탈 때도 바깥팔을 들어주는 동작은 그 자체가 목적이 아니라, 신체축과 중심을 이동시키기 위해서 안쪽팔을 내린 결과로서 만들어졌다고 미리 이해하고, 지나치게 비디오나 사진만을 보고 무분별하게 따라하는 것은 멀리해야 한다.

3. 신체축이 무너지는 경우

회전 전반부에 신체축이 안쪽이나 바깥쪽으로 무너지지 않도록 주의한다

회전 후반부에 신체축이 안쪽이나 바깥쪽으로 무너지지 않도록 주의한다

　내츄럴한 스킹은 과도하게 스키를 누르거나 지나치게 엣지를 세워서 스키를 돌려주는 것이 아니라, 어디까지나 자연의 힘을 충분히 활용하고 자신의 힘을 적게 사용하여, 보다 힘을 덜 들이고

신체에도 부담을 줄인 건강한 스키기술이라고 할 수 있다.

이를 위해서는 가장 중요한 것이 바로 신체의 축을 유지하는 것이다. 하지만 이 신체축을 유지하면서 회전하는 것은 의외로 어려운 것이고, 필요에 따라서는 신체축에 대한 미련을 조금 버리고 신체각을 약간 섞어서 회전을 해야 보다 효율적일 때도 있다.

하지만 카빙롱턴을 할 때 신체축이 무너질 수 있는데, 이것은 회전의 전반부와 후반부로 나누어서 생각해 볼 수 있다. 첫번째는 회전 전반부에 신체축이 안쪽으로 무너지거나 반대로 회전 바깥쪽으로 꺾이는 경우이다.

우선 신체축이 안쪽으로 무너지면서 내도자세가 만들어지는 것은 신체축을 고려하지 않고 지나치게 무게중심만 안쪽으로 이동시킨 경우인데, 일반스키어 사이에서 흔히 볼 수 있는 현상이다. 반대로 신체축이 회전의 바깥쪽으로 꺾이면서 과도하게 외경자세가 만들어지는 것은 바깥발을 지나치게 누르려는 의식 때문에 흔히 발생한다. 또한 내도자세의 경우는 회전의 안쪽으로 지나치게 몸을 돌리는 내향자세가 과할 때도 발생할 수 있고, 마찬가지로 외경자세는 스키가 앞뒤로 엇갈리는 전후차가 불필요하게 커졌을 때도 생길 수 있다.

두번째는 회전 후반부에 신체축이 안쪽이나 바깥쪽으로 무너지는 경우이다. 이것은 회전 후반부의 단독적인 문제라기 보다는 회전 전반부의 문제가 후반부까지 연쇄적으로 영향을 미치는 경우가 크다. 즉 회전 전반부에 내도자세가 만들어지며 신체축이 무너진 것이 그대로 회전의 후반부까지 이어져서 바깥스키의 그립력이 약하면서 밸런스를 잃거나 넘어질 수도 있고, 스키가 지나치게 말려 돌아가서 스키의 낙하력과 활주력이 크게 손실되어 버린

다. 반대로 회전 전반부에 과도한 외경자세가 만들어지게 되면 회전 후반부에 신체가 중립자세로 되돌아올 때 스키의 엣지가 늦게 풀리게 되어 원활하게 다음 회전으로 진입하는 것이 어려워지게 된다.

내츄럴한 스킹에서 자연의 힘을 잘 이끌어내고 이것을 잘 이용하기 위해서는 신체를 하나의 봉처럼 만들어주는 신체축은 필수요소이다. 특히 활주스피드가 빠르고 원심력이 큰 카빙롱턴에서는 신체축이 잘 만들어져야 적은 내력으로 큰 외력에 잘 버틸 수 있게 된다. 그러므로 평상시에도 축을 만들어주는 쉐도우 트레이닝을 거울을 보고 미리 연습하여 스키장에 나갔을 때의 연습시간을 절약하는 것도 좋은 방법이다.

플러스
알파

1. 카빙롱턴에서의 회전 이미지

카빙롱턴은 회전호가 크고 활주스피드가 빠른 만큼 회전에서 신체의 낙차는 물론이고 회전의 낙차도 크게 마련이다. 또한 슬로프의 경사가 급해질수록 신체와 회전의 낙차는 더욱 커지게 되는데, 이렇게 급사면을 빠른 스피드의 카빙롱턴으로 활주하며 큰 낙차를 만드는 것은 상당히 난이도가 높은 기술이라고 할 수 있다.

왜냐하면 회전의 전반부는 경사에 거꾸로 서서 회전을 만들어 가는 구간이므로, 신체를 계곡방향으로 크게 던지며 신체의 낙차

를 만드는 것이 부담스럽고, 이렇게 신체가 거꾸로 선 계곡돌기 구간이 길어져야 회전의 낙차 또한 커지기 때문에 더욱 어려울 수밖에 없다.

이러한 어려움을 극복하고 회전전반의 계곡돌기 구간에서 신체의 낙차를 크게 만들게 되면 연속된 회전에서도 큰 낙하구간을 가지기 때문에, 스키어 자신이 느끼는 짜릿한 스릴은 물론이고, 관람자의 입장에서도 시원시원하게 낙하하는 스키의 매력을 확실히 느끼게 해준다.

이렇게 낙하력이 풍부한 회전을 만들기 위해서는, 일단 신체의 낙차를 크게 하고 그 다음 회전의 낙차를 순차적으로 늘려야 한다. 이를 위해서는 중급사면에서 패러렐턴을 반복하면서 정확한 신체동작과 확실한 스키조작을 먼저 익힌 다음, 서서히 경사와 스피드를 늘려서 급사면 카빙롱턴에 도전하는 것이 보다 안전하고 빠른 방법이다.

리를 굽히며 신체축과 무게중심을 안정적으로 이동시키는 연습을 먼저 실시하고, 익숙해지면 급사면으로 올라가서 보다 적극적으로 신체축과 무게중심을 크게 이동시킬 수 있어야 한다. 이때 경사가 급해지고 신체의 낙차가 커질수록 밸런스를 잃을 가능성이 높아지는데, 여기게 맞춰서 바깥다리를 펴주면서 바깥스키에 적절한 하중을 걸어주는 것이 포인트이다.

계곡돌기를 길게 유지

다음은 회전의 낙차를 크게 하여야 하는데, 이것은 계곡돌기 구간을 길게 가져가야 만들 수 있다. 이를 위해서는 스키를 급하게 회전시키는 것이 아니라, 허락된 스피드와 원심력 안에서 최대한 천천히 스키가 회전하며 길게 떨어지도록 기다릴 수 있어야 한다. 연습방법은 위와 마찬가지로 중사면 패러렐턴에서 시작하여 급사면 패러렐턴으로 발전하고, 익숙해지면 급사면에서 카빙롱턴을 시도하면서 실전감각을 기르는 것이 좋다.

안쪽발의 밸런스 능력 향상

먼저 신체의 낙차를 크게 하기 위해서는 안쪽발을 이용한 밸런스 능력이 높아져야 한다. 중사면에서 패러렐턴을 하면서 안쪽다

먼저 패러렐턴을 시도할 때는 어느 정도 스키딩이 동반되기 마련인데, 처음에는 바깥스키의 테일슬라이드를 많이 이용하여 안정감이 높은 회전을 하면서 계곡돌기의 감각을 익히고, 익숙해지면 테일슬라이드를 서서히 줄여가며 보다 스키가 몸에서 오랜 시

간 멀어지며 낙하를 지속하는 느낌을 기르도록 한다. 이때 앞서 연습한 안쪽발의 밸런스 능력이 중요한데, 이 능력이 부족하면 자신도 모르게 스키를 급하게 돌려서 계곡돌기 구간이 짧아지므로 주의한다.

이처럼 카빙롱턴에서 신체의 낙차와 회전의 낙차를 크게 하기 위해서는 오랜 시간동안 다양한 연습이 필요하게 되는데, 처음부터 무리하게 카빙으로만 연습을 지속하게 되면 오히려 안쪽발의 밸런스 능력을 기르기도 어렵고, 카빙롱턴에서도 계곡돌기 구간은 짧아지고 산돌기 구간만 긴 제동성 회전이 만들어지기 쉬우므로 주의한다.

카빙롱턴의 계곡돌기

패러렐턴이 익숙해지면 경사와 스피드를 올려서 본격적인 낙차 큰 카빙롱턴에 도전해 보는데, 이때는 회전전반에서 스키를 돌린다는 의식은 거의 없어지고 신체축과 무게중심이 이동하는 것에 맞춰서 스키가 끝없이 몸에서 멀어질 때까지 기다리는 인내심과 넘어지지 않을 것이라는 자신감과 언젠가는 스키가 회전하여 되돌아 올 것이라는 믿음이 필요하게 된다.

카빙롱턴은 패러렐턴과는 다르게 스키딩을 거의 사용하지 않으므로 회전전반에 골반을 무리하게 돌릴 필요는 없고, 오히려 스키가 진행하는 방향에 맞춰서 골반방향을 정향으로 셋팅해주고 스키가 회전함에 따라서 골반도 자연스럽게 따라간다는 이미지가 필요하다. 이렇게 회전 전반의 계곡돌기를 길게 유지한다는 의식을 가지게 되면, 스키도 최대한 긴 시간동안 계곡돌기를 유지하게 되고, 결과적으로 낙하력이 큰 카빙롱턴이 만들어지게 된다.

NATURAL SKI TECHNIQUE

Lesson **09**

내츄럴 카빙숏턴
Natural Carving Shortturn

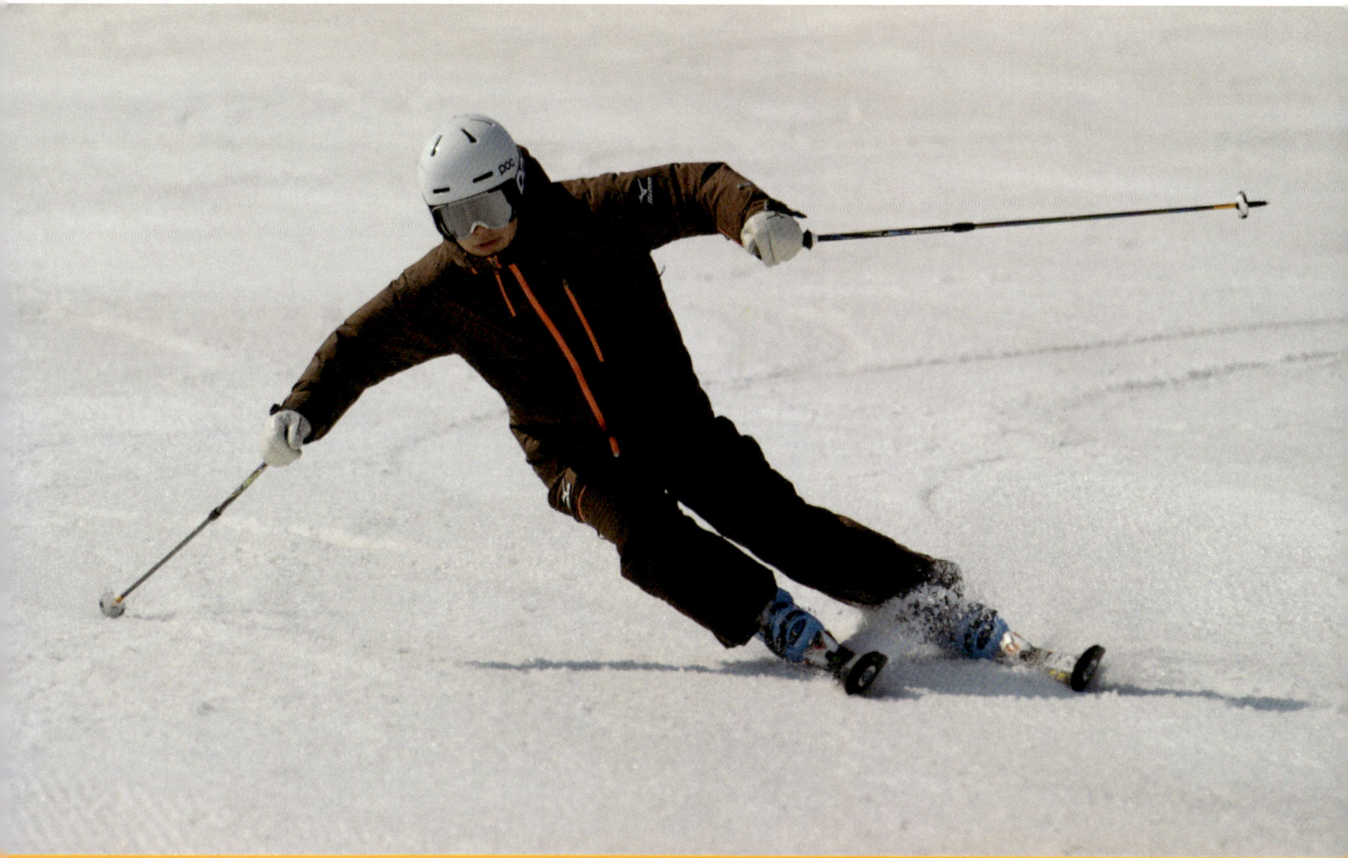

front

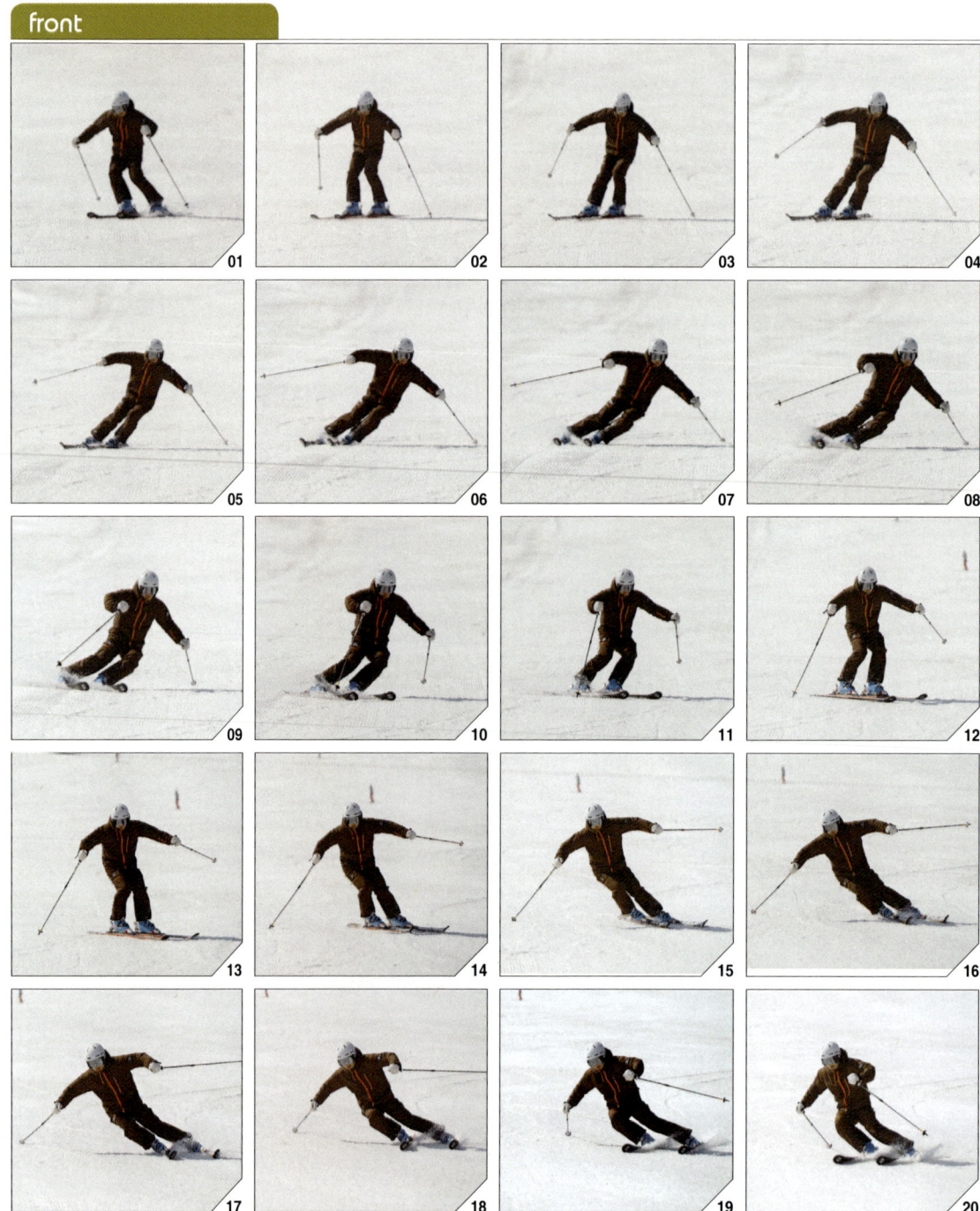

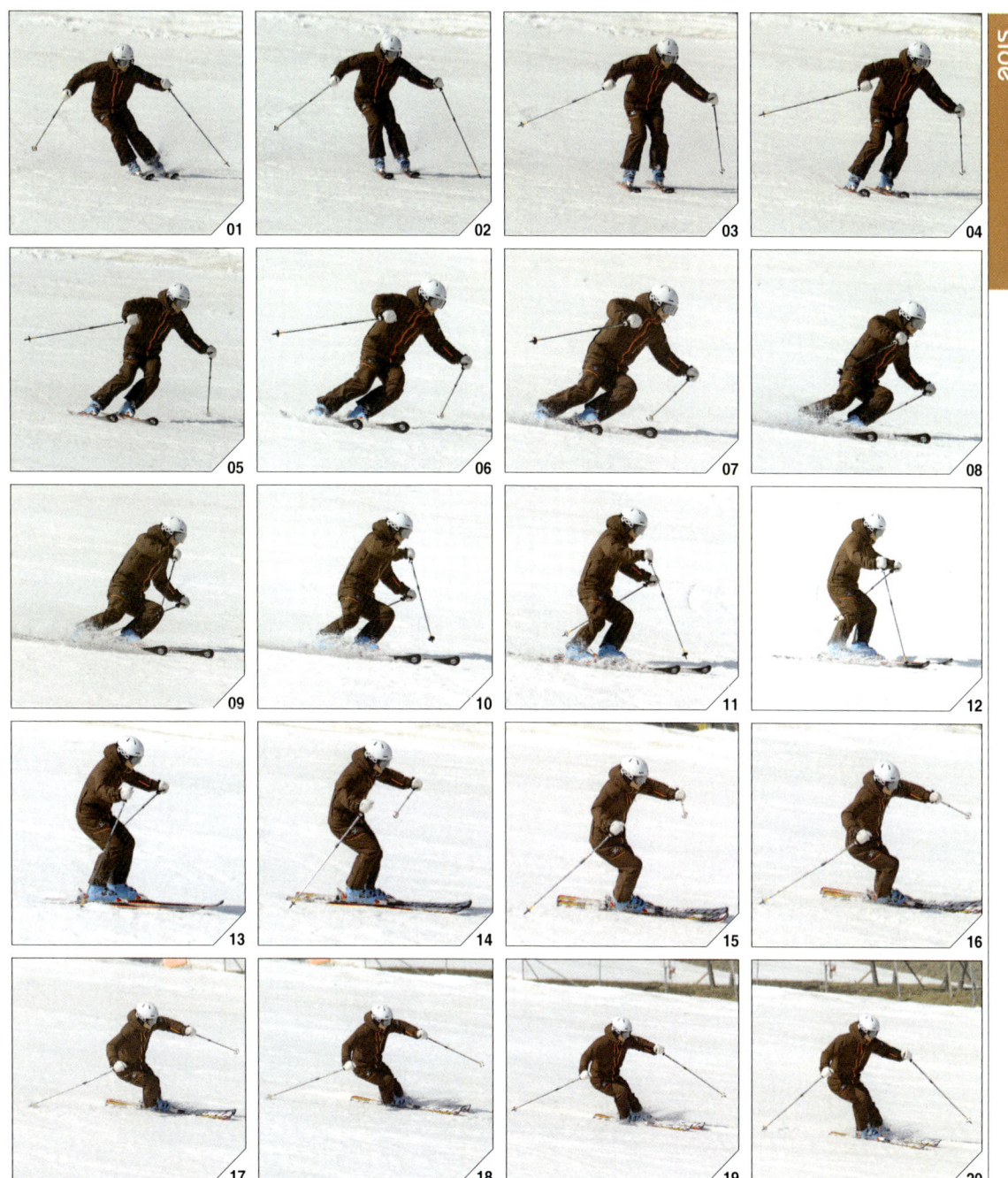

내츄럴한 카빙롱턴으로 신체축과 무게중심의 과감한 이동은 물론이고 강한 외력에 버틸 수 있는 신체감각이 길러지고, 내츄럴한 숏턴을 통하여 리드미컬하고 작은 회전을 만들 수 있는 조작능력이 높아졌다면 이제는 카빙기술과 숏턴기술을 복합하여 짧은 리듬의 카빙턴을 연속하는 내츄럴한 카빙숏턴에 도전하여 보자.

내츄럴한 카빙숏턴은 기존의 카빙숏턴에 비해서 신체축과 무게중심의 이동을 크게 하여 외력의 활용도가 높아지고 내력의 사용이 상대적으로 줄어서 경제성이 높은 회전이라고 할 수 있으며, 신체축의 내경각이 커지고 외력의 사용도가 늘어난 만큼 기존의 카빙숏턴에 비해서 회전호도 커지게 되어 비교적 여유로운 리듬의 숏턴이 만들어지게 된다.

또한 기존의 카빙숏턴은 상체를 폴라인 방향으로 고정시키는 비율이 커서 회전 후반부에 상하체가 비틀어지며 신체저항이 생겨 스키가 활주하는 턴스피드가 감소했던 것에 비해서, 내츄럴한 카빙숏턴은 상체와 스키의 방향이 정향으로 유지되는 비율이 커서, 회전의 전반부는 물론이고 회전의 후반부에도 스키의 활주력이 유지되며 스키가 가진 고유한 성능이 충분히 발휘되는 경제적인 기술이라고 할 수 있다.

그리고 짧은 리듬내에서 신체축의 기울임을 충분히 이끌어내야 하므로, 기술이 향상될수록 스키가 살아 움직이는 듯한 약동감과 극한의 원심력을 느끼는 스릴감을 동시에 즐길 수 있어 스키어가 느끼는 재미는 더욱 커지게 된다.

하지만 일반적인 카빙숏턴과 마찬가지로 빠른 스피드에서 카빙턴을 연속해야 하므로 환경적인 제약은 여전하다고 할 수 있다. 즉 지나치게 경사가 심한 슬로프에서는 숏턴리듬을 살리지 못하고 스피드만이 폭주할 수 있고, 반대로 너무 완사면에서는 카빙이 잘 구사되지 않고 리듬도 지나치게 작아질 수 있다. 또한 설질이 너무 부드러우면 그립력이 작아서 엣징이 유지되기 어렵고, 슬로프 표면이 매끄럽지 못한 경우에는 밸런스와 리듬을 잡기가 어려워진다. 그러므로 카빙숏턴은 슬로프의 상황을 잘 파악해서 선별적으로 시도해야 안전하고 여유롭게 기술을 구사할 수 있다.

내츄럴한 카빙숏턴의 짧은 리듬내에서 신체축을 크게 기울이며 중심이동과 낙하력을 증가시키기 위해서는, 카빙롱턴과 같이 스키의 진행방향을 크게 바꾸지 않고 상체를 많이 움직이는 크로스오버(Cross Over)의 이미지보다는, 상체의 좌우이동을 줄이고 스키의 진행방향을 회전 바깥쪽을 크게 움직여주는 언더크로스(Under Cross, 크로스언더)의 이미지를 가지는 것이 좋다. 이렇게 언더크로스의 이미지로 회전을 계속하면 어느 순간부터는 신체와 스키의 움직임이 마치 머리를 중심으로 좌우로 일정하게 흔들리는 시계추의 진자운동을 닮아감을 느낄 수 있다.

이렇게 상체의 움직임을 줄이고 스키의 움직임을 크게 하다 보면 당연히 상하체의 중심이 크게 교차되는 느낌을 받게 되는데, 슬로프라는 평면위를 낙하하면서 상하체가 안정되게 좌우로 빨리 움직이기 위해서는, 신체의 길이가 고정된 것이 아니라 회전구간에 따라서 길이가 변하여 마치 용수철처럼 탄력있게 움직여야 한다. 이를 위해서는 회전 전반에 하체를 펴주는 이완동작과 회전 후반에 하체를 굽혀주는 흡수동작을 적극적으로 사용해야 한다.

또한 카빙숏턴이라고 해서 엣지를 지나치게 세워서 급격하고 타이트한 엣징을 사용하는 것이 아니라 어디까지나 부드럽고 여유로운 엣징을 사용해야 하는데, 특히 회전 전반에 스키를 신체의 중심에서부터 최대한 멀어지도록 회전의 바깥쪽을 밀어내기 위해서는, 비교적 루즈한 느낌으로 엣징을 시작하는 것이 좋다. 마찬가지로 너무 엣지를 많이 세워서 회전을 마무리하면 스키가 지나치게 설면을 파고들며 산쪽으로 말려 올라가서, 중립자세에서 다음 회전으로 진입할 때 스키가 튀면서 밸런스를 잃어서 어려움을 겪을 수 있다.

카빙숏턴은 짧은 리듬의 숏턴을 하면서도 외력이 크게 작용하는 카빙턴을 구사하기 때문에 양폴을 이용하여 밸런스를 유지하는 것이 중요한데, 숏턴리듬을 맞춰주기 위해서는 롱턴처럼 폴체킹을 과감하게 간소화하는 것이 아니라, 심플하지만 리드미컬하게 폴체킹을 해주어야 한다. 또한 카빙턴 특유의 큰 내경각이 나오게 되므로 폴을 비스듬하고 넓게 잡아야 회전에 방해가 되지 않고 폴을 찍은 이후에도 설면의 감각을 잘 느낄 수 있는 센서역할도 하기 좋다.

기존의 카빙숏턴이 재빠른 리듬에 포커스를 맞춰서 숏턴을 기본으로 하여 카빙을 섞은 것이라면, 내츄럴한 카빙숏턴은 큰 외력이 작용하는 카빙을 주축으로 숏턴의 리듬을 추가한 것이라고 볼 수 있다. 그러므로 내츄럴한 카빙숏턴은 숏턴보다는 미들턴의 리듬에 가까운 기술이 될 수도 있는데, 보다 다양한 리듬으로 기술의 폭을 늘리기 위해서는 기존 카빙숏턴의 상체고정이나 외경자세 등을 적절하게 섞어서 여러가지 형태로 연습하는 것이 좋다.

방법

어느 정도 경사가 있는 중사면 이상을 선택하여 스피드를 붙인 상태에서 회전을 시작한다.

카빙숏턴은 빠른 스피드로 재빠른 리듬의 숏턴을 연속해야 하므로, 높은 밸런스 능력과 스키 조작능력이 필요하고 처음부터 무리하게 경사와 스피드를 올리기보다는, 중사면 정도에서 중간 속도로 연습을 시작하여 익숙해지면서 점진적으로 경사와 스피드를 올리고, 회전호의 종류도 다양하게 시도해본다.

빠른 스피드에서 재빠른 리듬으로 회전하기 위해서는 신체축을 이용하여 외력에 대응하고 무게중심을 사용하여 낙하력을 발생시키는 것도 필요하지만, 어느 정도 내력을 적극적으로 사용해야 빠른 리듬의 숏턴이 가능하며, 둥근 회전호가 잘 그려지기 위해서는 하중이 스키탑에서 테일까지 원활하게 이동하는 전후운동이 필요하게 된다. 그러므로 회전 시작부에서는 발목을 내려주며 스키탑쪽에 하중을 걸어주었다가 회전 후반부에는 발목전체를 들면서 뒤꿈치쪽으로 하중을 이동시키는 발목조작을 골반의 회전과 함께 동시에 행하는 것이 좋다.

회전을 시작하기 위해서 안쪽다리를 구부리며 신체축과 중심이동을 하면서 양스키를 회전의 바깥쪽으로 밀어내기 시작한다. 이때 신체의 아래쪽에 있던 양스키가 회전의 바깥쪽으로 이동할수록 양스키의 고저차가 커지게 되므로 안쪽다리를 적절하게 구부리며 고저차에 잘 대응하도록 한다. 또한 상체의 방향을 계곡쪽으로 향하며 골반을 돌려주어 스키탑에 하중이 잘 걸리도록 하는 내향자세를 만들어준다.

이렇게 스키탑에 하중이 걸리면서 회전이 시작되면 부드러운 엣징을 사용하며 스키를 최대한 몸밖으로 벗어나도록 밀어내기 시작한다. 이때 한번에 강한 하중을 가하거나 너무 급하게 엣지를 세우면, 스키에 가해지는 압력이 갑자기 커지며 원활하게 미끄러지지 않아서 스키를 몸 밖으로 보내는 조작이 어려워지게 된다.

스키가 폴라인에 들어서게 되면 신체축이 최대한 펴지고 무게중심과 스키와의 거리도 가장 멀어지게 된다. 이와 더불어 신체축의 내경각으로 만들어진 엣지각도도 가장 커지고, 스키어가 버텨야 하는 외력도 최대치가 된다. 이 타이밍에 맞춰서 살짝 폴을 비스듬하게 내밀면서 폴체킹을 준비하게 되는데, 여기서는 상체와 스키방향이 일치하며 자연스러운 정향자세가 나오게 된다.

스키가 폴라인을 지나서 회전 후반부에 들어서면 다시 스키가 회전의 안쪽으로 되돌아오며 신체축이 짧아지기 시작하고, 최대한 기울어졌던 신체축도 다시 중립자세를 향해서 일어나기 시작한다. 또한 신체축이 일어나면서 스키의 엣지도 해방되기 시작하는데, 엣지를 풀어주는 타이밍은 회전호의 깊이에 따라서 조금 달라지게 된다.

이렇게 엣지가 해방되면서 스키가 회전에서 빠져나오기 시작하면 설면에 터치하듯 가볍게 폴체킹을 하게 되는데, 폴을 찍어주는 타이밍에도 아직 신체축의 기울어짐은 완전히 풀리지 않고 남아있게 되므로, 폴을 바깥쪽으로 비스듬하게 찍어주어야 스키의 움직임을 방해하지 않는다.

스키가 회전에서 완전히 빠져나오면 다시 신체의 아래로 스키가 되돌아오는 중립자세가 만들어지게 되는데, 비록 빠른 스피드와 짧은 리듬의 카빙숏턴이지만 중립자세는 확실하게 의식하는 것이 다음 회전을 부드럽게 연결할 수 있다.

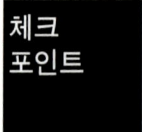

체크 포인트

1. 안쪽스키의 아웃엣지를 의식하며 적극적으로 회전을 시작한다.

안쪽스키의 아웃엣지를 의식하며 적극적으로 회전을 시작한다.

내츄럴 카빙롱턴과 마찬가지로 내츄럴한 카빙숏턴에서도 적극적으로 신체축을 기울이고 무게중심을 이동시키며 회전에 진입하여야 한다. 하지만 카빙숏턴은 롱턴에 비해서 작은 호를 그려야 하는 특성상 카빙롱턴처럼 순도높은 카빙이라기 보다는, 카빙을 기본으로 하여 약간의 스키딩이 섞여서 회전하여야 숏턴에 가까운 회전호를 쉽게 그릴 수 있다.

작은 호의 카빙턴을 하기 위해서는 적극적인 중심이동도 중요하지만, 중심이동과 함께 스키의 어느 지점을 기준으로 스키를 돌릴지를 의식하는 것도 중요한 포인트이다. 즉 회전호가 큰 롱턴에서는 신체축을 기울이며 중심이동을 하고 스키에 하중을 가한 다음 스키가 돌아갈 때까지 다소 수동적으로 기다리는 여유가 필요하지만, 회전호가 작은 숏턴에서는 신체축의 기울임, 중심이동 및 하중과 더불어 스키를 능동적으로 돌려주는 적극적인 스키조작이 필요하다.

이처럼 스키를 적극적으로 회전시키기 위해서는 안쪽스키의 아웃엣지를 의식하여 신체의 중심을 안쪽스키보다 더 안쪽으로 이동시키는 동시에, 아웃엣지의 뒤꿈치쪽을 기준으로 안쪽스키의 탑을 회전의 안쪽으로 돌려주는 이미지를 가지고 보다 확실하게 회전을 이끌어내야 한다. 이렇게 안쪽스키의 아웃엣지를 기준으로 스키를 회전시키면 양스키의 카빙비율에 미묘한 차이가 생기게 되는데, 안쪽스키는 중심에서 가깝고 회전을 주도하며 카빙을 그리기 때문에 스키탑이 움직이는 비율이 조금 높고, 반대로 바깥스키는 중심에서 멀고 안쪽스키를 뒤따르며 카빙을 하기 때문에 안쪽스키에 비해서 스키탑의 움직임이 조금 작아져서, 서로 다른 성격의 카빙을 그리게 된다.

2. 회전 전반에는 부드러운 엣징으로 스키를 몸밖으로 밀어낸다.

내츄럴한 카빙숏턴은 회전호가 작은만큼 재빠르게 회전을 연속하여야 하는데, 이를 위해서는 회전시작에서 양스키를 몸밖으로 빠르게 밀어내며 턴포지션을 만들어야 한다. 이렇게 일찍부터 턴포지션을 만들기 위해서는 회전시작부터 타이트한 엣징을 사용하기 보다는 조금 부드러운 엣징을 사용하며 약간은 헐거운 느낌으로 카빙을 시작하는 것이 필요하다.

회전 전반에는 부드러운 엣징으로 스키를 몸밖으로 밀어낸다.

즉 회전시작부터 지나치게 엣지를 세워서 급격한 하중을 가하면, 스키탑이 과도하게 설면을 파고들고 센터와 테일의 설면저항이 커져서 원하는 만큼 스키를 회전 바깥쪽으로 이동시키기 어렵게 된다. 이 결과 하체가 꺾이며 신체축이 무너지거나 과도한 엣지를 풀기 위해서 몸을 안쪽으로 기울이며 내도자세가 나오거나 혹은 다리만 움직이는 카빙숏턴이 되어서 외력의 활용도가 낮은 비효율적인 회전이 되어버린다.

그러므로 작은 호와 짧은 리듬의 내츄럴한 카빙숏턴을 하더라도 어느 정도 여유를 가지고 부드러운 엣징과 여유로운 하중을 가하여, 스키가 탑부터 테일까지 단계적으로 설면을 파고들며 충분히 몸 밖으로 벗어나도록 유도해야 한다. 이렇게 스키가 몸 밖으로 벗어나 턴포지션이 잘 만들어지면 회전에서 오는 강한 외력에 안정적으로 버틸 수 있고, 무게중심의 이동량이 커져서 보다 큰 낙하력을 얻을 수 있으며, 스키가 중심에서 멀어지며 만들어지는 위치에너지의 활용도가 커지며, 신체에도 무리가 덜 가는 경제적인 카빙숏턴을 할 수 있다.

3. 시계추의 이미지를 가지고 회전한다.

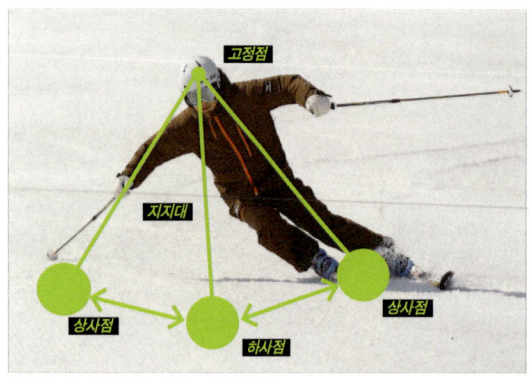

시계추의 이미지를 가지고 회전한다.

내츄럴한 카빙롱턴은 기본적으로 신체축과 무게중심을 이동시키며 회전하기 때문에 회전시 스키보다는 신체의 움직임이 커져서 마치 오뚜기처럼 좌우로 움직이며 회전을 하게 된다. 하지만 카빙숏턴의 경우에는 신체의 움직임도 있지만 스키를 몸 옆으로 밀어내며 하체가 움직여서 회전을 하는 비율이 커지기 때문에 마치 시계추의 이미지를 가지고 회전하게 된다.

즉 스키어의 머리는 시계추의 위쪽에 있는 고정점, 양스키는 무거운 추, 그리고 신체는 고정점과 추를 연결하는 지지대의 역할을 각각 하게 된다. 이렇게 시계추의 이미지를 가지고 회전할 때는 크게 두가지의 지점을 의식해야 한다. 첫번째는 시계추가 중심에 위치하여 가장 낮은 위치에 있는 하사점과 반대로 양쪽 위에 위치하여 가장 높은 위치에 있는 상사점의 생각하며 스킹을 하는 것이 좋다.

시계추가 가장 높은 양쪽끝의 상사점에 위치한 경우에는 양스키가 스키어의 머리에서 최대한 멀어져서 회전의 최대점(폴라인 근처)에 이른 상태이며, 반대로 시계추가 가장 낮은 가운데 하사점에 위치한 경우에는 양스키가 머리에서 가장 가까워서 회전의 중립점(뉴트럴 근처)을 통과하는 상태이다.

물론 시계추는 좌우로 흔들리는 진자운동을 하고 스키는 원을 그리며 낙하하는 회전운동을 하기 때문에 조금 다른 면도 있지만, 시계추의 운동을 보면 내츄럴한 스킹의 원리를 생각해 볼 수 있다. 즉 하나의 턴을 폴라인부터 다음 폴라인까지 "S(에스)자" 모양으로 생각한다면, 시계추가 상사점에 있는 양끝에서는 스키의 위치에너지가 최대가 되고 상사점의 위치를 높이면 높일수록 위치에너지는 커지기 때문에, 스키어는 회전 전반부에 스키를 몸 밖으로 최대한 많이 보내면 그만큼 많은 위치에너지를 얻게 된다.

이렇게 얻어진 위치에너지는 시계추가 하사점을 통과하는 가운데에서 스키의 운동에너지가 최대가 될 것이고, 스키가 가졌던 위치에너지가 운동에너지로 손실없이 변환되기 위해서는 회전 후반부에 지나치게 엣징을 쓰기보다는 엣징을 잘 풀어주어 하사점을 통과하는 스키의 속도가 최대가 되어야 한다. 또한 시계추와 다르게 스키에서는 고정점인 머리가 끊임없이 다음회전 방향으로 넘어가면서 이동하고, 추가 움직이는 공간도 슬로프라는 평면으로 한정되어 있기 때문에 스키가 저항을 덜 받고 위치에너지가 운동에너지로 변환효율이 높아지기 위해서는 지지대의 역할을 하는 신체의 구부러짐과 펴짐이 생겨야 한다.

특히 스키가 상사점에서 하사점으로 내려올 때 머리가 잘 넘어가고 스키의 저항이 덜 걸리도록 하기 위해서는 지지대의 역할을 하는 신체의 구부러지며 불필요한 엣징과 압력을 흡수하고, 고정점과 슬로프와의 거리를 줄여야 원만한 중심이동을 할 수 있다. 반대로 시계추가 상사점을 향하여 이동할 때는 지지대의 역할을 하는 신체를 펴주면서 스키라는 추가 최대한 높은 위치까지 이를 수 있도록 도움을 주어야 한다.

4. 동시조작의 이미지로 양다리를 움직인다.

동시조작의 이미지로 양다리를 움직인다.

내츄럴 스키테크닉은 기본적으로 안쪽이 먼저 움직이고 바깥쪽이 안쪽을 따라가면 회전을 하게 된다. 즉 안쪽다리가 먼저 구부러지며 신체축의 기울임과 무게중심이 이동을 만들어서 회전의 계기를 마련하고, 바깥다리가 펴지면서 하중을 가하며 회전을 하게 된다. 그러므로 내츄럴 스키테크닉은 양다리가 같게 움직이는 동시조작(同時操作)보다는 오히려 양다리가 각각의 움직임을 하며 마치 자전거 페달을 밟듯 다르게 움직이는 교호조작(交互操作)의 비율이 높다 할 수 있다.

특히 카빙롱턴과 같이 시간적인 여유가 있고 신체의 기울임과 무게중심의 이동이 큰 경우에는 상대적으로 안쪽다리와 바깥다리가 다르게 움직이는 비율이 커지게 된다. 하지만 카빙숏턴에서는 회전리듬이 짧고 신체축과 무게중심의 사용비율이 카빙롱턴에 비해서 작기 때문에, 지나치게 교호조작을 의식하여 안쪽과 바깥쪽을 다르게 사용하면 숏턴의 짧은 회전호를 만들기가 어려워진다.

또한 카빙숏턴에서는 신체축을 기울이는 것뿐만 아니라, 재빠른 스키조작과 안정된 신체중심을 위해서 어느 정도 신체가 회전 바깥쪽으로 꺾이는 외경자세를 섞어서 사용하기 때문에, 리듬이 짧아질수록 양다리를 동시에 움직이는 동시조작을 의식하는 것이 좋다. 이렇게 동시조작을 기본으로 하여 신체의 안정감과 회전의 리듬감을 만들어내고, 양스키의 고저차를 안쪽다리로 조절하는 교호조작의 조금 가미해 주어 신체축이 기울어지고 무게중심이 이동되며 양스키가 최대한 신체에서 멀어지도록 하는 것이, 안정되고 리드미컬하며 효율적인 카빙숏턴을 만드는데 도움이 된다.

5. 회전호에 따라서 축(軸)과 각(角)의 비율을 조절한다.

내츄럴한 카빙숏턴은 숏턴에 카빙요소가 적절하게 섞인 기술이라고 할 수 있다. 즉 숏턴처럼 짧고 리드미컬한 회전호를 그릴 수 있으면서도 카빙턴 특유의 스피드와 외력에도 잘 적응할 수 있어야 한다.

숏턴처럼 짧고 리드미컬하게 회전호를 그리기 위해서는 상체의 움직임을 줄이고 하체위주로 회전을 만들어가야 하는데, 이렇게 상체를 고정시키고 하체를 움직이다 보면 자연스럽게 신체의 각(角, Angle)이 나오게 되어 외경자세(앵귤레이션, Angulation)가 만들어지게 된다. 반대로 외력에 잘 버티고 낙하력을 많이 이끌어내기 위해서는 신체가 하나의 봉처럼 기울어지며 신체의 축(軸, Axis)이 나오게 되어 내경자세(인클리네이션, Inclination)가 만들어지게 된다.

회전호에 따라서 축(軸)과 각(角)의 비율을 조절한다.

이렇게 만들어진 신체의 각과 축은 카빙숏턴의 성격에 따라서 적절한 비율로 섞이면서 회전을 만들게 되는데, 리듬이 짧고 회전호가 작은 카빙숏턴에서는 비교적 신체의 각을 사용하는 비율이 많아지고, 반대로 리듬이 길고 회전호가 큰 카빙숏턴에서는 신체의 축을 사용하는 비율이 커지게 된다. 또한 하나의 회전에서도 회전전반에는 신체와 스키의 이동방향이 같기 때문에 신체축의 비율이 커지고, 회전후반에는 신체와 스키가 서로 교차되면 움직이기 때문에 신체각의 커지는 경향이 있다.

6. 회전호에 따라서 슬라이딩과 전후운동의 비율을 조절한다.

회전호에 따라서 슬라이딩과 전후운동의 비율을 조절한다.

내츄럴한 카빙숏턴도 다양한 회전호로 후반부를 마무리할 수 있는데, 회전호의 깊이에 따라서 다양한 스키조작과 신체동작이 필요하게 된다. 특히 회전호의 성격과 깊이에 따라서 적절하게 슬라이딩과 전후운동을 섞어서 다양한 컨트롤을 하는 것이 카빙숏턴의 기술폭을 넓히는데 도움이 된다.

카빙숏턴은 기본적으로는 스키가 설면을 자르듯이 회진하는 카빙의 순도가 높지만, 스키의 회전반경과 휘어짐에는 한계가 있기 때문에 깊은 회전호를 그리기 위해서는 약간의 슬라이딩이 섞여서 행하여진다. 특히 깊은 카빙을 위해서는 회전 전반부에 양스키를 회전의 바깥쪽으로 크게 밀어내야 하는데, 이때 지나치게 엣지를 세워서 타이트한 카빙을 추구하기 보다는 슬라이딩도 조금 섞어서 루즈한 카빙을 해야 깊은 회전호를 그리기 쉽다.

또한 깊은 카빙회전을 위해서는 전후운동을 사용하여 스키탑부터 테일까지 순차적으로 하중이 가해져야 하는데, 지나치게 신체의 밸런스를 앞뒤로 움직이기 보다는 골반의 로테이션을 이용하여 자연스럽게 하중포인트가 변화하도록 유도하는 것이 좋다. 이렇게 깊은 카빙숏턴을 하다보면 스키가 주로 종(縱)방향보다는 횡(橫)방향으로 진행하는 비율이 커지므로 스키의 회전력을 잘 이끌어내야 한다.

반대로 얕은 회전호의 카빙을 하기 위해서는 회전 전반부터 엣지를 세워줘서 카빙의 순도를 높여야 하는데, 이때는 스키가 회전의 바깥쪽으로 크게 밀려나기 보다는 스키어의 중심에서 멀지 않은 곳에서 회전하는 이미지를 가지도록 하고, 또한 전후운동을 크게 사용하기 보다는 스키의 센터부근에서 하중포인트가 안정되는 이미지를 가지는 것이 좋다. 이렇게 얕은 카빙숏턴을 하다보면 스키가 주로 횡(橫)방향보다는 종(縱)방향으로 진행하는 비율이 커지므로 스키의 낙하력을 잘 이끌어내야 한다.

7. 회전후반에는 적극적인 흡수동작을 사용한다.

회전후반에는 적극적인 흡수동작을 사용한다.

내츄럴한 숏턴과 마찬가지로 카빙숏턴에서도 회전 후반부에는 흡수동작을 사용하여 매끄럽게 회전을 마무리한다. 다만 신체축과 무게중심의 이동이 커진 만큼 흡수동작도 크게 하여 불필요한 설면저항과 스키의 반발력을 줄여서 스키가 안정감 있게 활주하며 회전을 마무리하도록 유도한다.

흡수동작을 할 때는 발목, 무릎, 고관절의 하체전체를 함께 구부리며 마치 용수철이 압축되듯 신체축의 길이를 줄여주어야 한다. 앞서 언급했던 시계추의 이미지에서 지지대에 용수철이 달려있다고 상상하고, 시계추가 상사점에서 하사점으로 내려올 때 용수철이 줄어들면서 슬로프라는 평면에 걸리지 않고 시계추가 매끄럽게 움직이게 만들어주는 것과 같은 원리이다.

이렇게 흡수동작을 잘 수행하면 회전전반에 만들어진 스키의 낙하력과 활주력이 크게 손실되지 않고 회전후반을 지나서 다음 회전까지 이어지게 된다. 특히 회전후반은 스키어의 신체축이 다음 회전방향으로 넘어가면서 무게중심도 다시 계곡방향으로 이동해야 하므로, 하체의 흡수동작을 통하여 내력의 사용을 줄이며 근육의 긴장감을 풀어주어야, 상하체가 크게 교차하며 회전이 시작될 때 신체가 무리없이 움직이게 된다.

또한 흡수동작을 매끄럽게 행하기 위해서는 하중의 전후이동이 필요한데, 회전 전반부에 스키 탑쪽에 가해졌던 하중은 중반을 지나면서 스키의 센터쪽으로 이동하여, 다시 회전의 후반부에는 발뒤꿈치쪽에 이동하며 스키의 테일쪽에 압력이 가해지며 매끄럽게 스키가 활주할 수 있어야 한다.

8. 상하체의 움직임이 크게 교차하는 이미지를 가진다.

상하체의 움직임이 크게 교차하는 이미지를 가진다.

이러한 상하체의 교차는 회전 후반부에도 일어나게 되는데, 회전 전반부에 바깥쪽으로 밀려났던 스키가 다시 회전의 안쪽으로 되돌아오며 중립자세를 만들게 되고, 회전 안쪽으로 기울어졌던 신체축과 무게중심도 다시 계곡방향으로 이동하며 또다시 상하체의 교차가 발생하게 된다.

상하체의 교차를 크게 발생시키면 그만큼 많은 낙하력과 활주력을 얻을 수 있지만, 그만큼 중심과 스키의 교차량이 커지기 때문에 밸런스를 잃을 가능성이 높아지고, 너무 큰 중심이동만을 생각하다 보면 회전의 리듬이 지나치게 커지면서 숏턴의 리듬이 무너질 수 있으므로 주의한다.

내츄럴한 카빙숏턴에서는 빠른 리듬의 숏턴을 구사하면서도 카빙턴처럼 큰 중심이동이 필요하다. 이렇게 큰 중심이동이 빠른 리듬내에서 행하여지는 것이 내츄럴한 카빙숏턴의 묘미이자 난관이라고 할 수 있다.

카빙숏턴을 시작하기 위해서는 양스키를 회전 바깥쪽으로 크게 밀어내며 회전자세를 만들게 되는데, 이때 스키의 움직임에 따라서 신체축과 무게중심도 회전안쪽으로 동시에 이동하는 이미지를 가져야 한다. 즉 하체의 스키가 이동하는 방향과 상체의 중심이동 방향이 크게 교차하며 회전이 시작하게 된다.

이렇게 상하체가 크게 교차하며 회전이 시작되면 신체의 중심에서 스키가 점점 멀어지며 신체가 용수철이 늘어나듯 펴지게 되어, 신체는 계곡방향으로 떨어지며 낙하력을 얻게되고 스키는 회전 바깥쪽으로 밀려나며 활주력과 회전력을 동시에 얻게 된다.

9. 폴체킹은 리듬에 맞춰 가볍게 설면에 터치한다.

폴체킹은 리듬에 맞춰 가볍게 설면에 터치한다.

폴체킹은 내츄럴한 숏턴이나 카빙롱턴과 마찬가지로 설면에 터치한다는 기분으로 가볍게 찍어주게 된다. 다만 카빙롱턴에 비해서는 리듬이 빨라진 만큼 조금 정확하게 찍어주어야 하며, 숏턴에 비해서는 신체축과 중심이동의 양이 커진 만큼 약간 늦게 준비했다가 여유롭게 찍어준다는 이미지를 가져야 좋다.

　폴체킹을 할 때는 숏턴처럼 확실하게 폴을 흔들어서 앞으로 내미는 것이 아니라, 폴끝이 설면에 수직할 정도까지만 조금 내밀었다가 다시 설면에 가볍게 끌어준다는 느낌으로 심플하게 폴체킹을 마무리한다. 또한 폴체킹은 회전을 시작하면서 바로 준비하는 것 보다는, 신체축이 충분히 기울어질 때까지 기다리며 스키가 폴라인에 진입할 때 폴을 내밀면서 준비했다가, 스키가 회전을 마무리하며 엣지가 충분히 풀렸을 때 설면에 찍어주어야, 내츄럴한 카빙숏턴 특유의 깊은 내경각과 큰 무게중심 이동에 맞는 폴체킹 리듬을 찾을 수 있다.

　폴을 찍어줄 때는 기존의 기술처럼 풀을 둥글게 휘두르며 내밀었다가 설면에 수직하게 찍어주는 것보다는, 단순하고 작은 동작으로 폴을 비스듬하게 내밀었다가 다시 설면에 찍어줄 때도 깊은 내경각과 큰 스키의 이동에 방해가 되지 않도록 비스듬하게 찍어준다.

　카빙숏턴은 기본적으로 숏턴보다 신체축과 중심이동의 양이 커지므로, 폴을 잡을 때는 충분히 넓게 잡아야 하며 폴이 기울어진 각도도 설면에 수직하게 세우기 보다는 비스듬하게 준비하여야, 밸런스를 유지하는데 도움이 되고 신체의 격렬한 움직임에도 방해가 되지 않는다.

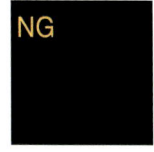

1. 상체가 고정된 경우

상체방향이 폴라인으로 고정되지 않도록 주의한다

　내츄럴 숏턴은 물론이고 회전호가 큰 카빙숏턴에서는 상체와 스키의 방향을 맞춰주는 것이 특히 중요하게 된다. 내츄럴한 카빙숏턴은 숏턴의 재빠른 리듬도 중요하지만 스키가 휘어지면서 엣지가 설면을 자르듯이 회전하여야 하므로 일정크기 이상의 회전호를 확보하여야 하는데, 이를 위해서는 스키를 몸 밖으로 밀어내면서 신체축의 기울임을 크게 만들어야 한다.

　만약 기존의 숏턴처럼 상체가 폴라인 방향으로 고정되면, 회전시 몸전체가 기울어지는 것이 아니라 하체만이 꺾이기 때문에 큰 회전호를 그리기가 어려워진다. 그러므로 자신의 내력을 이용하여 스키를 휘게 만들어야 하는 부담이 생기게 되고, 상하체가 꺾이는 외경자세가 커져서 신체에 무리가 갈 수도 있으므로 주의한다.

그러므로 내츄럴한 카빙숏턴에서는 상체를 신체축의 일부로서 함께 기울이는 것은 물론이고, 신체축의 기울어짐에 따라서 상체의 방향도 스키의 방향에 자연스럽게 맞춰줘야, 스키가 몸 밖으로 크게 벗어났다가 마치 부메랑처럼 다시 되돌아오며 큰 회전호의 카빙숏턴을 할 수 있다. 또한 회전을 마무리할 때도 상체를 고정시키기 보다는 어느 정도는 스키의 회전방향에 맞춰줘야 스키의 낙하력과 활주력이 손실 없이 유지되며 다음 회전까지 이어지게 된다.

2. 급격하고 강한 엣징을 사용하는 경우

급격하고 강한 엣징을 사용하지 않도록 주의한다

내츄럴한 카빙숏턴은 외력과 신체축의 사용비율이 크기 때문에 기존의 카빙숏턴에 비해서 회전호가 조금 더 커져야 하는데, 이를 위해서는 회전 전반에 양스키를 최대한 몸 밖으로 밀어내며 회전에 임해야 한다.

이때 숏턴의 리듬만을 너무 의식해서 급격하고 과도한 엣징을 사용하는 경우가 많은데, 숏턴에서도 엣징은 부드럽게 시작하는 것이 기본이고, 한번에 많은 양의 엣징을 급하게 사용하는 것이 아니라 한턴내에서 엣징을 조금씩 나눠서 사용해야 부드럽고 샤프한 회전이 가능하다. 더욱이 내츄럴한 카빙숏턴은 일반적인 숏턴이나 카빙숏턴에 비해서 비교적 큰 회전호를 그리게 되므로, 부드럽고 여유로운 엣징은 필수라고 할 수 있다.

만약 카빙숏턴을 시작할 때 급격하고 강한 엣징을 사용하게 되면, 내력의 사용비율이 과도하게 커지면서 신체축이 무너지기 쉽고, 또한 스키에 걸리는 저항이 갑자기 커져서 스키가 회전의 바깥쪽으로 충분히 밀려나지 못하고 스키어의 신체 아래쪽에 갇혀 버리게 된다. 이 경우 스키의 낙하력이 충분히 나오지 않는 것은 물론이고, 카빙턴 특유의 큰 외력에도 버티기 어렵게 되며, 스키가 받는 저항의 크기가 갑자기 커져서 활주력도 감소하게 된다.

그러므로 내츄럴한 카빙숏턴에서는 회전 전반부는 물론이고 후반부에도 급격하고 강한 엣징보다는 여유롭고 부드러운 엣징을 사용하여 스키가 설면에서 받는 저항을 최소한으로 줄여서 스키의 활주력을 최대한 높이고, 스키가 몸 밖으로 최대한 벗어나도록 하여 신체축의 기울어짐과 중심의 이동에 의한 낙하력을 많이 만들어내고, 신체축이 곧게 펴지도록 해서 신체에 걸리는 부담을 최소한으로 줄이는 것이 필요하다.

3. 신체축의 탄력이 부족한 경우

내츄럴한 카빙숏턴은 재빠른 리듬으로 카빙턴을 연속해서 행하는 기술이기 때문에, 내츄럴 스키테크닉의 기본인 낙하력을 이용하기 위해서 신체축을 잘 만드는 것이 기본이고, 이렇게 만들어진 신체축이 원활하게 기울어지며 회전하는 것이 필요하게 된다.

회전후반에는 신체축의 길이가 짧아진다

회전전반에는 신체축의 길이가 길어진다

일단 내츄럴한 회전을 위해서는 신체축의 기울임과 무게중심의 움직임을 크게 하는 것이 중요한데, 카빙롱턴에서는 스키의 회전궤도를 바꾸지 않고 신체의 움직임을 크게 해서 낙하력을 이끌어내는 것이 보통이다. 이렇게 하면 큰 낙하력을 만들 수 있는 장점이 있는 반면에 신체의 움직임이 크기 때문에 재빠른 리듬을 만들기에는 조금 불리한 단점이 있다.

반면에 카빙숏턴은 재빠른 숏턴리듬으로 회전을 연속해야 하므로 위의 롱턴과는 반대로 신체의 움직임을 줄이고 스키의 움직임을 크게 만들어서 낙하력을 이끌어내고 숏턴리듬도 유지해야 한다. 이때는 신체축과 무게중심의 이동이 줄어들고 스키의 움직임이 커지기 때문에, 롱턴에 비해서는 낙하력을 만드는데는 조금 불리하지만 상체를 안정시킬 수 있어서 리드미컬한 숏턴을 할 수 있는 장점이 있다.

이렇게 카빙숏턴에서 부족한 낙하력을 보완하고 숏턴의 리듬을 더욱 원활하게 유지하기 위한 방법이 바로 신체축의 길이를 잘 조절하는 것이다. 즉 회전 전반에서는 하체를 펴주며 신체축을 최대한 늘려서 무게중심과 스키와의 거리를 최대한 멀어지게 하여 낙하력을 많이 이끌어낸다. 또한 회전 후반에는 하체를 구부리며 신체축을 줄어들게 하여 스키와 신체가 원만하게 교차하도록 만들어주고, 하체를 구부리며 엣지를 해방시켜서 다음 회전으로 쉽게 진입하도록 하여 숏턴리듬이 잘 유지되도록 하여야 한다.

만약 신체축의 탄력이 부족하여 축의 길이가 잘 변하지 않으면 회전 전반부에 큰 낙하력을 이끌어내기도 어렵게 되며, 회전 후반부에 낙하력이 크게 손실됨은 물론이고 신체저항이 커지면서 스키의 움직임에도 제약이 커져서 숏턴리듬을 유지하기도 힘들게 된다.

이렇게 신체축을 탄력있게 움직이기 위해서는 처음에는 스키어가 스스로가 하체를 폈다가 구부리는 동작을 의식해야 하지만, 점차 익숙해질수록 스키와 중심이 크게 교차되면 자동으로 하체가 펴지면서 신체축이 늘어나고, 스키가 신체 아래로 되돌아오면서 자연스럽게 하체가 구부러지면서 신체축이 줄어드는 오토매틱(Automatic)한 동작이 가능해진다.

플러스 알파

1. 카빙숏턴에 접근하는 방법

내츄럴 숏턴과 마찬가지로 내츄럴한 카빙숏턴에 접근하기 위해서는 두가지 방법을 생각할 수 있다. 첫번째는 숏턴에서 점점 카빙요소를 늘려서 카빙숏턴으로 접근하는 방법이고, 두번째는 카빙롱턴에서 점점 회전호를 줄여서 카빙숏턴에 접근하는 방법이다. 이 두가지 방법은 각각 장단점을 가지고 있으니 필요에 따라서 적절하게 장점을 취하면서 연습하는 것이 좋다.

① 숏턴에서 카빙숏턴으로 접근하는 방법

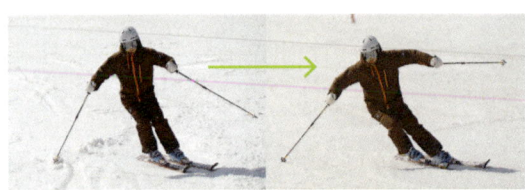

〈숏턴에서 카빙숏턴으로 접근〉

내츄럴한 숏턴에서 점점 스키딩 요소를 줄이고 카빙요소를 늘려서 카빙숏턴으로 접근하는 방법으로 중급사면에서도 비교적 안전하게 카빙숏턴을 익힐 수 있고, 숏턴에서 중요한 재빠른 리듬을 쉽게 연습할 수 있는 장점이 있다. 다만 카빙숏턴을 하기 위해서는 어느 정도의 스피드가 필요하므로 스키딩 숏턴을 할 때도 스피드를 내야 하는 부담이 커지게 된다.

연습하는 방법으로는 중급사면 이상을 선택하여 스피드를 붙여서 스키딩 숏턴을 하다가 서서히 카빙요소를 늘려가며 카빙숏턴으로 변화하는 것인데, 스키딩 숏턴과 카빙숏턴이 일정한 숏턴 리듬을 유지하면서 구사되는 것이 중요하다. 특히 카빙숏턴으로 바뀌는 단계에서 스피드가 폭주하여 정확한 회전이 되지 않고 엣지만 바꾸는 레일턴이 되는 경우가 많은데, 카빙숏턴에서도 둥근 회전호를 확실하게 그리는 것을 의식해야 한다.

또한 스키딩 숏턴을 구사할 때 회전리듬을 여유롭게 잡아야만 카빙숏턴으로 바꿨을 때도 일정한 리듬을 유지하기 쉽다. 연습장소는 스키딩 숏턴에서 서서히 낙하속도를 높이면서 카빙숏턴으로 바꿔야 하기 때문에 중사면보다는 중급사면에서 연습하는 것이 좋다. 그리고 한번에 스키딩에서 카빙으로 바꾸는 것보다는 서서히 스피드를 올려가며 카빙요소를 꾸준하게 높여서 카빙숏턴으로 바꿀 수 있어야 리듬과 스피드를 잘 컨트롤하는 카빙숏턴이 가능하다.

② 카빙롱턴에서 카빙숏턴으로 접근하는 방법

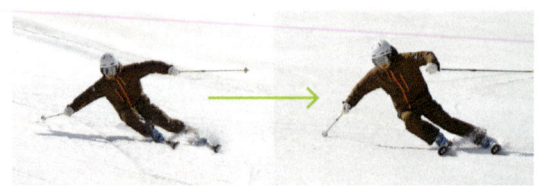

〈카빙롱턴에서 카빙숏턴으로 접근〉

내츄럴한 카빙롱턴에서 점점 회전호과 리듬을 줄여서 카빙숏턴으로 접근하는 방법으로 빠른 스피드를 유지한 상태에서 카빙숏턴을 익힐 수 있고, 카빙숏턴에서 중요한 스피드감을 정확하게 느끼는 것이 가능하다. 하지만 처음부터 스피드를 붙여서 회전호와 리듬을 줄여야 하기 때문에 자칫 스키컨트롤이 좋지 못하면 숏턴보다는 미들턴이 될 수도 있고, 또한 스피드가 폭주하여 스키가 튀며 밸런스가 무너질 수 있으므로 주의해야 한다.

연습하는 방법으로는 중사면 정도를 선택하여 카빙롱턴을 하다가 서서히 회전호와 리듬을 줄여가며 카빙숏턴으로 변화하는 것인데, 이것은 기술선수권 대회 등에서의 실시하는 종합활강을 할 때 롱턴에서 숏턴으로 바꾸는 것과 비슷하다. 하지만 종합활강처럼 한번에 롱턴에서 숏턴으로 바꾸는 것보다는 롱턴에서 미들턴을 거쳐서 숏턴으로 단계적인 변화를 하는 것이, 보다 확실한 스키조작과 신체동작과 스피드감을 익히는데 도움이 된다.

또한 중사면에서 카빙숏턴으로 바꾸는 것이 가능해졌다면 중급사면에서 회전호와 리듬을 줄여서 카빙숏턴으로 바꾸는 것도 도전해 볼만 한데, 경사가 급해진 만큼 처음부터 풀카빙(Full Carving)으로 카빙롱턴을 하는 것보다는 약간의 스키딩을 섞어서 적당하게 컨트롤 된 카빙롱턴에서 시작하여 카빙숏턴으로 바꾸는 것이 보다 안전한 연습방법이다. 그리고 처음부터 상단부에서 연습하기 보다는 중단부부터 카빙롱턴으로 출발하여 경사가 완만해지는 하단부쯤에서 카빙숏턴으로 바꾸는 것이 보다 안전하고 부담이 적은 연습법이라 할 수 있다.

NATURAL SKI TECHNIQUE

Lesson 10

내츄럴 모글 뱅크턴
Natural Mogul Bankturn

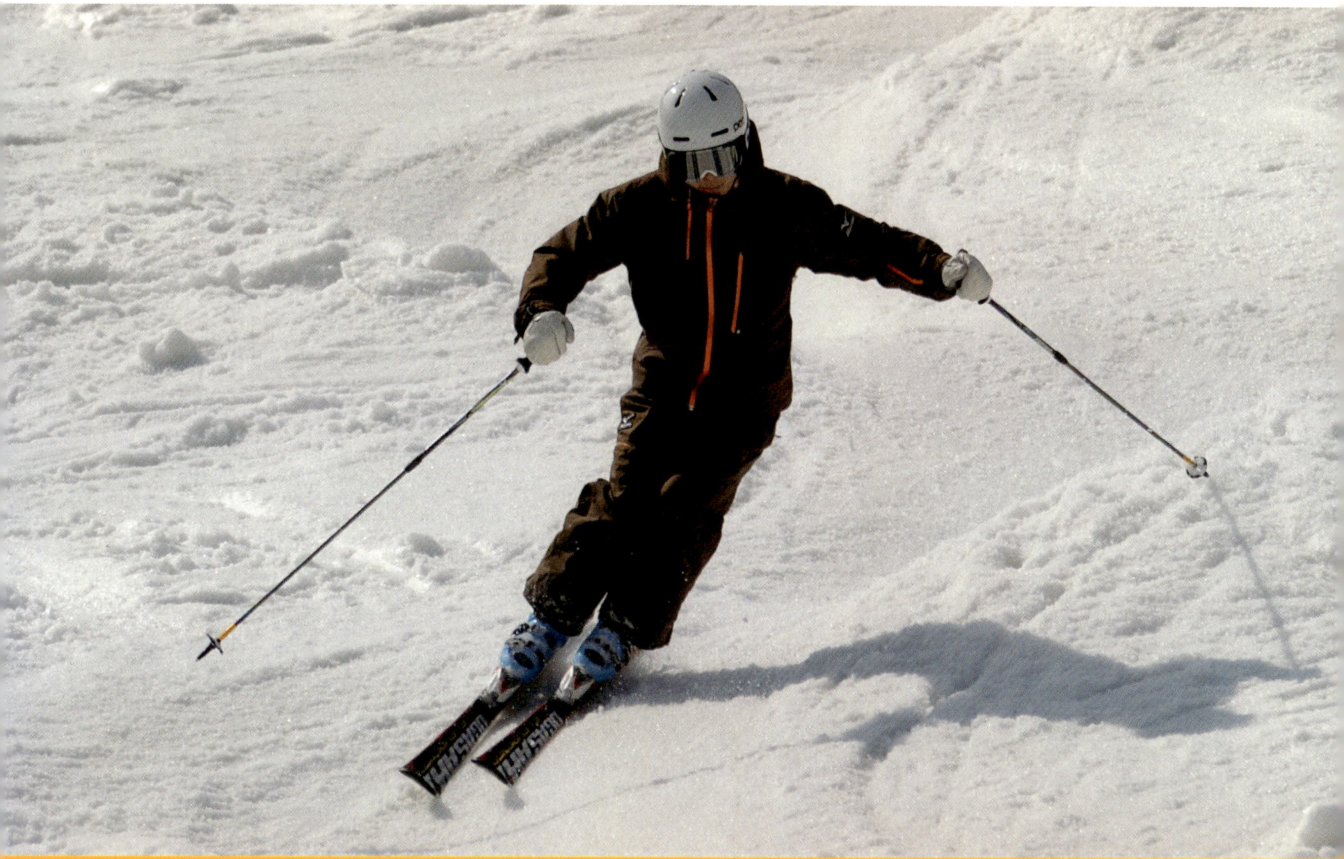

front

평사면에서의 기본적인 슬라이딩턴과 본격적인 카빙턴이 익숙해졌다면, 이제는 모글 슬로프로 들어가 요철이 있는 사면에서도 낙하력을 이용하여 스킹을 하는 것에 도전하여 보자.

모글은 울퉁불퉁한 요철이 연속되어 슬로프의 표면이 기복이 심한 것은 물론이고 스킹시 발생하는 압력의 변화가 커지기 때문에, 신체축을 기울이고 무게중심을 이동시키며 회전하려면 높은 밸런스 능력과 뛰어난 컨트롤 기술이 동시에 필요하다.

기존의 모글뱅크턴이 상체를 폴라인 방향으로 고정시키고 하체를 깊고 크게 돌리면서 모글의 7부 능선을 타는 역(逆)뱅크턴이었다면, 내츄럴한 모글뱅크턴은 상체와 스키의 회전방향이 일치하고 상체와 하체가 축을 이루며 함께 기울어지고 모글의 8부능선 이상의 높은 라인을 타는 순(順)뱅크턴이라고 할 수 있다.

이렇게 모글의 높은 라인을 타면서 깊은 신체축의 내경각을 만들고 무게중심을 많이 이동시켜서 낙하력을 이끌어내는 것은 물론이고, 모글의 요철사면에서 원활하게 밸런스를 유지하기 위해서는 평사면의 숏턴보다는 내력의 사용을 늘리는 것이 좋다. 또한 회전전반부터 신체축을 기울이며 스키를 회전의 바깥쪽으로 크게 밀어내며 회전을 시작하려면 스키어의 기술뿐만 아니라 모글의 형상도 중요하게 된다.

즉 일반적인 모글처럼 벽이 없고 골짜기만이 깊게 파인 모글보다는, 모글의 시작부터 둥글고 높게 벽이 만들어지고 모글의 시작부터 끝까지 균일하게 골이 파인 모글코스가 내츄럴한 순뱅크턴을 구사하기에 최적이라 할 수 있다. 이러한 모글코스는 아쉽게도 일반 스키어가 쉽게 만들 수 있는 코스가 아니라 어느 정도 스키 수준이 되는 상급스키어 이상이 만들어야 하는데, 특히 숏턴기술이 평균치 이상 되는 스키어가 만드는 것이 좋다.

이러한 코스를 만들 때는 한턴 한턴 회전의 전반부터 확실하게 엣징을 가하면서, 모글의 시작에서 백(Back)사면과 측벽(Side Wall)을 만들어야 하는데, 지나치게 리듬을 짧게 구성하기 보다는 낙차가 4미터 정도 되게 여유로운 모글라인을 만드는 것이 좋다.

또한 모글의 요철사면에서 회전 전반부터 신체축과 무게중심을 이동시키며 스키를 크게 회전 바깥쪽으로 보내기 위해서는 필연적으로 내력의 사용비율을 늘려야 하는데, 특히 모글시작의 백사면에 스키탑을 붙이면서 모글에 진입하는 것에 의식을 집중해야 한다. 이를 위해서는 바깥다리를 펴는 동시에 발목을 펴는 조작을 활용하여 스키탑에 하중을 이동시켜야 한다. 또한 회전 후반에 스키가 모글에 부딪히게 되면 활주력과 낙하력이 감소되므로, 스키에 걸리는 하중을 줄여주고 스키의 엣지도 풀어주어야 하는데, 이것은 하체의 흡수동작을 사용하여 스키에 걸리는 하중을 감소시키고, 신체의 무게중심을 미리 넘겨주어 신체축의 기울기와 엣지각이 줄어들도록 만들어야 한다.

기존의 모글스킹에서는 평사면과 모글사면의 기본자세를 다르게 셋팅하여, 평사면 자세에 비해서 모글자세는 상체의 전경각을 펴주고 정강이각은 깊게 유지하는 것이 보통이었다. 하지만 내츄럴한 모글스킹에서는 지나치게 상체를 세우기보다는 자연스럽게 상체의 전경각을 유지하여 회전 전반에 전경자세가 쉽게 나오도록 하고, 정각이각은 너무 깊게 유지하기 보다는 자연스럽게 펴줘서 신체축을 길게 유지하고 스키의 테일이 잘 밟히도록 하는 것이 좋다.

모글스킹에서의 시선처리는 가장 중요한 것중 하나인데, 기존 기술에서는 상체와 함께 머리와 시선을 고정시켜서 적어도 3~4개 이상의 모글을 미리 파악하고 활주하는 것이 기본이었다. 물론 내츄럴한 모글스킹에서도 미리 모글라인을 읽고 다가오는 모글에 미리 대처하는 것이 중요하긴 하지만, 상체와 하체가 함께 로테이션됨에 따라서 머리의 방향과 시선처리도 함께 움직여야 하므로, 지나치게 모글을 멀리 보며 머리가 고정되는 것보다는 2~3개 정도의 모글을 미리 읽으면서 머리방향도 상체방향과 맞게 움직이는 것이 좋다.

또한 폴의 길이에 대해서도 기존의 모글스킹에 비해서 활주라인내의 모글의 기복이 크지 않으므로 폴을 지나치게 짧게 사용하기 보다는 5cm 정도 줄여 사용하는 것이 좋고, 어느 정도 순뱅크턴이 익숙해지면 평사면에서 사용했던 폴길이를 그대로 사용하여도 손목이나 어깨에 큰 무리없이 모글스킹을 구사할 수 있다.

내츄럴한 모글스킹은 회전에서의 낙하력과 활주력을 살리며 회전하는 것이 가장 큰 목적이지만, 신체사용의 특성상 상체와 하체방향이 일치하는 비율이 크고 상하체가 꺾이기 보다는 함께 기울어지기 때문에 신체에 가해지는 부담도 크게 줄어들기 마련이다. 또한 모글 초보자의 입장에서 본다면 회전 마지막에 상체와 하체가 같은 방향으로 향하면서 다음 회전까지 비교적 여유가 생기게 된다. 즉 상하체가 꼬이는 기존의 모글스킹에서는 회전 마지막에 상하체가 꼬였다 풀어지며 즉시 다음 회전을 강요 받게 되지만, 내츄럴한 모글스킹에서는 상하체가 같은 방향을 향하므로 여유롭게 회전을 마무리하고 느긋하게 다음 회전을 시작할 수 있으므로 모글 초보자도 쉽게 모글에 접근할 수 있는 장점도 있다.

이렇게 내츄럴한 모글스킹으로 모글을 시작할 때는 처음에는 작은 플루그스탠스로 만들어서 넓은 회전리듬으로 모글 플루그 숏턴을 실시한다. 또 다음 단계로 슈템숏턴을 하는데 스키를 넓힐 때 모글의 높은 곳에 스키를 위치시켜 자연스럽게 모글의 높은라인인 하이라인(High Line)을 따라서 스키가 회전하도록 유도한다. 그리고 패럴렐 숏턴에서는 보다 신체를 과감하게 기울이는 느낌을 가지고 회전을 시작하고, 회전 후반부에는 상체를 미리 일으키고 하체를 구부려서 재빠르게 다음 회전방향으로 중심이 낙하하고 스키가 진입하도록 유도하는 순서로 내츄럴한 모글스킹에 접근한다.

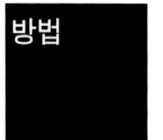

방법

비교적 경사가 있고 모글의 측벽이 충분히 있는 코스를 선택하여 비교적 스피드를 붙여서 출발한다. 내츄럴한 모글뱅크턴은 모글의 벽을 따라서 높고 크게 회전하는 기술이므로 높은 밸런스 능력과 확실한 기본 숏턴기술이 필요하게 된다.

회전의 마무리에서 모글을 빠져나올 때 테일엣징을 사용하여 스키가 다음 모글의 옆쪽으로 원활하게 빠져나가도록 유도하며, 중립자세로 되돌아가며 가볍게 하체를 구부려줘서 엣지가 잘 풀리고 신체축과 무게중심이 다음 회전방향으로 부드럽게 넘어가도록 만들어준다. 또한 폴체킹은 스키가 폴라인을 향할 때쯤 미리 준비하였다가 모글머리 쪽에 가볍고 짧게 찍어준다.

스키가 모글의 능선을 넘어서 다음 모글에 진입하기 시작하면 조급하게 스키탑을 골짜기 쪽으로 떨어지도록 유도하는 것이 아니라, 상체의 방향을 다음 회전방향으로 자연스럽게 돌려주어 스키탑이 모글의 벽을 따라서 천천히 넓게 회전하도록 스키탑을 중심으로 여유롭고 부드러운 조작을 가하도록 한다. 회전이 시작되며 원심력이 생기면 신체의 무게중심과 스키와의 교차범위를 더욱 크게 하면서 낙하력을 최대한 이끌어낸다.

스키가 폴라인을 지나는 회전 중반부에 이르면 서서히 다음 회전을 준비하여야 하는데, 이때는 회전의 바깥쪽으로 향하던 스키탑이 다시 회전의 안쪽으로 향하도록 발목을 위로 당기며 탑을 끌어당기는 조작을 사용하고, 테일이 지나치게 회전을 하면 오히려 회전 후반부의 모글 프런트사면(Front Slope)에서 낙하력의 손실이 많이 생기게 되므로 테일의 회전을 줄이며 다음 모글에 진입할 준비를 하여야 한다.

체크
포인트

1. 상체의 방향을 회전방향에 자연스럽게 맞춰준다.

상체의 방향을 회전방향에 자연스럽게 맞춰준다.

모글에서 내츄럴한 뱅크턴을 하기 위해서는 가장 먼저 스키의 방향과 상체의 방향을 자연스럽게 맞춰주어야 한다.

이렇게 상체와 스키방향을 맞추면 회전 전반부에 모글에 진입할 때 스키가 회전 바깥쪽으로 많이 밀려나며 신체축과 무게중심의 이동이 크게 만들어져서 결과적으로 큰 낙하력과 회전력을 이끌어낼 수 있다. 또한 회전 후반부에는 상체의 고정에 의해서 스키의 움직임이 방해 받는 것이 줄어들어 스키의 활주력이 유지되고, 스키의 회전성능을 충분히 살리며 다음 회전방향으로 높게 진입할 수 있어서 낙하력을 만들기가 수월해진다.

기존의 모글 뱅크턴은 상체가 폴라인 방향으로 고정되고 하체만이 회전하며 크게 비틀어지는 역(逆)뱅크턴이 주종을 이루었는데, 내츄럴 스키테크닉의 모글 뱅크턴은 상하체가 함께 회전하며 상체가 선행하며 스키의 회전을 이끌어내거나, 혹은 스키가 회전할 때 상체가 자연스럽게 따라가는 순(順)뱅크턴을 기본으로 한다.

즉, 회전 전반부에서는 상체가 회전방향으로 먼저 돌아가며 스키의 회전을 이끌어내고, 회전 후반부에서는 스키가 회전하는 방향으로 상체가 따라가며 상하체가 순방향으로 함께 회전하는 것이 내츄럴 모글 뱅크턴의 가장 큰 특징이라 할 수 있다. 이러한 순뱅크턴은 상하체가 비틀어지는 것이 줄어들어 신체에 가해지는 부담이 적고, 비교적 여유롭게 회전을 마무리할 수 있고, 모글의 기복을 덜 타며 충격이 적은 모글스킹을 할 수 있다.

2. 스키의 테일을 바깥쪽으로 미끄러뜨리며 회전을 시작한다.

스키의 테일을 바깥쪽으로 미끄러뜨리며 회전을 시작한다.

내츄럴 모글스킹의 이미지를 한마디로 비유한다면 자동차의 "드리프트"라고 할 수 있다. 즉 트랙의 코너에서 자동차의 후미가 미끄러지며 코너에 들어가듯, 스키의 테일을 미끄러뜨리며 회전을 시작하여야 한다.

특히 내츄럴한 모글스킹을 위해서는 회전 전반부터 신체축을 깊게 기울이며 무게중심을 크게 이동시켜야 하고, 이를 위해서는 원심력을 최대한 일찍 만들며 많이 이끌어내야 한다. 그러므로 스키의 회전을 빠르고 크게 시작해야 하는데, 이는 스키의 테일을 회전의 바깥쪽으로 과감하게 밀어내는 조작으로 만들어지게 된다.

즉 자동차가 드리프트를 하며 코너에 진입하기 위하여 하중을 앞바퀴로 이동시키며 뒤바퀴를 미끄러뜨리듯, 내츄럴한 스킹으로 모글에 진입하기 위해서는 스키탑에 하중을 걸어주며 테일을 밀어내며 회전을 시작해야 한다. 이때 스키의 탑을 바로 모글의 골로 떨어뜨리는 것이 아니라, 모글의 가장자리를 따라서 넓게 회전시키면서 스키의 테일이 서서히 모글 주변을 미끄러지며 회전 전반부의 계곡돌기 구간을 길게 유지한다.

이렇게 회전 전반부를 길게 하면 숏턴에서 계곡돌기 구간이 커지면서 낙하력이 최대화되는 것처럼, 모글에서도 하이라인(High Line)을 그리며 낙하력이 큰 모글스킹을 할 수 있다. 이때 회전의 시작에서 약간 선행되었던 상체방향을 급하게 회전방향으로 돌려버리면 오히려 계곡돌기 구간이 짧아지며 낙하력이 감소되므로, 스키가 어느 정도 상체방향을 따라올 때까지 여유를 갖고 기다릴 수 있어야, 스키를 몸 밖으로 크게 밀어내는 동시에 계곡돌기 구간을 늘려서 낙하력을 극대화 할 수 있다.

3. 스키의 탑을 백사면에 붙여주며 엣징을 시작한다.

스키의 탑을 백사면에 붙여주며 엣징을 시작한다.

모글에서 내츄럴한 스킹을 시작하기 위해서는 스키테일을 회전의 바깥쪽으로 크게 밀어주어 일찍부터 원심력을 발생시키는 것이 필요하다. 이 원심력을 이용하여 신체축을 기울이며 무게중심을 이동시켜서 자연스럽게 낙하력을 만드는 것이 가능하다.

이렇게 테일을 회전 바깥쪽으로 밀어서 회전을 만들어내고 스키가 모글의 벽을 따라서 크게 회전을 지속하기 위해서는 모글의 뒷면인 백(Back)사면에 스키탑을 붙여주는 것이 절대적으로 필요하다. 모글스킹은 평사면 위에서 행해지는 숏턴과는 다르게 굴곡이 심한 모글 슬로프의 표면 위에서 회전을 하게 된다. 평평한 슬로프에서 숏턴을 할 때는 스키의 탑과 테일이 동일한 경사에서 회전을 하지만, 모글에서 넓게 회전하는 내츄럴 모글 뱅크턴에서는 모글의 골을 따라가는 스키탑에 비해서, 스키테일은 모글의 등성이를 따라서 움직이기 때문에 상대적으로 많은 저항을 받으며 회전이 어려워지게 된다.

그러므로 테일을 가볍게 하여 저항을 줄여줘야 스키가 모글에서 넓게 회전하며 낙하력이 큰 회전이 만들어진다. 이를 위해서는 회전을 시작하면서 재빠르게 스키탑을 백사면에 붙여주며 전경을 만들어서 상대적으로 테일을 가볍게 하여 회전의 저항을 줄여야 한다.

이렇게 스키탑을 백사면에 붙여주는 조작은 내츄럴한 모글스킹에서는 필수라고 할 수 있는데, 이것은 신체축과 무게중심을 적극적으로 계곡쪽을 향해 떨어뜨리는 동작은 물론이고, 특히 회전의 바깥쪽을 향하여 발목을 펴주면서 확실하게 스키탑을 백사면에 붙여주는 조작이 중요하다.

4. 스키를 최대한 몸 바깥쪽으로 밀어내는 이미지를 가진다.

스키를 최대한 몸 바깥쪽으로 밀어내는 이미지를 가진다.

평사면의 내츄럴한 숏턴과 마찬가지로 모글에서도 낙하력을 만들어내기 위해서는 스키를 최대한 몸 밖으로 밀어내는 조작이 필요하게 된다. 이는 시계추의 원리를 생각해보면 시계추를 최대한 옆으로 밀어올려서 위치에너지를 만들어내는 것과 일맥상통

한다. 신체의 중심에서 최대한 멀어진 스키는 위치에너지가 극대화되고, 이 위치에너지가 스키의 낙하와 더불어 운동에너지로 변환될 때 큰 낙하력과 활주력이 발생하여, 스키어의 내력을 적게 사용하며 자연스럽고 효율적으로 회전할 수 있다.

스키의 위치에너지를 크게 만들기 위해서는 신체축이 많이 기울어지고 스키가 몸 밖으로 많이 벗어나서 무게중심과 스키와의 거리가 최대한 멀어져야 한다. 이를 위해서는 스키어의 머리를 중심으로 양스키가 최대한 몸 바깥쪽으로 벗어나도록 끈기있게 기다리는 이미지가 필요하다. 즉 일반적인 모글스킹을 할 때처럼 스키탑을 계곡방향으로 바로 떨어뜨리며 조급하게 회전에 진입하는 것이 아니라, 스키탑을 중심으로 테일을 미끄러뜨리며 스키가 어느 한도까지 몸 바깥쪽으로 나갈 수 있는지 시험하듯, 인내심을 가지고 기다릴 수 있는 여유로움과 평정심이 필요하다.

또한 상체와 골반의 사용에 대해서도 과도하게 상체를 선행시키거나 급격하게 골반을 돌려버리면, 스키가 회전 바깥쪽으로 충분히 벗어나지 못하고 스키탑이 바로 다음 모글을 향해 떨어져 버리므로, 회전의 전반부가 짧고 후반부가 길어지는 제동성 회전이 되어버린다. 또한 모글은 기본적으로 스키와 설면과의 접설면이 작아지기 때문에 지나치게 골반의 로테이션을 사용하여 스키의 회전을 이끌어내기 보다는 스키의 회전에 맞춰서 상체를 적절하게 함께 로테이션 시켜주는 약간은 소극적인 이미지가 필요하다.

5. 하이라인을 그리며 롤러코스터의 이미지로 회전한다.

내츄럴 모글스킹의 이미지를 또 다른 한마디로 비유한다면 바로 놀이공원의 "롤러코스터(Roller Coaster)" 라고 할 수 있다. 즉 놀이공원의 롤러코스터가 궤도를 따라서 빠른 속도로 질주하듯, 스키가 모글의 벽을 따라서 빠른 속도로 회전하는 것이라고 할 수 있다.

하이라인을 그리며 롤러코스터의 이미지로 회전한다.

이렇게 스키가 모글의 벽을 따라서 빠르게 낙하하기 위해서는 모글의 모양도 중요한데, 정통적인 형태로서 무덤과 같이 볼록한 플러스(+) 모글보다는 카빙스키의 높은 회전성으로 인해서 골짜기와 같이 오목하게 파여서 측벽(側壁)이 생긴 마이너스(-) 모글이 내츄럴한 모글스킹에 적합하다 할 수 있다.

이러한 마이너스 모글의 높은 측벽이 롤러코스터의 궤도 역할을 하면서 스키를 지지해주기 때문에, 회전 전반부에 스키가 모글의 측벽에 잘 올라타게 되어 낙하력이 생기면, 회전 중후반부는 중력을 따라서 낙하하며 자동으로 스키가 회전하는 느낌이 들기도 한다.

이렇게 롤러코스터처럼 스키가 회전하기 위해서는, 회전시작부터 모글의 높은 산등성이로 스키를 올려놓고 모글의 측벽을 따라서 스키가 높게 회전하는 넓은 모글라인을 따라갈 수 있어야 한다. 이러한 모글라인은 회전의 시작은 물론이고 회전의 마무리까지 모글의 높은 곳을 통과하게 되므로 하이라인(High Line)의 모글라인이라고 할 수 있다.

반대로 모글의 골짜기로 스키가 바로 진입하여 직선에 가깝게 모글을 통과하면 스키는 모글의 낮은 곳을 주로 활주하게 되는데 이는 로우라인(Low Line)이라고, 하이라인과 로우라인의 사이에는 모글의 5부능선 정도를 통과하는 중간적인 활주라인인 미들라인(Middle Line)을 고려할 수 있다.

모글의 하이라인에서는 스키가 계곡쪽으로 떨어지는 낙하스피드 보다는 외력을 이용하여 스키가 자연스럽게 회전을 하며 미끄러지는 활주스피드를 추구하는 경제적인 스킹이 가능하며, 반대로 로우라인에서는 활주스피드 보다는 스키어가 내력으로 하중을 가하며 낙하스피드를 중시하는 공격적인 스킹을 할 수 있다.

6. 전후운동을 이용하여 부드럽고 샤프하게 회전한다.

내츄럴한 모글스킹은 신체축과 낙하력을 이용해서 모글에서 깊고 둥근 회전호를 그리면서 자연스럽게 회전하는 기술이다. 모글은 기본적으로 스키와 모글과의 접설면적이 작아서 평사면에 비해서는 스키를 회전시키기가 수월하지만, 내츄럴한 모글스킹에서는 스키가 모글의 측벽을 따라서 깊게 회전하기 때문에, 일반적인 모글스킹에 비해서는 회전의 난이도가 다소 높은 편이다. 그러므로 전후운동을 적극적으로 활용하여 신체축과 무게중심의 이동을 원만하게 이끌어내고 스키가 원활하게 회전하도록 해야 한다.

특히 회전에 진입할 때 중심을 계곡방향으로 적극적으로 이동하며 신체축의 기울임과 무게중심의 이동을 만들어내는 것은 물론이고, 스키탑쪽에 하중을 가해서 테일이 모글벽에 걸리지 않고 원활하게 회전의 바깥쪽으로 움직이며 회전이 시작되도록 해야 한다.

또한 스키가 폴라인 근처를 지나면 서서히 하체를 굽히면서 엣지를 풀어주는 것은 물론이고 스키의 테일쪽에 하중을 이동시켜서, 스키가 자연스럽게 회전의 측면으로 빠져나가며 신체와 스키의 움직임이 크게 교차되어 깊은 회전호를 그리면서 낙하력을 극대화시키게 된다.

전후운동을 이용하여 부드럽고 샤프하게 회전한다.

이렇게 신체의 자연스러운 로테이션과 전후운동을 이용하면, 모글의 측벽이 높은 경우는 물론이고 다소 모글의 벽이 얕은 플러스 형태의 모글에서도 비교적 수월하게 내츄럴한 모글뱅크턴을 구사할 수 있다.

7. 하체의 상하운동보다는 중심의 좌우이동을 의식한다.

하체의 상하운동보다는 중심의 좌우이동을 의식한다.

모글스킹에서는 기복이 심한 요철사면을 활주하기 때문에 평사면에 비해 하체의 굴신동작을 크게 하여 모글의 높이 및 압력변화에 효과적으로 대응하여야 한다. 특히 모글의 깊은 골과 높은 산등성이를 모두 타고 넘는 기존기술의 역뱅크턴의 경우는 하체의 상하운동을 적극적으로 이용해서 높이변화를 극복해야 하며, 빠른 스피드로 낙하하며 모글에 부딪히듯 활주하는 스트레이트턴의 경우는 스키조작의 타이밍과 강한 근력으로 압력변화에 대응해야 한다.

하지만 내츄럴한 모글뱅크턴의 경우에는 모글의 깊은 골을 타는 것이 아니라, 측벽의 높은 곳의 주변부를 따라서 활주하기 때문에, 기존의 역뱅크턴에 비해서 상대적으로 회전을 할 때 높이변화가 작아지게 된다. 또한 모글의 높이변화가 크지 않으므로 스키가 모글에 부딪히는 것이 줄어들어 회전의 압력변화도 줄어들게 된다. 그러므로 내츄럴한 모글스킹에서는 하체의 상하운동의 중요성은 조금 줄어들게 되고, 신체에 가해지는 부담도 훨씬 적어지게 된다.

그러나 모글의 측벽을 타고 둥글고 크게 회전하는 모글라인으로 활주하기 위해서는 신체와 스키의 이동이 크게 교차하는 좌우운동의 중요성이 커지게 된다. 즉 회전 전반부에 신체축을 기울이고 중심을 옮기기 위해서 스키를 회전 바깥쪽으로 크게 밀어내는 동시에 신체를 회전 안쪽으로 많이 기울여야 한다. 또한 회전 후반부에는 최대한 늘어나고 기울어졌던 신체축을 줄이면서 되세우고 다음 회전방향으로 중심을 이동시키기 위해서, 하체를 자연스럽게 구부리며 또다시 좌우이동을 만들어내야 한다.

이렇게 상하운동이 줄어들고 좌우이동이 큰 내츄럴한 모글 뱅크턴을 하다 보면, 스키가 회전하는 이미지가 모글안에서 활주하는 모글스킹이라기 보다는 평사면 위에 솟아있는 연속된 뱅크위를 회전하는 스키크로스 경기에 가깝다는 느낌이 들 수 있다. 또한 이러한 느낌이 들 정도로 기술이 향상된다면 정말 스키를 신고 롤러코스터 위를 질주하는 듯한 짜릿한 횡방향와 종방향의 중력가속도(G)를 느끼며 기존의 모글스킹에서 느낄 수 없었던 짜릿한 매력에 빠질 수 있다.

8. 스키의 테일엣징을 이용하여 회전을 마무리한다.

스키의 테일엣징을 이용하여 회전을 마무리한다

내츄럴한 모글스킹에서 스키가 모글의 벽을 따라서 커다란 회전호를 그리기 위해서는 회전 후반부에 스키가 회전에서 잘 빠져나오며 다음 회전의 바깥쪽을 향하여 높고 크게 진입하여야 한다.

이를 위해서는 우선 회전의 전중반부에서 사용되었던 전경자세가 회전 후반부에는 후경자세로 변화하며 테일엣징을 사용하며 모글의 등성이에 부딪히지 않고 원활하게 회전이 마무리되어야 한다. 회전후반에서도 지나치게 전경자세를 고집하게 되면 스키의 테일이 밀리면서 모글에 부딪히는 형태가 되어서, 스키가 가진 활주력이 크게 손실되며 다음 회전의 바깥쪽으로 높게 진입하는 것이 어려워지게 된다.

또한 회전 후반부에 마지막까지 엣지를 지나치게 세워버리면 엣징이 해방되는 것이 지연되어, 신체축이 다시 세워지며 다음 회전으로 이동하는 것에 방해가 되어버린다. 회전 후반부에는 스키의 엣징을 강하게 사용하는 것이 아니라, 스키가 모글의 벽을 레일처럼 이용하며 자연스럽게 활주하여 빠져나가는 것이 필요하다. 그러므로 지나치게 엣지를 세우기 보다는 엣지를 자연스럽게 해방시키며 하체를 구부리고 중심을 뒤꿈치쪽으로 이동시켜서, 스키가 최대한 활주력을 유지하며 다음 회전을 향하여 원활하게 미끄러지도록 유도한다.

내츄럴한 모글스킹도 내츄럴한 숏턴과 마찬가지로 회전 후반부는 지나치게 엣지를 사용하여 스키의 추진력이 손실되지 않게 하며, 회전 전반부에서 만들어진 낙하력과 활주력이 유지되고 다음 회전으로 지속되도록 테일엣징과 흡수동작과 모글측벽을 잘 사용하여야 한다.

9. 폴체킹은 앞바인딩 근처에 가볍게 터치하듯 찍는다

폴체킹은 앞바인딩 근처에 찍어준다

기존의 모글 뱅크턴에서는 상체를 고정시키고 하체를 최대한 회전시키는 역(逆)뱅크턴의 형태로 회전을 하였으므로, 폴을 찍어주는 위치가 뒷바인딩 근처가 되었고 폴을 찍고 폴체킹을 조금 길게 유지하며 스키가 옆으로 빠져나가도록 지팡이처럼 이용하는 면이 있었다.

하지만 내츄럴한 모글 뱅크턴에서는 상체가 스키와 함께 자연스럽게 회전하는 순(順)뱅크턴의 형태로 회전을 하므로, 폴을 찍어주는 위치가 앞바인딩 근처가 되고 폴은 가볍고 짧고 심플하게 찍어서 신체축의 기울임과 회전에 방해가 되지 않도록 해야 한다. 또한 폴을 찍은 후에는 즉시 손목의 스냅동작을 이용하여 폴체킹을 마무리하여 팔이 뒤로 빠지면서 지나치게 상체가 로테이션 되는 것을 줄여야 한다.

그리고 폴을 내밀어주는 타이밍도 일반적인 모글스킹에 비해서는 반템포 정도 늦게 나오는 것이 좋다. 이는 회전호과 리듬이 일반적인 모글스킹에 비해서 커졌고 폴체킹은 오히려 심플해졌기 때문에 기존처럼 미리 폴을 내밀어서 다음 모글에 준비하기 보다는, 회전의 리듬에 맞춰서 회전 중반부터 가볍게 폴을 준비하여 회전의 마무리에서 찍어주도록 한다.

내츄럴한 숏턴이나 카빙숏턴에서는 폴을 내밀 때 슬로프와 수직이 될 되도록 조금 내밀었지만, 모글스킹에서는 볼록한 모글머리 근처에 폴을 찍으며 신체와 스키가 크게 교차되기 때문에, 폴이 모글머리에 걸리지 않도록 조금 더 앞으로 내밀었다가 찍어주는 것이 좋다.

10. 숏턴연습에 충실한다.

숏턴연습에 충실한다

일반적인 모글스킹은 물론이고 내츄럴한 모글스킹에서도 그 뿌리는 평사면에서의 숏턴에 있다고 할 수 있다. 결국 모글스킹이란 평사면에서 만들어진 숏턴기술을 모글사면에 맞도록 응용하는 것이기 때문이다.

그럼에도 불구하고 많은 모글스키어들이 평사면에서의 숏턴연습을 게을리하며 시즌내내 모글에만 매달리는 것이 현실이다. 물론 모글기술이 좋아지기 위해서는 당연히 모글에서의 마일리지가 늘어나야 하지만, 지나치게 모글에만 집착하면 오히려 자신의 스키기술 전체를 위협하는 독이 될 수 있음을 항상 기억해야 한다.

특히 국내와 같이 모글 슬로프가 다양하지 못하고 천편일률적으로 비슷한 환경에서는 모글스킹의 기술폭이 좁아지기 때문에, 최상급 스키어가 되기 위해 필요한 다양한 기술을 익히는데 큰 도움이 되기에는 부족하기 마련이다.

또한 국내에 있는 대부분의 모글코스는 중상급 스키어들이 타면서 깊어지는 것이 대부분이라서 필연적으로 좌우의 모글모양이 크게 다른 "짝모글" 코스가 많은 것이 현실이다. 이러한 짝모글 코스에서 스킹을 오래하면 좌우의 턴이 크게 달라지면서 일반사면의 숏턴 또한 "짝턴"이 되는 악순환을 겪게 된다. 그러므로 좌우턴이 비슷하던 스키어도 짝모글 코스에서 오래 연습하면 자신의 숏턴기술이 망가지는 큰 원인이 될 수도 있다.

그리고 숏턴기술이 모자라는 스키어들이 많이 타는 모글코스는 회전의 전반부는 거의 없고 후반부에만 지나치게 골이 깊게 파인 "제동형 모글코스(일명 찍찍이 모글)"가 되기 마련이다. 이러한 모글코스는 전반부의 백사면이 없고 후반부의 프론트사면만이 있어서 스킹시 강한 충격이 발생하며 신체에도 무리가 많이 가는 것은 물론이고, 스키파손의 위험도 있고 더 나아가서는 큰 부상의 위험도 커지게 마련이다.

마지막으로 숏턴연습 없이 모글스킹 만을 고집하면 어느새 평사면은 제대로 못타면서 모글에서만 잘 적응하는 "반쪽짜리"

스키어가 되기 쉬운데, 이것은 모글의 즐거움에 빠진 것이 아니라 모글의 늪에 빠졌다 할 수 있겠다. 이러한 반쪽 스키어들은 자신들이 이미 평사면 기술은 졸업하였고 난이도 높은 모글에 잘 적응하였다 해서, 스스로를 엑스퍼트 스키어라고 위로하는 경우가 많은데 이것은 혼자만의 큰 착각이며 자만일 것이다.

이렇듯 숏턴과 모글은 그 뿌리와 줄기라고 할 수 있고 서로 상호보완적인 협력관계라 할 수 있으므로, 둘다 적절하게 함께 연습하며 스키의 폭을 넓히는데 도움이 되어야 한다. 최근에는 각 스키장마다 모글코스와 모글 전문스쿨이 잘 마련되어 있음은 물론이고, 겨울시즌이 끝나고 스프링 시즌을 운영하는 스키장도 많아서 모글을 잘 탈 수 있는 환경이 점점 좋아지고 있다.

그러므로 겨울시즌부터 무리하게 딱딱한 모글을 타기보다는 겨울에는 강설에서의 숏턴연습에 주력하고, 스프링 시즌을 이용하여 부드러운 연설모글에서 안전하고 현명하게 연습한다면 시즌 내내 모글에 집착할 때보다 어쩌면 더 빠르고 쉽게 모글기술이 발전할 것이다. 또한 스프링 모글스킹에서는 비교적 손쉽고 빠르게 모글코스를 만드는 것이 가능하므로, 빠른 시간내에 모글이 만들어지고 성장하는 동안 스스로의 모글기술도 함께 커가는 것을 느끼며 안전하고 쉽고 빠르게 모글을 배울 수 있는 최적의 모글 연습장이라 할 수 있다.

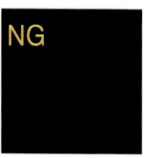

1. 모글 백사면에서 엣징이 부족한 경우

모글 백사면에서의 엣징을 항상 의식한다

내츄럴한 모글스킹을 위해서 가장 중요한 것 중 하나가 바로 모글의 골이 시작되는 백사면에서 스키탑을 이용한 엣징을 하는 것이다. 이를 위해서는 정확한 중심이동과 확실한 스키컨트롤을 사용하여 모글을 넘자마자 바로 스키탑에 하중을 걸어주어야 한다.

하지만 많은 일반 스키어들이 백사면 엣징이 부족하여 회전의 시작이 지연되고, 이 결과 스키가 회전 바깥쪽으로 크게 움직이지 못하여 낙하력을 이끌어내지 못하는 것은 물론이고, 엣징 타이밍이 늦어져서 스키가 모글의 골짜기에 부딪히며 큰 충격을 받으며 많은 제동이 걸려서 낙하력이 손실되는 브레이킹성 모글스킹을 하는 것이 현실이다. 이것은 부드럽게 모글스킹을 하는 것이 아니라 마치 계단에서 큰 충격을 받으며 뛰어내리는 것이라 할 수 있다.

그러므로 백사면에서의 엣징은 내츄럴한 모글스킹에서 필수라 할 수 있는데, 이를 위해서는 스키가 모글을 넘는 순간 과감하게 신체를 대각선 아래방향으로 던져서 전경자세를 만들어 스키탑에 하중을 걸어줘야 한다. 또한 모글을 넘을 때 발목을 뒤로 당기고 모글을 넘어서자마자 발목을 펴면서 정확한 타이밍에 스키탑쪽에 하중을 걸어주는 스키조작도 필요하게 된다.

그리고 탑에 하중을 걸어줄 때 스키의 테일쪽을 가볍게 점프하는 테일점프의 이미지를 가지면 더욱 좋은데, 이것은 마치 시소의 원리처럼 스키탑에 보다 많은 하중을 실어줄 수 있음은 물론이고, 높은 측벽을 따라 돌면서 회전하는 스키의 테일을 가볍게 만들어줘서, 스키가 모글벽에 걸리지 않고 보다 쉽고 원활하게 회전하는데 도움이 된다.

2. 지나치게 흡수동작을 사용하는 경우

흡수동작은 필요한 만큼만 사용하고 지나치게 쓰지 않도록 주의한다

모글스킹에서 모글의 요철과 스키의 충격을 흡수하기 위한 하체의 흡수 및 이완동작은 필수라 할 수 있다. 특히 모글의 깊은 골짜기와 높은 산등성이를 오르내리는 기존의 역뱅크턴에서는 고관절을 중심으로 하체전체를 사용하는 큰 흡수동작은 더욱 중요한 기술요소라 할 수 있다.

하지만 내츄럴한 모글스킹에서는 흡수동작을 크게 사용하지 않고 오히려 지나친 흡수동작은 내츄럴한 모글스킹에 어려움을 줄 수도 있으니 주의가 필요하다. 즉 내츄럴한 모글스킹에서는 모글측벽의 높은 곳만을 타고 회전하기 때문에 상대적으로 높낮이를 적게 느끼며 충격도 줄어들게 된다.

또한 회전 전반부에 지나치게 흡수동작을 사용하면 스키탑이 모글의 골짜기로 바로 떨어지게 되어 낙하력을 많이 이끌어내는 동작이 힘들게 된다. 그리고 지나친 흡수동작은 무릎과 고관절이 크게 구부러지며 후경자세가 나올 가능성이 높아지므로, 스키탑을 백사면에 붙이는 것도 어려워질 수 있으므로 주의한다.

그러므로 내츄럴한 모글뱅크턴을 제대로 구사하기 위해서는 지나치게 히체의 흡수동작을 사용하는 것보다는, 모글의 기복과 회전의 충격에 맞춰서 최소한의 흡수동작으로 스키와 신체를 크게 교차시키는 것이 좋다.

또한 모글의 측벽을 타며 스키가 원활하게 회전하기 위해서는 스키의 탑에서 테일로 하중이 원활하게 이동되는 전후운동의 중요성이 더 높아지게 되므로, 회전 전반에 전경자세를 만들어서 하이라인을 타고 회전이 시작되며, 회전후반에 후경자세를 만들어서 스키가 모글벽에 부딪히지 않고 원활하게 다음 모글로 빠져나가도록 해야 한다.

3. 활주라인을 놓치는 경우

활주라인을 놓치지 않도록 주의한다

모든 운동이 그렇지만 일정한 회전을 규칙적으로 반복하는 스키에서는 리듬이 더욱 중요하다. 이러한 리듬은 스키가 지나가는 활주라인을 만들게 되는데, 모글에서 정확한 활주라인을 유지하는 것은 알파인 스킹에서 게이트를 탈 때만큼 중요한 요소이다.

알파인 스키에서 게이트 트레이닝을 할 때, 단 한번이라도 회전 리듬을 망가져서 활주라인을 놓치게 되면 쉽게 활주라인을 회복하지 못하고 리듬과 라인이 처지는 것이 악순환 되게 된다. 마찬가지로 모글에서도 요철에 맞춰서 회전리듬을 일치시키고, 모글의 형태에 맞춰서 회전라인을 유지하는 것이 매우 중요하게 된다.

특히 내츄럴한 모글뱅크턴은 하이라인(High Line)을 그려야 하는데 모글에서 리듬이 무너져서 한번 활주라인을 놓치게 되면, 계속해서 활주라인이 아래쪽으로 쳐지게 되어 쉽사리 회복하기가 어려워지게 된다. 이렇게 활주라인이 아래로 처지게 되면 회전 전반부에 낙하력을 크게 만들기도 어렵고, 회전 후반부에 스키가 모글에 부딪치며 활주력이 크게 손실되는 악순환을 겪게 된다.

그러므로 내츄럴한 모글스킹을 할 때는 처음부터 무리하게 빠른 스피드로 활주하기 보다는 비교적 느린 스피드에서 한턴 한턴 정확하게 회전을 하면서 스키가 확실하게 활주라인을 따라 회전하는 연습을 하는 것이 우선이다. 이렇게 활주라인을 따라서 스킹하는 것이 익숙해지면 조급하게 신체의 낙하스피드를 올려서 빠르게 활주하기 보다는, 스키의 회전스피드를 높여서 마치 롤러코스터가 궤도 위를 빠르게 회전하는 것 같이 샤프하게 회전하는 것을 목표로 하는 것이 좋다.

이렇게 내츄럴한 모글뱅크턴이 익숙해지면 스키가 마치 시계추처럼 신체의 옆으로 벗어났다가 모글과 모글사이에서 큰 낙하력과 활주력을 얻으면서 마치 롤러코스터처럼 시원하게 미끄러지는 새로운 모글스킹의 감각을 맛볼 수 있다.

플러스 알파

1. 내츄럴 모글스킹에 접근하는 방법

모글에서 내츄럴한 뱅크턴을 구사하기 위해서는 기본적인 숏턴기술은 물론이고, 다음과 같은 단계를 거치면서 하나하나 실력을 쌓아가는 것이 안전하고 빠른 기술향상의 지름길이라 할 수 있다.

① 모글 플루그보겐

모글 : 플루그보겐(모델:김창근)

일반적인 평사면에서와 같이 내츄럴 모글스킹의 첫걸음은 모글에서 플루그보겐을 구사하는 것이다. 플루그보겐은 그 특성상 양다리가 넓게 벌어지기 때문에 신체에 부담이 많이 가게 되므로, 처음부터 급사면의 깊은 모글에 도전하기 보다는 중사면 정도의 얕은 모글을 찾아서 연습하는 것이 좋다.

이때 플루그 스탠스를 이용하여 스피드를 조절하고 밸런스를 유지하며, 안쪽다리를 능숙하게 사용하여 신체축과 무게중심을 이동하는 것은 물론이고, 안쪽다리를 굽히면서 모글에서 오는 충격과 기복을 잘 흡수하도록 한다. 또한 안쪽다리의 움직임에 맞춰서 바깥다리를 충분히 펴주며 회전의 안정성을 유지하며 모글벽에 스키테일을 미끄러뜨리며 엣징을 만들어준다.

처음에는 다소 낮은 활주라인으로 모글 플루그보겐을 시작하고, 차츰 익숙해지면 모글뱅크턴과 비슷한 높은 활주라인으로 활주하며 낙하력과 신체축을 이용하는 느낌을 갖도록 하는데, 회전호가 하이라인(High Line)에 가까워질수록 신체의 뱅크각이 커지게 되므로, 폴체킹을 이용하여 신체축의 기울임을 느끼고 밸런스를 잡은 도구로 사용하게 된다.

② 모글 슈템턴

모글 슈템턴(모델:김창근)

일반 사면에서의 내츄럴한 스킹에서는 슈템턴을 생략하였지만, 모글 슈템턴은 뱅크턴의 하이라인을 느끼고 신체축과 무게중심의 이동을 안전하고 쉽게 연습할 수 있는 중요한 도구이다. 다만 슈템턴을 원만하게 구사하기 위해서는 여유로운 회전 리듬이 필요하게 되므로, 비교적 큰 리듬의 모글을 찾아서 연습을 하는 것이 중요하다.

슈템턴의 장점은 스피드를 확실하게 컨트롤 할 수 있다는 것인데, 이는 모글사면에서의 내츄럴 뱅크턴을 위해서도 중요하다. 회전 시작에서 스탠스를 플루그로 만들며 스피드를 확실하게 컨트롤 하는데, 스탠스를 넓히면서 신체축과 무게중심도 정확하게 이동하고 바깥스키를 크게 회전의 바깥쪽으로 밀어내어 회전의 안정감을 높여야 한다. 이때 상체와 골반의 방향은 자연스럽게 회전방향으로 향해주고 스키탑을 넓게 회전시켜서 모글의 골짜기로 바로 떨어지지 않게 해야 한다.

회전을 할 때는 스피드가 많이 줄어든 상태이므로 어느 정도 바깥스키에 하중을 걸어야 회전의 안정성을 확보할 수 있다. 또한 신체의 방향도 회전에 맞춰서 자연스럽게 돌려주어서 스키가 깊고 부드러운 하이라인의 회전호를 원활하게 그릴 수 있도록 해준다. 이때 일반적인 슈템턴과 마찬가지로 스탠스를 넓힐 때 폴체킹을 준비하고 폴을 찍으면서 신체축과 무게중심을 과감하게 이동시킬 수 있는 도구로 활용한다.

③ 모글 내츄럴 숏턴

모글 내츄럴 숏턴(모델:김창근)

모글에서 플루그보겐과 슈템턴이 익숙해지면 다음에는 스탠스를 패러렐로 유지하며 내츄럴한 숏턴을 구사하는 단계를 시도한다. 이는 내츄럴한 모글뱅크턴의 바로 전단계라고 할 수 있으며, 이 다음에는 보다 신체축과 무게중심을 적극적으로 이동하며 바깥다리를 능동적으로 펴면서 회전하는 내츄럴 모글뱅크턴에 도전하게 된다.

플루그보겐이나 슈템턴에서는 안쪽발과 바깥발의 독립성이 강한 교호조작이 특징이라고 한다면, 내츄럴숏턴부터는 양다리의 스탠스가 좁아지고 일치감이 높아져서 동시조작의 비율이 커지게 된다. 이렇게 동시조작을 하면서도 안쪽발로 밸런스를 유지하고 바깥발로 엣징을 만들어야 하므로 난이도가 상당히 높아진다 할 수 있다.

방법은 비교적 높은 자세를 유지한 상태에서 모글에 진입하는데, 스키탑에 하중을 가하며 테일을 가볍게 만들어 회전의 바깥쪽으로 밀어주면서 회전을 시작한다. 이때 상체도 회전방향으로 자연스럽게 돌리면서 원활한 회전을 돕는 역할을 하게 된다. 또한 폴을 모글머리 근처에 가볍게 찍고 밸런스를 유지하는 도구로 사용하며, 폴을 중심으로 안쪽축과 바깥쪽 신체축이 컴파스처럼 원을 그리며 드리프트 하는 이미지로 스키를 회전시킨다.

회전의 마무리에서는 스키를 즉시 다음 모글의 골짜기로 떨어뜨리는 것이 아니라, 마지막까지 테일엣징을 이용하여 스키가 모글의 옆으로 높게 빠져나가서 하이라인을 그리도록 유도한다. 이때 안쪽발의 높은 밸런스 능력과 바깥발의 부드러운 엣징능력이 필요한 것은 물론이고, 스키의 회전을 매끄럽게 이끌어내기 위해서는 골반의 회전을 적절하게 이용해야 한다.

이렇게 플루그보겐부터 슈템턴을 거쳐서 내츄럴숏턴까지 모글에서 연습하다 보면, 어느새 평사면에서 느끼기 힘든 새로운 밸런스와 엣징감각이 느껴지는데, 이것은 측벽이 없이 주로 역뱅크 구간이 많은 평사면과 비교하여 모글에서는 측벽이 큰 순뱅크 구간이 많아지기 때문에, 보다 강한 중력가속도(G)를 느끼며 회전할 수 있기 때문이다.

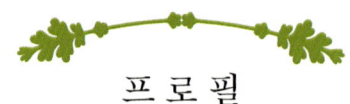

프로필

스키센터 잠실 실내스키장 대표

스키 칼럼리스트 / 스키 영상 프로듀서

대한 스키지도자 연맹 레벨3(정지도교사)

스키경력 36년 – 강원도 진부령 출신

대한 스키협회 위원

대한 스키지도자 연맹 위원

국제 스키연맹(FIS) 프리스타일심판(B레벨)

프리스타일 스키 해설위원(KBS)

실로몬 데몬스트레이터(1997년~ 2001년)

실로몬 마케팅 매니저(2001년~2006년)

1998년 일본 앗피리조트 스키지도 교사

1999년 스키 기술선수권 대회 19위

2000년 스키 기술선수권 대회 18위

2000년 모글스키 비디오 "Mogul n Freeride" 제작

2001년 건국대학교 스키수업 전임교수

뉴질랜드(1996~2001년), 캐나다(1999~2000년), 일본(1998~2006), 프랑스(2004~2005년) 스키전지 훈련

2011년 오스트리아 인터스키 참가

2011년 김창수의 프로페셔널 스키테크닉 스키교본 출간

www.dreamskier.com
www.facebook.com/thedreamskier

www.skicenter.co.kr

스키교육의 명가
스키센터 **잠실** 실내스키장

잠실점

주소 : 서울시 송파구 송파동 141-10 대종빌딩 지하1층 Tel.02-424-9606